A Kik Kétszer Halnak Meg: Regény...

Mór Jókai

Nabu Public Domain Reprints:

You are holding a reproduction of an original work published before 1923 that is in the public domain in the United States of America, and possibly other countries. You may freely copy and distribute this work as no entity (individual or corporate) has a copyright on the body of the work. This book may contain prior copyright references, and library stamps (as most of these works were scanned from library copies). These have been scanned and retained as part of the historical artifact.

This book may have occasional imperfections such as missing or blurred pages, poor pictures, errant marks, etc. that were either part of the original artifact, or were introduced by the scanning process. We believe this work is culturally important, and despite the imperfections, have elected to bring it back into print as part of our continuing commitment to the preservation of printed works worldwide. We appreciate your understanding of the imperfections in the preservation process, and hope you enjoy this valuable book.

1.) Bármely tagnak joga van a kör könyvtárát igénybe venni.

2.) Szépirodalmi mü két hétig, tudományos mü négy hétig tartható kint dijtalanul; — további kintartásért heti öt czent dij fizetendő, azonban hat hétnél tovább semmi esetre sem tartható kint a könyv.

3.) Minden, a könyvvel történt bajért felelős a kivivő, s ezért a kiviveskor elismervényt tartozik aláirni.

4.) A könyvtáros köteles pontos jegyzéket vezetni a kikölcsönzésekről, a könyvek állapotáról, felelős a bent levő könyvekről, s a havi üléseken jelentést tartozik tenni.

5.) Hivatalos órák szombat esténkint 8-tól 9½-ig vannak.

A KIK KÉTSZER HALNAK MEG

REGÉNY

IRTA

JÓKAI MÓR

BUDAPEST

RÉVAI TESTVÉREK TULAJDONA

1897

895.2J67
S43

KIVÜL A VILÁGON.

Harmincz év óta nem látta senki a Temetvényiék pozsonyi palotájának főkapuját nyitva. A házi cselédek, a hányan vannak, alkalmasint a hátulsó udvar kis kapuján járnak ki s be a sikátor felől. Reggel a péklegény, a mészároslegény, a halárusnő, a zöldségkofa egyenkint oda jönnek a legszélső szögletablakhoz. S ott valaki átveszi tőlük az élelmi czikkeket, a számlakönyvükbe beirja a hozottakat, s azzal mehetnek. A postalegény csengetésére a kapus nyit ki a kis ajtón egy négyszöglábnyi ablakot s azon veszi be a leveleket, s vissza adja neki az el nem fogadottakat, meg a vevényeket. Levelek, a mik Temetvényi Pálma grófnőhöz vannak czímezve egyszerűen visszaadatnak, e szóval «nem ismertetik». Olyan levelek, melyek «Madame Beata» czímzettel érkeznek, elfogadtatnak. (Beata annyit tesz magyarul mint «megboldogult».)

Talán soha nem is tudták, a kik tudták, rég elfelejtették, hogy az a két név valaha egy személyt jelentett, s hogy annak viselője milyen büszke szépség volt valaha.

Mindenféle mende-monda kering róla, a miből csak annyi igaz, hogy abban a palotában egy öreg grófnő lakik, épen olyan öreg cselédekkel, mint maga, a ki sehová a házból ki nem jár és senkit el nem fogad. Van egy ügyvivője, de azzal csak levél útján értekezik; orvost soha nem hivat; még templomba sem jár; a pozsonyi takarékpénztárba lett letéve a számára harmincz év előtt négyszázezer forint, annak a kamatjait ő minden évnegyedben

1*

fölveszi az ügyvédje által, háromnegyedrészét a kamatnak azonnal ott hagyja, az új takarékpénztári könyvet, meg a kamat negyedrészét magának elküldeti, s minthogy a régi betéti könyvet sohasem küldi vissza, hanem a kamatok kamatjait is új könyvre rakja be, annálfogva odahaza egész bibliothékájának kell lenni betéti könyvekből, a takarékpénztárnál pedig valóságos logarithmusok lánczolata a betéteinek a soknemű ija-fia, a miért a pénztárnokok és ellenőrök minden negyedévben megáldják.

Egyebet nem lehet róla kitudni.

Ahogy eltemette magát, olyan következetesen meg is tudott maradni a sírjában csendesen.

Reggelenkint ott szokott sétálni a kertjében, télen úgy, mint nyáron. Az egész kert be van födve üveg-menyezettel. Oda nem esik soha se eső, se hó.

Nincs is rá semmi szükség. Az egész kertben nincsen egy élőfa, sem egy gyökerező növény, díszbokor, virághagyma. És mégis tele van az virággal, növénynyel: csinált virággal, mű-növényekkel. Nagy virágvedrekben cactusok, áloék, kádakban pálmák, bádogból, megfestve; a virágágyakban Japán és az indszigetek minden exoticus virágai, remekül utánozva, a természet pompája papirosból, selyemből, patyolatból. A falakra felfut a repkény, a folyondár, a virágzó gobéák, lianok, clematisok egész az üvegtetőzetig felkúsznak s összefolyva a tropicus csemetékkel, egy délszaki világ képét mimelik. Ez mind csinált fa, csinált virág. Mikor az úrnő kijön a kertbe, az ablakokból tarka pillangók repkednek alá, szerteszét csapongva a chinai, japáni ismerős virágokon. Jó ismerősök lehetnek; őket is abban a gyárban készítették, a melyben a növényeket: a furfangos géppillangókat.

Mikor reggelenkint leszáll ebbe a csinált kertbe a ház úrnője, akkor egyszerre minden élő teremtésnek el kell tisztulni onnan. Semmi élő embert, állatot nem akar látni, még virágot sem. Mindennap szigorúan végigkutatja, nem ütötte-e ki a fejét a földből egy kis fűszál, egy csirázó paréj ? azt siet rögtön kihúzni. A földre hullott chinai lepkéket újra fölcsavarja s repülésnek ereszti. Egy kosárkában nagyszámú illatszeres üvegcséket hoz, s azokból a nyiló virágok kelyhcit megannyi külön ecsettel bekenegeti.

Hadd illatozzanak! Egy kis könyvecskébe följegyzi magának, melyik virágnak múlt el már az ideje? minek kellene már azt helyettesíteni? a mellé odaszúrja a jelző karót, az utódjának a nevével. Semmi sem kerüli ki a figyelmét.

Egyes egyedül jár ott, s az egyetlen egy tükör, a miben arczát meglátja, a nagy vízmedencze, az is csak látszatul van ott, mert semmitsem öntöznek belőle. Ez előtt megáll hosszasan s elnézi benne visszatükrözött alakját. Az egykor buzakalászszín-szőke haj-milyen ezüstszín most! Az a fehér lánggal égő arcz most már olyan, mint a márvány, az ajkak összeszorultak a nagy hallgatástól, a homlok közepén ott van az a nagy fölkiáltó jel: az örök panaszhang mély redője.

Úgy jár ott, mint az árnyék. Vissza-visszatér a vízmedenczéhez s belebámul, míg annak a síma tükrét meg nem rezzenti egy-egy kis legyecske, valami egy napig élő kérész: arra azután dühös lesz, elkezdi üldözni, ha lehet, megöli; hogyan mert egy valóságos élő lény belopózni ide a holtak birodalmába!

Azután visszamegy a szobájába. Azalatt azt a cselédek rendbehozták s mikorra ő visszatér, már sietnek eltünni, hogy meg ne lássa őket.

Az asztalkáján ott vannak a ma érkezett levelek. Azok közül kiválasztja azokat, a miket fel akar nyitni, hogy elolvassa, a többieket félreteszi.

Szobájának egyetlen ablakán van egy kalitka, abban van egy sárga madár, kanári talán; az szabályos időközönkint föláll a fészkéből, tollászkodik, repes, énekel; aztán megint szárnya alá dugja az orrát s tovább alszik. Az úrhölgy minden reggel fölhuzza a kalitka óraművét, az is csak csinált madár, s a dal, a mit elfütyül, remekműnek készült érczsipláda csicsergése.

Asztalán hever Flammarion könyve a bujdosók világáról. Az ő mindennapi olvasmánya. A csillaglakók, a földöntúli regiók képeivel vannak tele szobájának a falai, miket saját maga festett; tájképek a Jupiterből; azokat ismétli újra meg újra.

Mikor ebbe belefárad, felnyitja azt a könyvtárát, a miben ezerekre menő sorbarakott phalanxa áll a takarékpénztári könyvecskéknek. Megidézi maga elé a számok légióit. Sokszoroztatja az ezereket, a forintokat és a krajczároknak törteit. Minden napról tudomása van, hogy mennyivel szaporodott az a kincs, a minek ő a földalatti őre. Kinek a számára gyűjti azt össze? Kinek zsugorgat? Kinek takarít? Azok között, a kik tudják, hogy neki csak a Beata név alatt lehet elolvasásra szánt levelet irni, talán alig van egy, a ki ne azért irná a levelét, hogy erre a kérdésre választ kapjon. De ő nem szokott felelni senkinek. A halottak nem leveleznek. Megtudnak ők mindent, de nem adnak választ semmire. Ő lát mindent, a mi a világban történik, de magát meg nem mutatja.

Mikor a déli harangszó visszaszólítja ebbe a poros világba, akkor átmegy a mellékszobába. Ott már akkor meg van terítve az asztala. Egyetlenegy teríték rajta. Minden étel felhordva, hidegen: a theakatlan alatt meggyujtva a láng. Senkinek a felszolgálását sem kivánja. Végzi a földi próza munkáját, az emberélet legfőbb czélját, az evést, egyedül.

És ha annak is vége van, akkor átmegy a harmadik terembe: a hol télen-nyáron ég a kandallóban a tüz.

Ott van a zongorája, a mellé leül s eljátszik rajta egész délutánokon át: nehéz mesterműveket, Beethoven, Schubert, Chopin remekeit. Csakhogy a zongoráján nincsen húr, néma hangszer az, ujjai végigfutnak a billentyűkön, művészi ügyességel, virtuóz lelkesedéssel, hanem a dallamot senkisem hallja, egyedül az ő lelke.

S ha leszáll az est, besötétül a terem: a csendes, emberhangtalan egyedüllétben, odaheveredik le a kandallója elé s nézi az izzó parazsat, hogy válik hamuvá, éjfélig; éjfél után szendereg, míg a tűz ébren lobog s fölébred, ha a tüz aludni készül s újra felszítja azt.

Ez az élete Beátának, a kit életében úgy hittak, hogy Temetvényi Pálma grófnő, a kit úgy hittak, hogy «én angyalom, én istennőm, én életem világa, mennyországom!»

A KIS BÁRÓ ÉS A KIS BARONESSE.

Vágtatva nyargaltak ki a kastély udvarából; az egyik egy fehér szamáron ült, a másik egy feketén. A szamarakon nem volt nyereg, csak egy kötéllel leszorított pokrócz.

A kis báró lehetett tizennégy éves, a kis baronesse tizenkettő és fél. Mind a kettő erős növésben volt; mert a harmadévi ruháikból nagyon ki voltak a karjaik, meg a lábszáraik. A kis bárón volt egy bársony zeke, valaha fekete, most már fakó, eredetileg sárga aranyozott gombokkal, de a miket most mindenféle gyűjteménye a gomb-spéciesnek helyettesít, a hol egyátaljában szükséges a jelenléte a gombnak. A kihajtott inggallérja himzett, de piszkos és gyűrődött, mind a két csizmájának az orra szét van nyitva a talpánál s kilátszanak rajta a lábainak az öregujjai, a mi egyúttal a harisnyák hiányosságára is ráváll. Az arcza nem volna rút; szabályos vonású, előkelő ábrázat, hanem tele mindenféle emlékeivel az ütés, vágás, karmolás foltjainak és sebhelyeinek, a kezei szurtosak, mint egy lakatosinasé.

A baronesse annál czifrább. Neki selyemruhája van: maintenonszín, azaz zöld, a hol tudniillik nincs leöntve eczettel, vagy olajjal; mellénykéjére csipkefodor van varrva, a mi úgy szép, mentül jobban be van pirosítva szederfoltokkal. Mind a két könyöke ki néz a ruhából s karjai odáig naptól barnultak, a meddig a ruha nem szokta takarni. A mint a szamáron ül, a különben is elég rövid öltöny felcsúszott fodra elárulja, hogy a harisnyái szalag helyett czigány szatyinggal vannak térde alatt megkötve, ellenben a topánkáiból hosszan csüng alá a kibomlott zsinór. Valami szalmakalap van a fején, a mit csak az imádság tart össze, körültüzködve mezőn szedett pipacsvirággal. Az alól szétszórva libeg alá hosszú fésületlen szénfekete haja. Arcza erősen creolszín, nagy gazellaszemekkel, piros duzzadt ajkakkal, egész termete csupa bacchans-szilajság.

— Galopp, galopp! kiált a leány, a birsalma vesszővel ostorozva a szamarat, hogy azt vágtatásra birja, s kárörvendő nevetéssel nézeget vissza lovagló társára, a kinek a szamara nem akar versenyparipává nemesülni, akárhogy püföli is a lovagja; mikor meg aztán egyszer neki szánja magát a nyargalásnak, akkor meg szügyibe vágja a fejét, fölveti a két hátulsó lábát, s úgy vágtat végig az utczán, hogy a lovagnak két kézzel kell kapaszkodni a sörényébe, hogy le ne maradjon róla; akkor aztán a megelőzött kisasszony annál dévajabb jó kedvvel paskolja az eléje került szamarat: «galopp, galopp!» A kutyák utánok rohannak, minden udvarról nagy ugatással, iskolás gyermekek riadnak szerteszét előlük, nagy sikoltozással; a fazekas, a kinek a vásárra kirakott cserépedényei között veszedelmes vakmerőséggel vágtatnak keresztül, káromkodik, a parasztlegények a korcsmaajtóból csintalan dolgokat kiabálnak utánuk, s Rokomozer, a vén szatócs, a boltja előtt ülve, dörmögi magában: «a kis bárónak, meg a kis baronessenek már megint az esze tisztul! látszik, hogy nincsenek náluk odahaza».

A faluvéghez érve, átugratnak a bakháton, keresztül a vetéseken, s onnan be az erdőbe.

Ott leszállnak a szamaraikról. A két csacsi mindjárt hozzáfog a legelészéshez.

— Hol láttad azt a szajkófészket? kérdi a kis baronesse.

— Én előbb epret akarok szedni, éhes vagyok.

— No azzal ugyan jól lakol.

— Ma sem volt ebéd: a mama nem tudom, mit gondol, hogy még sem jön haza.

— Majd megint azzal beszéli ki magát, hogy a Koczur úrra bízta a kamrakulcsot: az meg azóta mindig vadászni jár.

— Ki tudja hol jár.

— A papával együtt.

— Szedjünk epret. Talán gombát is találunk, azt megsütjük.

S aztán kerestek epret, meg szamóczát, tele szedték a kalapjaikat, s leheveredtek a fűbe egymás mellé, ebédelni.

— Te, minekünk el kellene szöknünk valamerre, mondá a baronesse.

— Ugyan hová?

— Hát a merre világ van. A hol Diadém úr lakik, Bécsbe. Oda gyalog is el lehet menni.

— Aztán mit csinálnánk ottan?

— Hát akármit. Pénzt szereznénk s azt elköltenők.

— De hogyan?

— Tudnék én csak olyan szépen írni, meg rajzolni, mint te, tudom, hogy bankót csinálnék.

— Azért becsukják az embert.

— No hát valami mást.

— Ugyan mit?

— Mit? Mit? Te! A minap az a szobalány, a kit a mama felpofozott s elkergetett, azt kiabálta az udvaron, hogy a mama circus-lovarnő volt hajdanában s bukfenczet hányt, meg a tenyerein járkált. Nem hiszed, hogy én is tudok bukfenczet hányni, meg a tenyereimen sétálni?

— Ugyan hagyd abba.

— Te belőled is válhatna valami olyan birkozó komédiás, olyan erős vagy: a szamár sem tud levetni a hátáról soha. No hát hadd látom, hogy termesz fönn azon a fán egy percz alatt?

— De már minek menjek én fel arra a fára?

— Azért, hogy lehozd azokat a szajkófiukat a fészekből.

— Aztán mit csináljak én azokkal a szajkófiókokkal, ha lehoztam?

— Látod, milyen oktondi vagy? Elvisszük a szajkókat a Rokomozernek, az mindenféle madarakkal kereskedik a városban, megvesz mindent, a mit a suhanczok összefognak, kapunk érte pénzt; azzal beülünk a laczikonyhába s jól lakunk.

— Én bizony nem szakgatom azért a ruhámat, úgyis elég rongyos.

— No hát majd szakgatom én az enyémet; felmászok én a fára.

— Könnyű neked, de engem nem védelmez meg Diadém úr, ha a mama meg akar verni, mint téged.

— Óh te filkó!

A baronesse az alatt hirtelen levetette a mellénykét, meg a selyemszoknyát magáról, s könnyű alsó ruhában, mint az evet, gyorsan fölkapaszkodott a terepély bükkfára; a szajkófészek egy kinyuló ágra volt elhelyezve, a leány fél kezén és fél lábán csüggve hajolt le odáig, s aztán kiszedte a fészekből a tolladzó madárfiókokat s beledugdosta őket a keblébe az inge alá. A lejövetel annyival volt nehezebb, hogy a madarakra is ügyelni kellett, nehogy agyonnyomja őket.

Egészen kipirult bele az arcza.

— No nesze, te gyáva, rakd a kalapodba. De vigyázz, hogy el ne szalaszd. Ha én nem volnék, meg nem élnél.

— Nem szúrtad meg a lábadat?

— Eh! Nem fáj az a kutyának!

Ez alatt fölvette megint a leszórt felöltönyeit, az egyik elvesztett harisnyakötőjét pedig helyettesítette egy repkényindával. A szétbomlott haja tele lett fagyöngygyel, az meg épen nagyon jól illett oda.

— No most gyerünk a zsidóhoz, hozd a madarakat.

— Gyalog?

— Ki kergetőzne most a szamarakkal? Nem fogod azokat ma el. Majd bekiséri az erdőkerülő. Aztán a madarakat is elszalasztjuk, ha felülünk.

— Mit kérjünk értük a zsidótól?

— Csak ad egyért-egyért egy kutyanyelvet, ha lelke van.

(Kutyanyelvnek hivták egy időben azt a hosszú papiros hatost.)

— Az is szép kereset lesz.

— Egy bárónak, meg egy baronessenek.

Az volt a kérdés, hogy ki vigye be Rokomozerhez a madarakat? mikor a szatócs elé értek, s megálltak az ostornyél és paprikafüzér kirakat előtt.

— Én szégyenlem magamat! mondá a fiu.

— No hát add ide, majd beviszem én, mondá a leány, s ölébe kapta, a felrántott selyem szoknyájába, a három madárfiókot s berontott vele a szatócsbolt ajtaján.

Az öreg Rokomozer épen sáfrányt osztályozott apró papirokba. Mivelhogy az a paraszt olyan gourmand, hogy az igazi sáfrán közé okvetlenül a szekliczevirág szirmát is kivánja közé vegyíttetni.

— Alázatos szolgája! No hát mi tetszik a baronessenek?

— Vesz kend madarat, Sámsi?

— Nü! Már micsoda madarat? Kácsa madarat? Liba madarat? Csirke madarat?

— Nem azt. «Mátyást».

— Uram s én Istenem! Hát miféle Mátyást? Hiszen az nem madár, hanem szűcs mester Teplán. Hogy vegyem én azt meg?

— Ne bolonduljon kend! Szajkómadarat.

— Hát aztán mit csináljak én a szajkómadárral?

— Tudja azt kend jól. Azt kend elszállítja Bécsbe, meg Pozsonyba, ott felvágják a nyelvét s aztán a szajkó megtanul beszélni mindenfélét.

— Uram s én Istenem! Az emberek is annyit beszélnek

már, hogy nagyon sok; most még a madarak is beszéljenek? Hát aztán milyen az a Mátyás-madár?

— Itt van a szoknyámban.

— Hol lopták ezeket?

— Lopta a majd megmondom micsodád! Huszonkétezer hold erdeje van az apámnak, onnan hoztam, magam szedtem le.

— Huszonkétezer hold erdő! Ha az én apámnak huszonkétezer hold erdeje lett volna, most én nem Mátyásokat szednék le a fáról, hanem kétfejű sasokat, ezer forintos bankókra pingálva.

— No hát mondja kend szaporán, hogy mit ád értük!

— Hogy én mit adok értük? Ne tréfáljon a baronesse! Azt gondoltam, azért hozza ide nekem, hogy ide akarja adni kosztba s azt kérdezi, hogy mit fizetnek nekem azért hogy felnevelem?

— Lárifári! A kutyámat tegye kend bolonddá! Tudom én jól, hogy kend madarakkal kereskedik; a parasztgyerekeknek mind jól megfizeti, a mit ide hoznak. No csak ki vele frissen, mit ad értük?

— Tudom én jól? Tudja ő jól? De azt nem tudja ugy-e, a baronesse, hogy az új szolgabiró kidoboltatta a faluban, hogy nem szabad több énekes madarat leszedni a fáról; a ki egy énekes madarat megvesz, fizet husz forintot pengőben. Én a fejemmel játszom! Én husz forintot egy madár miatt. Szentséges Isten, husz forintot egy madárért. Ez nehezebb a halálnál. Nem! Én meg nem veszek egy madarat többé, ha zsidóul, meg görögül tud is beszélni — kotta nélkül!

— Nem veszi kend meg? kiáltá a leány dühösen, azzal egyenkint kiszedte a felvett szoknyából a madárfiókokat s egyenkint odavagdalta azokat a szatócs fejéhez: «no, hát nesze, edd meg az apáddal, meg a szolgabiróddal együtt! Legyen pecsenyétek mind a hármatoknak».

Azzal kirohant a boltból, az ott künn ácsorgó testvéréhez.

— Nem vette meg a czudar! mondá a kis baronesse.

— Már most hát mit csináljunk? kérdé a kis báró.

— Nézzünk széjjel a városban.

— Hiszen egy krajczárunk sincsen.

— Majd csak szerezünk valahogy.

— Ugyan hogyan?

— Gyerünk vissza a Rokomozerhez. Te is gyere be velem.

Visszamentek a szatócsboltba.

Rokomozer épen az őrölt kávéval vesződött. A paraszt jobban szereti, ha egy kis czikória is van közötte.

— Rokomozer úr! mondá a baronesse, egy komoly szavunk van önhöz.

— Kérem, tessék helyet foglalni.

S azzal felkuporodott a pudlira.

— Örülök, ha hallgathatok!

— Rokomozer úr! ön ismeri családunk körülményeit.

— Jobban ismerem, mint maga a méltóságos család.

— Ön tudni fogja, hogy vannak az életben gyakran pillanatnyi nehéz helyzetek, a miket az ember nem maga okozott.

— Mintha csak a méltóságos édes atyját hallanám beszélni!

— Ily pillanatokban az ember kénytelen a kipróbált jó barátjaihoz fordulni.

— Egészen elérzékenyít a baronesse!

— Mi ketten a báró Apátfalvi Opatovszky-család egyedüli örökösei, megkináljuk önt egy igen előnyös üzlettel. — Adjon nekünk kölcsön — három huszast. — Mi adunk magunkról váltót. — Én leszek a kiállító; báró Opatovszky Arnold az elfogadó. — Irhat ön bele tetszés szerinti összeget.

— Oh, uram Isten! Mi legyen a világból? Még nincsen tizenhárom éves s már ilyen jól érti az üzletet!

— Azonkívül felhatalmazzuk önt, hogy tábláztassa be a birtokainkra.

Rokomozer már erre nem állhatta meg, hogy ne nevessen.

— Ugyan kérem, nem hoznák még ide forgatónak Koczúr urat? Az még igen jó firma.

Erre aztán a baronesse elnevette magát.

— De hát nem komiszság ez öntől, hogy nem akar nekünk három huszast kölcsönözni?

— Persze, hogy komiszság. Hát 'sz azért vagyok én komisz ember. Mert ha nobel ember volnék, úgy tennék, mint Diadém úr, milliókat kölcsönöznék. Miért nem kérnek attól?

A baronesse erre elnevette magát.

— Pompás ember maga Rokomozer. Hát hiszen láthatta, hogy csak tréfáltunk. Derék volt, hogy nem hagyta magát rászedetni! De ugy-e jól játszottam a szerepemet? Kell is nekem a maga három huszasa kölcsön. Nem biz én! Nem azért vetődtem be ide, hanem megláttam a boltablakban kirakva azokat a pompás új divatú mellcsatokat. Nekem rendkívül megtetszettek! Nem állhatom meg, hogy egyet meg ne vegyek belőlük. Ugyan mutassa meg őket, hadd válogatok bennük.

Rokomozer a fejét csóválta: vajon hová akar ez most kivergődni?

Előhozta az ablakból az oda közbámulatra kitett mindenféle mellcsatokat, a mik igazi talmi-aranyból, gyöngyházból, guttaperkából s más ilyen nemes érczekből fabrikálva, a végett valának kirakva, hogy együgyű paraszt legények szeme megakadjon rajtuk, s a ki nem sajnálja értük a tiz garasát, vásárfiául haza vigyen egyet belőlük a maczája számára.

Előhozta fiókostól s kitette a pudlira az előkelő vásárlók elé.

A baronesse sorba szedegette a klenodiumokat s tanácsot tartott felettük műértő testvérével. Végre megállapodtak egy gyöngyház mellcsatnál, igazi talmi-arany cserebogárral a közepén. A baronesse kérdezte, hogy lesz ez?

— Hjaj baronesse, mondá Rokomozer, ez nagyon drága. Ez már nagyon sokaknak megtetszett, de mind drágállották. Ilyet csak Metternich herczegnő visel, a ki teheti. Ennek a legutolsó ára egy forint huszonöt krajczár.

— A haha! Menjen maga Rokomozer! Azt gondolja, hogy én soha se láttam ékszert. A méltóságos mamának olyanok vannak, hogy . . .

— Tudom. A pozsonyi zálogházban. Dörmögé magában Rokomozer.

— No hát adok érte ötven krajczárt.

— Fogjatok meg, hogy el ne düljek! Kiáltá a szatócs. Magamnak két annyiban van. Hát a nagy árendát miből fizessem? Ne éljek száz esztendeig, ha leengedek belőle többet tíz krajczárnál.

— No hát csináljunk más alkut Rokomozer. Nekem nem tetszik a függőm, nagyon régi divatu façon; mostanság már csak a szakácsnék viselnek ilyent. Hát ezt hajlandó volnék becserélni a kend mellcsatjáért.

A szatócs megnézte nagyító üveggel a függőt, a mit kiakasztott a füléből a baronesse s úgy találta, hogy az igazi arany.

— Nos, hát hogy lesz a becserélés, Rokomozer?

— Hát én nem bánom. Ha már úgy bele van bolondulva a baronesse ebbe a szép brocheba. Lehet is ebbe. Nem látni ilyen szépet még az Ambraser Sammlungban sem; de még a pozsonyi zálogházban sem. Hát én becserélem.

— Igen, igen; de mit fizet kend felül? Csak nem gondolja kend, hogy szőrt szőrért adom? A függő igazi arany; a kend drágasága meg békateknő.

— Hát az arany cserebogár?

— Rézből.

(— Te! sugá a kis báró a kis baronesse fülébe, csak nem akarod eladni a függődet? Mit mond a mama, ha észreveszi?)

(— Azt mondom neki, hogy elvesztettem.)

(— De hát ha ezt a brochet meglátja rajtad?)

(— Azt mondom neki, hogy úgy találtam.)

(— Megver a mama, meglásd.)

(— Azt úgyis megteszi; legalább legyen rá oka.)

Rokomozer vette már észre, hogy hova vergál mindez.

— No már csak látom, hogy nagy mester a baronesse! Jó iskolába járt, igazán mondom. Mégis csak kicsikarja Rokomozer zsebéből a keserves pénzt, pedig megfogadtam már, hogy egy garast sem adok többet senkinek a szavára, a kinek a neve «O» betün kezdődik, «y»-psilonon végződik, s előtte egy «B» áll. Hát mit fizessek felül? (Egy olyan arany függőpár rendes arany értéke öt forint, a mellcsat megért öt garast.) — Elég lesz-e egy huszas? — Nem? — Kettő. Az sem? — No? hát három?

— Züt! mondá rá a kis baronesse, igazi franczia grisette kifejezéssel.

Rokomozer leszámlálta a pudlira a három huszast. Azt pedig a kis baronesse hirtelen felkapta s bedugta a zsebébe. Azzal indult kifelé.

— Hát a párját annak a függőnek? kiáltá utána a Rokomozer.

— Micsoda párját? Én csak az egyik függőmet adtam el. Hát beszéltem én két függőről?

— Hiszen azt mondta, hogy nem tetszik a façonja, kiment a divatból.

— De csak az egyiknek. Szervusz öreg!

Azzal megkapta a bátyja kezét s kiszaladt vele együtt a boltból.

— Ne szakadj rám világ! kiálta fel Rokomozer. Miből lesz a pestis? Mire viszi ez még, ha megnő? Még te is tanulhatsz tőle Rokomozer!

Hanem hát jó helyen volt már a három huszas! A két reményteljes csemete nagyot szaladt, vissza sem nézett, a míg egy szegleten be nem került más utczába. — Ott aztán megálltak tervezni.

— Pénzünk már van, szólt a leány.

— Mit csináljunk most? mondá a fiú.

— Hallod, hogy dobolnak? Komédia van a vásárban. Én úgy szeretnék egyszer komédiát látni. Azt mondják, hogy van ott egy leány, a ki csárdást tánczol, ki is van festve a ponyvára. Oh én majd meghalok a tánczért! De te élhetetlen, nem tudsz velem tánczolni. Gyerünk legelébb a komédiába. Oda elég lesz egy huszas.

— Én inkább mennék a laczikonyhába, hogy egyszer jól lakhatnám czigánypecsenyével.

— Aztán bort is innánk! Te! Veres bort. Az sokkal jobb, mint a fehér. Hozatunk két palaczkkal. Én fizetem. Hanem előbb az én kedvemért gyere el a komédiába. No még palacsintát is süttetek a számodra! A borba meg czvibakot mártogatunk. No! Eljösz? Czigányt is hivatok oda, azután muzsikáltatom a nótáinkat, a míg mi vendégeskedünk.

Erre a biztatásra aztán megadta magát a fiú s követte kullogva az előre siető hugát.

— Te, Czenczi!

— No. Mi az?

— Én utána számitottam s úgy találom, hogy abból a három huszasból nem futja ki mindaz, a mit te elmondtál.

— Ejnye, de kiállhatatlan vagy azzal a te számításoddal! Hát aztán, ha nem futja ki, majd találunk ki valamit. Én rendelek; én traktállak, te csak vendég vagy és hozzálátsz. Mi közöd a többihez? Majd kitalálom én a módját.

Csakugyan ki is találta.

A mint a piaczra kijutottak, a hol egymás hegyin-hátán terpeszkedett vásáros bódé, laczikonyha, czizmadiasátor, ponyvaszinház, megpillantanak egy zugban, két sátor közé elbujva, egy vándor bankárt.

No igen, egy népszerű mathematikust, a ki a fináncztudományokat népies fölfogás szerint ismerteti meg a polgártársakkal: egy biribi bankárt.

Mint a kivánság, olyan kapóra jött ez a jó alkalom.

Soha könnyebb módját nem lehetne kitalálni a pénzfelszaporitásnak.

A baronesse széttaszigálta az útjokból a fejeiket összedugó vásári naplopókat a biribi bankig.

— Én teszek!

A bátyja vissza akarta tartóztatni.

— Te! Meglásd, elvész a pénzünk!

A baronesse haragos tekintettel nézett rá vissza.

— Elhallgass az ilyen szóval, mert kitagadlak!

(Az igaz, hogy nagyon is el kellett fajulni Arnold úrfiban az Opatovszky vérnek, ha egy biribi bank előtt ez juthatott eszébe, hogy «hát ha ott vesz a pénzünk».)

— Itt a huszas! mondá büszkén a kis baronesse; odadobva az egyik ezüstpénzt.

(Akkor volt az, mikor hire kerekedett, hogy a huszaspénz elveszti értékét, s minden ember sietett a dugaszban tartott huszasaitól megmenekülni.)

A harmadik fordulónál, természetes, hogy mind a három huszas odakerült a biribi bankár zsebébe.

Ekkor aztán a kárvallott testvérpár egymás szemei közé bámult. Mert igazán bámulatraméltó dolog az, hogy az ember a játékon nemcsak nyerhet, hanem veszthet is. Sok ember élte fogytáig nem tudja ezt elhinni, hogy lehetséges.

Czenczi baronesse aztán nagyot nevetett a bátyja szomorú ábrázatjának.

— Úgy látom, hogy a te mai traktádnak már most prószit!

— No meg a te komédiába menetelednek is. Felelt az durczásan vissza.

— De annak még nem! Szólt Czenczi baronesse, egyik öklével a másikra ütve. A mit én egyszer a fejembe vettem, annak meg kell lenni, csak azért is!

— Eladnád még a párját is a függődnek, úgy-e?

— Mee! Szólt a baronesse, kiöltve a nyelvét a bátyjára. Te oktondi! Azért nem adjuk el a másik függőt. Vannak más módszereink! — Gombold be szépen a kabátodat, húzd a kalapod a félszemedre, aztán nyújtsd a karodat. Így! Már most menjünk végig a vásáron, mintha sétálnánk. Tanulj szépen, elegáns módon lépegetni, no! Hiszen tanított rá a tánczmester. Azután nézegessünk széjjel kritizálva, fitymálva. Csak egy lorgnonom volna, hogy azon keresztül nézhetnék.

Mint a kívánság, oly véletlenül termett ott rögtön egy kis zsidó gyerek, a ki nyakába akasztott ládikában gyufát, szivarszipkát, fanyelü bicsakot s más efféle népies luxusczikkeket árult. Annak a vándor kirakatában volt mindjárt egy csomó binocle is, abból a drága fajtából, a minek a foglalata mézeskalács, a nagyítója meg piros és zöld üvegdarab.

— Tessék tőlem vásárolni, nagyságos úr, nagyságos kisasszony.

— Méltóságos! Te pimasz! utasítá rendre a kezdő milliomost Czenczi baronesse. S azzal kivett egyet a mézeskalács lorgnonok közül s keresztül nézett rajta. — No ez jó lesz.

— Kérem, annak a kukkinzloknak az ára két krajczár, rebegé a vándor-bolttulajdonos.

Czenczi baronesse a legkegyteljesebb leereszkedéssel intézett feléje egy elbocsátó taglejtést a kezével s azzal kisérője karján tovább korcsolyázott, tündérkönnyű lebegéssel; a lorgnonon keresztül kritizálgatva a kiakgatott kendőket és ködmeneket a sátrak alatt.

— Kérem, az a kukkinzlok két krajczár, hirtelenkedék az utánuk iramodó vegyesárus s mindenütt a sarkukban maradt ezzel az állítólagos jogigénynyel, azok pedig úgy tettek, mintha nem is nekik beszélne; megálltak, nevetgéltek, összesuttogtak, s megint promenáltak odább, a kis rimánkodó kalmár mindenütt a sarkukban.

Végre eljutottak a komédia-bódé elé.

Deszkából volt a négy oldala, a teteje pedig ponyvából. Az elejét különféle viaszos vászonra festett képek diszítették. Keletindiai vadállatok, fehér haju kisasszony, majomember; — a legkiválóbb helyet egy magyar ruhába öltözött tánczosnő foglalta el sárga kurta viganóban, zöld pruszlikban, kék ingvállban és veres topánkákban, egyik lábát a másikkal kigyómódra összefonva.

A sátor előtt volt egy emelvény, azon ült egy majomnak öltözött ember, a ki az egyik első lábával egy öreg dobot püfölt, a másikkal dorombot pengetett a szájában, az alsó lábaival réztányérokat vert össze s a fején csengetyüs pagódlit rázott. Maga a komédia-bódé tulajdonosa, a Herkules, vad indiánnak öltözve, bomlott a kurta emelvényen, mutogatta a szájtátó vásáros népeknek a ponyvára festett csodákat s magyarázta magyarul, tótul, németül keverten azoknak a virtusait s a közben kiszemelve az áldozatot a sokaság közül, a kinek a zsebében ágaskodik az öt garas ennyi műélvezet megváltásáért.

A mint ez az indus meglátta a népsokaság közül kibontakozó úri testvérpárt, azonnal lefutott az emelvényről s a bódé veres függönyös bejárata elé plántálta magát, a legnyájasabb képet vágva, a minő csak egy irokéz főnöktől telik.

Czenczi baronesse előkelő fejbólintással kegyeskedett észrevenni az őket illető mély bókot és invitácziót: «belieben majne hohen Herssaften!»

— Parlez vous francais? mondá Czenczi baronesse.

Oh, hogy ne parlirozna.

— Avec plaisir! Avec le plus grand plaisir, oh oui, madame la comtesse, et monsieur le comte!

Ez már finom ember! Egy ranggal feljebb titulál.

Czenczi baronesse aztán folyvást francziául beszélt hozzá.

— Mi hallottuk önnek a hirét, mæstro! Ha csak fele is való annak, a mit az ön programmja igér, akkor ön megérdemli a magas pártfogást, professor.

(Mæstro! Professor! A komédiás képéről kezdett leizzadni a festék a nagy dicsőségtől.)

— Ön ennek a műintézetnek a directora — nemde?

(Még direktor is!)

— Nekünk szándékunk holnapra egy kis meglepetést szerezni a méltóságos mamának a születése napjára. Vous savez. Az a nagy palota a szökőkuttal az udvarán. Van saját szinházunk benne. Ha ön egy érdekes programmot állítana össze e napra, fölöttébb lekötelezne vele. A honoráriumot bizza ön a mi nagylelküségünkre.

A direktor úr egészen el lett bódítva ily fényes ajánlat által. Odafordult a kasszánál ülő kövér asszonysághoz, a ki nem értett csak csehül, annak magyarázta meg gyors szavakkal a nagy eseményt.

(— Te, a mama agyoncsap, ha komédiásokat viszünk neki a házához! suttogá Arnold a huga fülébe.)

(— Ugyan légy veszteg és ne fecsegj annyit!)

Az impressarió kannibáli módon mély hódolattal hajolt meg a magas meghívás előtt: a félbajuszát is elvesztette a nagy dicsőségében, úgy kellett neki ujra felragasztani.

— A propos! (Ezt most már Arnoldhoz intézte Czenczi baronesse.) Te, talán most megtekinthetnők néhány perczre ezt a műintézetet? Lehetne egy kis időt szakítanod a lovaglási iskolából. (Vonakodj egy kicsit.) Ejh no! Csak azért, hogy meggyőződjünk a maestro művészi erőiről; egy pillantást vetünk szét, egy pár számot végignézünk s aztán megyünk.

A direktor pogányul meg volt hatva e szerencse által.

— Méltóztassanak, főméltóságtok, exczellentiátok besétálni.

A kövér asszonyság a piros sirtinggel behúzott pénztárnál a tenyerén tartá eléjük a belépti jegyeket.

— Mi itt az entrée? kérdé Czenczi baronesse, a lehető leglaposabbra huzva össze szempilláit, hogy a kövér asszonyságon végignézhessen.

— Ah! uraságok tetszés szerint! Rebegé a director.

— C'est signé! selypité Czenczi baronesse s belibegett a bátyja karján a bódéba fizetés nélkül.

A kis vándor kalmár oda is utánuk akart tolakodni.

— Hát te mit akarsz? rivallt rá a csepü- és emberevők nagy fejedelme.

— Az én két krajczárom — a kukkinzlokért.

A két krajczárt ugyan nem kapta meg, hanem kapott helyette egy pofont, a mi megért három krajczárt. Azonban azzal a nyereséggel nem volt megelégedve, sőt inkább ott maradt állhatatosan a komédia-bódé közelében, a vevőire leskelődve.

Odabenn ez alatt folyt az előadás.

«Szép Dalinka kisasszony, más néven az alföldi tündér, előadása a magyar tánczból, igy mondva palotás és csárdás solo.»

Az alföldi tündér épen akkor végezte a magyar solo tánczot ugyanazzal a tekervényes figurával, a miben a viaszos vászonra le van festve, a két lábát kigyónak fonva össze s aztán lábujjain jobbra-balra csúsztatva magát végig a szinpadon (a mi nagy önfeláldozás egy magyar kebeltől!) Valami derék tenyeres-talpas vászoncseléd volt, épen olyan sárga rokolyában, zöld pruszlikban, piros bársony topánkában, a hogy a prospectus elárulá. A táncz végeztével csak úgy hámlott a fehér és piros vakolat ábrázatjáról az izzadtságos igyekezet miatt. Egy szál kintorna húzta a táncz mellé azt a szép dallamos nótát, hogy «Eladtam a kakasom, tizenhárom garason»; a mit tökéletesen kiegészítettek a nemzeti bajadér topánsarkaira csatolt csettegő rézsarkantyuk.

A tisztelt publikum a nézőtéren csak a második helyet, és respective a harmadikat tölté meg egészen, a mikre öt garas és két garas volt az entrée (még itt garasban beszéltek), az első hely egészen üres volt, a most érkezett uraságok tehát egészen genirozatlanul elhelyezkedhettek a rangjukat megillető zártszékeken.

— Biz ez fertelmes volt, mondogatá egy tót honoratior felesége ott a második helyen. Ez már csak korcsmába való. Oda is csak a falusi csárdába. Hogy hányta vetette a szemtelen a lábait! Ugyan jó, hogy a gyerekeket el nem hoztam. No lássuk már a majom-embert.

Czenczi baronesse pedig épen az ellenkező véleményt osztá.

— Ugyan, édes direktor úr, mondá francziául az udvarias vadembernek, legyen oly szives még egyszer eljátszatni a kedvünkért a megelőző pièce-t: mi nagy kedvelői vagyunk a nemzeti táncznak. Ez a koronája az előadásnak.

Ebből persze a tót honoratiornő egy szót sem értett, tehát ellent sem mondhatott.

Az impresario azonnal készségesen eltünt a ponyva mögé, a hova az alföldi tündér bevégzett munkája után visszavonult, s sikerült neki azt, nemes ambitiója felcsiklandozása által, meg egy pohár ánizslikőr frissitőül felhörpentése mellett rábirni, hogy újra kifesse a képét s még egyszer kibokázzon csipőre feszitett kézzel a három kecskelábon nyugvó szinpadra s rákezdje a solo-magyart a kintorna zengedelmeinél. A tót asszony hasztalan kiabált odahátul, hogy «csoéto to kutykuruty!» ő már ezt egyszer látta, akkor is csunya volt, most még fertelmesebben ugrál. Ő itt hagyja az egész komédiát, visszakéri a pénzét! Czenczi baronesse annál hangosabban nyilvánította magas tetszését, biztatva Arnold bárót, hogy tapsoljon még jobban: maga is szabad folyást engedett elragadtatása kifejezéseinek: «ah! superbe, magnifique! C'est pour devenir fou! Pompásan volt! Még több tüzzel! Erélyesebben! Brava! brava! Excellente! Non plus ultra!» A heczczelt tündér annál jobban rugdalt a lábaival a világ minden sarka felé, annál jobban verte össze a két bokáját a levegőben, hajtogatta a lábait a ficzamodásig, míg egyszer a nagy művészi lelkesedésben egy hatalmas hanyattéséssel fejezé be a tánczot s azzal teljes szinpadi sikert aratott.

«Brava, brava! Da capo!» kiáltozott tapsolva az előkelő nézőpár, míg a karzat veszett röhejben tört ki, a szemérmetes második hely ellenben haragos szitkozódásban adott kifejezést a megsértett erkölcsi érzület tiltakozásának.

— Veru bozse, az ilyenekre oda se kellene nézni az olyan gyermekeknek, mint ezek itt ni! Nem hogy még tapsolni neki. Csak én volnék az anyjuk! Patvarkodék a tót honoratiorok nőnemű képviselője a második hely első padjában.

Az impresario sietett helyreütni a fiascot világhírű acrobatai mutatványaival, a melyek, mint a programm mondja, még senki által utól nem érettek, combinálva levén négy palaczkból, egy székből, magából az impresarióból, és egy kis négy esztendős fiucska vagy leánykából, úgy, hogy utoljára a palaczkok tartották a széklábakat, a szék karja a Hercules fejét s a Hercules talpai a kis leánynak a kezeit, a meg aztán a kezein állva nyujtá ki a lábait az ég-felé.

— Juj, juj! Jesuska moje! szörnyüködék a hangadó hölgy. Ránézni is iszonyat! Szegény poronty! Ha leesik, béka se lesz belőle többet!

— Te! Súgá oda Arnold bárónak Czenczi baronesse. Mikor a mama is ilyen figurákat csinált!

— Ugyan ne légy bolond!

— Nö? Talán szégyenled! Nekem magamnak is kedvem volna hozzá.

— Lássunk már szebbet ennél! kiabált a nézők fürmendere. Lássuk már, hogyan húz pántlikát a szájából? Meg a többit. Hol van itt a fehérhajú kisasszony, a kinek piros a szeme? Aztán még a majomember! Te Marczi! Ha a majomember jön, akkor hazaküldd a feleségedet, meg ne nézze! Mi fog most jönni, komédiás úr? Az ostromló pudlikutyák? Hallja, azt előre megmondja, mikor lőnek, hogy én akkor bedughassam a fülemet.

A nagy művész azonban mind nem hallgatott ezekre az interpellátiókra, mert ő egészen le volt foglalva azon magas elismerés kifejezései által, a melyben őt a magas uraságok részesítették. Biztosítva őt felőle, hogy mindaz, a mit láttak, a netovábbját képezi a művészeti tökélynek, s hogy a holnapi díszelőadásnál a palotában csak mentül több táncz legyen fölvéve a programmba, s végül tartogatva ez a legutóbbi acrobatai mutatvány, mint pièce de resistance. Azzal felkerekedtek, mint igazi uraságokhoz illik, nem várva be végig az egész előadást.

A direktor egész a cassáig sasirozott utánuk, gyakorolva magát a bókhajlongásban. Úgy látszott, mintha titkos vágyak epesztenék keblét, annak a megtudása után, hogy vajon mi lesz az a nagylelkű jutalom, a mire a magas uraságok, a kik tetszés szerint fizetnek, a kilépéskor el fogják maguk határozni.

Nem kell nyugtalankodni.

— Addio direktor úr! üdvözlé a művész Olymp Apollóját a kis baronesse, magas protectori fejemeléssel. Holnap délután egész társaságával együtt! A. vendégszereplési tiszteletdijat bízza ön a mi munificzencziánkra. Úgy hiszem, hogy meg lesz ön vele elégedve.

— Eh, eh, heh! hehengetett a direktor, nem tudva, hogy azt mondja-e erre, hogy «merci bien!» vagy azt, hogy «sapristi!» De hátha, kérem alássan, nem eresztenek be bennünket a kastélyba?

— «Palotába!» Igazítá őt helyre Czenczi baronesse. Azzal finom mosolylyal kapcsolá ki a spenczerét összetüző mellcsatot, az arany cserebogárral (rézből) s azt odanyujtá a művészfőnöknek.

— Csak ezt az ékszert mutassák önök a «major domus» előtt, s rögtön be fogja önöket vezetni a palota szinpadjára. A revoir!

A komédiás furcsául fintorította félre a két hegyes bajuszát a szájával, hol jobbra, hol balra, azt a tenyerébe tett klenodiumot műbecsmérelve: vajon megéri-e azt a tíz garast, a mit alacsonyabb uraságok szoktak a bemenetelnél fizetni.

Czenczi baronesse pedig karját Arnold báró karjába

akasztva, tovább lejtett, oly applombbal, mint a ki annak az öntudatával lépeget, hogy háromrőfös sleppet húz maga után, pedig kurta gyerekruhája volt.

A kis vándorkereskedő azonban még mindig meg volt a világon s nem liquidált.

— Kérem, ez a kukkinzlok két krajczár!

— Úgy? mondá Czenczi baronesse, akkor nem kell! azzal visszaadta neki a mézeskalács-binoklet.

A mire a bankár-embryo nagyot bámult s nagy keseregve panaszlá a társul akadt pipaáruló compagnonnak. Ez aztán a szép gscheftecske! Meghordozza a kukkinzlokomat a theatrumban, megnézni rajta a ballétot s akkor visszaadja. Csak még sok ilyen vevőt kaphatnék!

Az úri testvérpár pedig büszkén sétált végig a vásáros bódék utczáján tovább.

— No, te már a magad komédiábameneteled kisvihákoskodtad, mondá Arnold báró. De hát az én traktám?

— Majd ennek is módját ejtjük, csak ne essél mindjárt kétségbe! Vigasztalá őt Czenczi baronesse. Gyere, sétáljunk arra a laczikonyha felé.

— Csak nem gondolod, hogy oda is beülünk majd lakmározni, utólagos fizetés kilátásba helyezése mellett. Tudod, hogy nem ad már nekünk kontóra senki a faluban még csak egy tojást sem.

— Ejh, ki tudja? Menjünk arra. Hallod? ott dalolnak és muzsikálnak.

— Valami részeg paraszt.

— Én nagyon szeretem a részeg parasztokat nézni, kivált mikor összeverekednek. Az még szebb, mint a komédia.

S erővel arrafelé vonszolta a bátyját, a honnan a kurjongatás hangjai jöttek.

A félfedelű laczikonyha alatt mulatott másodmagával egy difinyós betyár-legény. Egész viseletéből látszik, hogy nem erről a vidékről való. A keresztlábú asztal egészen az övé, meg a rajta végignyujtott rézfokosáé. Oda senki sem mer más letelepedni. Mert ez a vidékbeli legénység nagyon békeszerető. Ennek pedig a strucztolla a kalapja mellett hirdeti, hogy a folyam tulsó partjáról való, a hol csak a híres verekedők viselhetik a strucztollat, a kiket senki le nem vert. Azért, a kinek valami éhe, szomja van, csak nagy hirtelen igyekezzék megkapni, a miért idejött, s elkölteni a sátoron kívül állva. A korcsmáros tűri a rakonczátlan vendéget, mert az kegyetlenül fizet, csak úgy repülnek a tarisznyából a tizes bankók. Nem csinál kárt a gazdának azzal, hogy egymagának lefoglalta az egész asztalt. Épen most dobta ki onnan a betyár az urasági hajdut, meg a megyei pandurt egymásután, a kik ott mindenféle alkalmatlanságot csináltak.

Az a másik meg, a kit eltűr még maga mellett, egy vén czigány, a ki egy felállított hordó fenekére elhelyezett czimbalmán igyekezik utána verni azt a nótát, a mit a betyár-legény elbusultában eléje dalol:

> «Czigány asszony gunyhója,
> Kigyulladt a hátulja;
> Beleégett a vajdája
> A vajdának a leánya,
> Ihajja, hajja!»

A drágalátos czigánypecsenyeillat csábítólag hivogatja a járókelőket. Egy neki gyürkőzött kövér termetű asszonyság süti azt azon frissen egy nagy rézüst sistergő zsírjában, megforgatva a kétágú villával, aztán egy kétfelé vágott garasos fehér czipónak a közepébe nyomva, úgy osztogatja a vevőknek. Az öreg csaplárosnak elég dolga van a csappal, a bort, sert kimérni. A laczikonyha hátulja csak gyékénynyel van bedeszkázva, s annak a hasadékain keresztül kiváncsi gyerek-had kukucskál be a magánosan dévánkodó betyárra. «Nem szaladtok mindjárt?» rivall az rájuk egyszer-egyszer, a fokost felemelve. Szaladnak is azonnal.

Az ifju úri testvérpár megállt a laczikonyha előtt. Sok élvezni való volt ott: a nyalka betyár-legény, az új nóta, meg az édes pecsenyeillat. Lehetett látni az arczaikon, hogy az nekik mind a három tetszik.

A betyárnak hamis szeme volt.

— Te diák! kiálta Arnold báróra. Gyere közelebb.

(— Hallod? Azt mondja nekem, hogy «diák!» szólt neheztelve Arnold báró Czenczi baronessehez.)

(— Ne fedezd fel magadat, hogy ki vagy? Maradjunk incognito: ez nagyon érdekes lesz.)

Arnold báró odament a betyárhoz.

— No, hát mit tetszik?

— Hát szereted-e, szógám, a czigánypecsenyét? Csiklandós kérdés volt.

— Hát miért ne szeretném?

— Hát egy karafina bort be tudnál-e vágni?

— Az sem lehetetlen.

— Hát az a leánycseléd kicsoda ott veled?

(— Mondd neki, hogy szeretőd vagyok. Ez nagyon tréfás kaland lesz, sugá Czenczi baronesse a bátyjának.)

— Ez itt? Mondá Arnold báró. Ez itt a nagyanyám.

Erre mind a ketten nevettek, a betyár is meg a kis baronesse is.

— Hát te még élczelni is tudsz? sugá Czenczi, a bátyja karjába csipve.

— Ej, hiszen te fügegyerek vagy! mondá a betyár. No, kerüljetek belül, aztán telepedjetek le az asztalhoz: én vagyok az az úr, a ki fizet. No, ne féljetek semmit. Nem bántok én ilyen apró-cseprő csivatag népet, eszem azt a tátottszájú szenteteket!

Arnold báró még tétovázott; de Czenczi baronesse előre tuszkolta.

— Te! Ez nagyon érdekes kaland lesz.

— No, csak oda beüljetek a szegletbe, a hol nem néz a szátokba ez a sok csőcselék. Szaladsz innen te gyezsepogyes! Hej édes szülém (a betyár ezzel a czímmel szokta megbecsülni a korcsmárosnét) czifra tányérba ennek a ket selyemvendégnek azt a czigánypecsenyét; aztán foghagymát is rá sokat, hogy meg ne ártson a gyönge termetüknek. Kend meg bátyám uram abból a jobbik borából egy karafinával. Te meg Ragyás, verd el a nótámat.

Minden parancsolat úgy ment, mint a zsinór. A betyár addig oda sem nézett, a míg a vendégei lakmároztak, csak rakta egyedül egymagában azt a tánczot, a mit senki sem tanít, csak úgy magától jön, a lassú is, a frisse is, ahogy a nóta a láb alá huzza.

Egyszer aztán nagyot ugrik s megüti a fejével a sátor tetejét. «Kicsi nekem ez a ház! Kirúgom az oldalát!» No hát most! Ki a legény a csárdában?

Azzal felkapja a fokost, megpörgeti a kezében.

A bámuló népség szalad szerteszélylyel.

Arra a betyár egészen csendesen visszamegy az asztalhoz s rákönyököl a fokosára s csendesen szól Arnold báróhoz:

— Hát kis öcsém, van e neked szép írásod?

— Hogyne volna?

— Hát jó volt-e a bor?

— Ahol jobb nincs, ez a legjobb.

— Innál még, ha megtöltenék?

— De majd sok lesz.

— Soh se sajnáld. No te kis lány ugorj egyet. Hadd látom, mekkorát tudsz ugrani? Hozd tele ezt a karafinát frissen.

Czenczi baronessenek végtelenül tetszett ez a tréfa. Ugrott is a palaczkkal, maga vitte azt a korcsmároshoz, s tartotta a csap alá.

A betyár arra nagy csendesen mormogá Arnoldnak:

— Hát ahhoz értesz-e, gyöngyöm, hogy hogyan kell egy írásból valami kivakarni?

— Ahhoz is értek.

— No hát nézd, édes tubám, szólt a betyár, előhúzva a táskájából egy útlevelet s kiterjesztve azt Arnold elé. Innen kellene ezt a szót ni szépen kivakarni, aztán a helyébe írni azt, hogy «Kolokát Péter». No de itt a bor; húzz egyet belőle.

Szükségtelen volt. Arnold úgy volt nevelve, hogy egészen hiányzott nála az az erkölcsi érzék, a mi külömbséget tud tenni, hogy mi szabad, mi nem szabad? A mióta eszmélt, mindig azt tanulta, hogy csalni, hazudni, eltitkolni az embernek a mindennapi föladata.

— Hát aztán megtudnád-e ezt tenni rubintom?

— Hogy ne tudnám? Ide vele.

— Hát akkor nesze ez a peniczilus. Ujdonatuj, most vettem: ezt is neked adom. Tudod már, melyik ágával kell vakarni? Aztán itt van egy üveg tinta, meg egy réztoll. Mert hogy épen olyannak kell lenni az egyik irásnak, mint a másiknak. No hát csak csináld meg szép csendesen. Nem háborgat senki.

S hogy Czenczi baronesse se háborgassa a bátyját, a betyár elállta a leány útját nagy dévánkodva: «hát te gyöngyörüséges kis porczellán babácskám, nem tanulnád-e meg azt az én nótámat: «én a vajdát nem bánom!»

De sőt inkább az volt a legforróbb vágya Czenczi baronessenek, hogy azt a nótát eltanulja.

— No hát dalold utánam, te kis éretlen aranyalma! Ide vigyázz, Ragyás:

«Én a vajdát nem bánom,
De a lányát sajnálom,
Piros bársony topánkája
Jól illett a lábára,
Jól illett a lábára.
Ihajja, hajja.»

Czenczi baronessenek, bár még kifejletlen, de szép csengő hangja volt és igen jó hallása: az első elődalolásra már övé volt a nóta s aztán együtt énekelte azt a parasztlegény férfias baritonjával. A pár-dalra sok nép összecsődült s az Czenczi baronessenek nagyon tetszett.

(— Nézd, a kis baronesse a betyárral együtt dalol a laczikonyhában! mondogatták egymásnak nénémasszonyék s nagyot szörnyűködtek rajta.)

A legény fel is magasztalta érte.

— Ej ha! hugám! hiszen te olyan csinosan dalolsz, hogy beválnál komédiásnénak a debreczeni nagy szinházba.

Ezt a bókot begyébe is szedte a kis baronesse.

Arnold báró az alatt vakargatta ki szépen a betüket az útlevélből: senki sem ügyelt rá.

A nótának rendesen táncz a vége. A vén Ragyás a lassú tempóból a frissbe ment át; a betyár elkezdte először egymagában járni, a hogy szoktuk elbusult jó kedvünkben, elébb csak a czigánynak, aztán szétnézünk s a kit legközelebb kapunk, kis leány, vagy kövér dajna, úrhölgy, vagy szolgáló, megragadjuk, megforgatjuk, hát ő is úgy tett a kis baronesse-szel, a könnyű alak csak úgy repült a két kezében. Czenczi baronessenek ez még a nótánál is jobban tetszett. Olyan animóval járta, mint akármely falusi nimfa. Utoljára, mikor már a parasztlegény abbanhagyta a tánczot s rágyújtott egy új nótára, akkor Czenczi baronesse egymagában járta, csipőre tett kézzel. Nem tanulta ő soha ezt a tánczot, de talentuma volt hozzá s aztán maga a nóta diktálja azt a láb alá, a nyoszolyó nóta, a mit parasztlakodalmon dalolnak:

«Hopp itt a tisztán!
A padló deszkán,
Nem leszek többet
Nyoszolyó leány;
Nem ülök többet
A vőfély mellé!
Ha leszek, leszek:
Menyasszony leszek;
Ha ülök, ülök
Vőlegény mellé!»

A komédiabódéból épen akkor jött ki a közönség.

— Jezuska moje! kiálta fel a tót honoratiornő elszörnyedve. Ott tánczol a betyárral a laczikonyhában! De már ezt megyek megmondani az anyjának.

Arnold báró ezalatt elkészült az útlevéllel. Ügyesen végezte. Gyakorlott szem kellett hozzá, hogy észrevegye azt a kis hamisítást.

A betyár félszemmel oda ügyelt.

Mikor látta, hogy a munka készen van, ott hagyta a tánczosnéját s odament az asztalhoz.

— No, öcsém, hát készen vagyunk? mi?

— Itt van.

— Jól van. Hát már most igyunk még egyet egymás egészségeért.

— Nem kell több bor.

— No, de már az én kedvemért. (Nyilván nagyon le akarta itatni a gyermeket.)

— Én a Pontius Pilátus kedveért sem iszom, ha nekem nem tetszik.

— No, hát akkor, édes szógám, kotródj innen a sátorból. Mert ha mindjárt mégy, hát szép lassan elmehetsz, de ha nem mégy, hát annál hamarabb künn leszesz.

S minthogy Arnold báró nem szándékozott rögtön hasznára fordítani az intést, a betyár hirtelen karonragadta s olyan hirtelen kilökte a laczikonyhából, hogy mire az körülnézett, már künn volt. Azután a húgát is utána penderíté úgy, hogy az egyenesen odarepült a bátyja keblére.

— Semmirekelő gaz parasztja! dühösködék Arnold báró. Ha hátulról nem támadt volna meg, a gyomrába döftem volna ezt a tollkést. Infámis, czudar, bitang, betyár!

Akadtak jószívű emberek, a kik fejébe tették a földreesett kalapját s aztán barátságosan eltávolították mind a kettőjüket onnan. Arnold különben képes lett volna visszarontani s összeverekedni a betyárral. Aztán szépen útbaigazították őket, hogy csak menjenek haza a kastélyba.

Arnold báró még útközben sem tudta elfelejteni a megbántást.

— Csak el ne adtam volna a pisztolyom, most agyonlőném a gazembert.

— Oh, kár volna érte, olyan jó tánczos, hallod?

— Tánczoljon az akasztófán!

— Azt mondta nekem, hogy beválnék a debreczeni szinházhoz népszinműénekesnőnek. Hej, de nagy kedvem volna hozzá. Hogy el tudnám dalolni: «én a vajdát nem bánom!»

S aztán végigdalolta az utczán pacsirtahangjával a most betanult csárdai dalt; s mikor odaért, hogy «Piros bársony topánkája, Jól illett a lábára», nemcsak maga rakta meg a tánczot, hanem bátyját is kényszerítette rá.

Valljuk meg az igazat, hogy hol a bátyja támogatta a hugát, hol a huga a bátyját. Be voltak csipve mind a ketten erősen.

Nem is találtak mindjárt egyenesen haza: előbb egy kissé el kellett kódorogni a baromvásárba, aztán felmenni a Kalvária-dombra s onnan apróbb-nagyobb kavicsokat hajigálni le a háztetőkre oda alant, mikor aztán ezért a parasztok felzúdultak, s botrakaptak, hogy a kihágást elkövetőket jól ellazsnakolják, akkor czélszerű volt megfutamodni s aztán árkon, bokron keresztül a tulsó falu végére kerülni, úgy jutni el a künn fekvő kastélyba. Akkorra már be is alkonyodott szépen.

A méltóságos báróné épen akkor érkezett haza az útról, Diadém úr kiséretében. Nem lehetett tőle észrevétlen beosonni, mert meglátta a hazaérkezőket.

Alkalmasint útközben beszélt már a honoratiornővel, mert rettenetesen villámló szemekkel tekinte a gyermekek felé.

Arnold már jól ismerte ezeket a villámokat s ennélfogva igyekezett magát lőtávolban tartani, meghuzódva egy oszlop mellé; hanem Czenczi baronesse odafutott szeleburdian a mamájához s nyakába ugorva, megcsókolta az ajkait egész őszinte örömmel, az is őtet vissza: a hogy két komédiásnő szokott összecsókolódni, a ki egymást egész nap mindig szólja, szapulja, de ha összekerül, öleli, csókolja.

A csókok Judás-csókok voltak: elárulták a foghagyma- és borillatot. A báróné félrekapta a fejét.

— Ah, friponne! Qu'elle sent d'oignon!

S megtörülte a leánya csókjától a száját.

— Mais tu es grise! (Észre kellett vennie, hogy a leány pikós.)

Czenczi erre nagyot nevetett s félreugrott.

— Elle a du chic, la petite! szólt erre mosolyogva a báróné, Diadém úrhoz.

Meghatva, hogy a mama francziául szól Czenczihez, Arnold is elődugta a fejét az oszlop mellől; francziául nem szokott a mama haragudni. Hanem a mint az ő borzas fejét megpillantotta, egyszerre át is fordította a társalgást németre a báróné, öklét mutogatva Arnold felé.

— Wart Kerl! Du Lump! Heut sollen Reitgerten feil sein!

Azzal karját Diadém uréba akasztva, fellibegett a lépcsőkön. A termete még mindig oly ruganyos volt.

— Szépen vagyunk! Mondá Arnold a hugának. Most beszéli az inas, hogy a falu végén ott leste a mamát a Babiagoráné s mindent elmondott neki rólunk, a mi a komédia-bódéban, meg a laczikonyhában történt. Ma nagyon megvernek. Pedig a nélkül is olyan a fejem, mint egy kas.

— Ne félj semmit. Kivágom én magunkat. Eredj, mosdjál meg s igyál sok vizet. Aztán majd érted megyek, ha készen leszek.

— Mivel akarsz készen lenni?

— Mivel? Golyhó! Ne félj te semmitől. Kihazudom én még a szenteknek a fogait is a szájukból. Magamra veszek én mindent.

— Annál rosszabb rám nézve, mert a mama olyankor azt mondja, hogy te vagy a nemeslelkű s én vagyok az, a ki minden rosszra ráveszlek.

— No csak eredj, igyál vizet. Én addig kifőzök valamit. Csak aztán engemet hagyj beszélni, te bele ne szólj, akármit mondok.

Czenczi betuszkolta Arnoldot a szobájába, maga meg visszafutott az előtornáczba.

A vén kapus kullogott felfelé a lépcsőn.

— Levelei jöttek a mamának? kérdé, elállva az utját.

— Igenis. Szolgálatjára. Felelt a kapus, s elöszedegette a táskájából a báróné távolléte alatt érkezett leveleket.

— Phü! fujt rájuk Czenczi, hogy akarja ezeket ilyen pipafüstösen bevinni a mamához? Az mind a fejéhez veri magának. Várjon, mindjárt hozok ki egy kis otkolont.

Azzal befutott a báróné öltöző-szobájába: felkapta a toilette-asztalról a kölni vizes üvegcsét, a báróné eleget kiabált rá: «mi kell? hova szaladsz a kölni vizzel?» de nem kapott tőle választ, olyan hirtelen kifutott megint.

A kapus ezalatt bejött már az előszobába. — Czenczi kikapta a kezéből a leveleket s elkezdte azokat szakértő vizsgálattal osztályozni sorba; «ez váltó-ovás, ez is váltó-ovás, ez masamódkontó, ez a fehérneműs sürgető levele, ez az ékszerész fenyegető levele, ez a fiskálistól jön stb. ismerte ő azokat már a borítékjaikról. Ezeket a mama mind felbontatlanul fogja a papirkosárba dobni.

Végre egy örvendetes levél akadt a kezébe.

— Ah, ezt a báró papa irja!

Rá lehetett ismerni a szörnyeteg irásjegyekről, de még inkább a pecsétről. Opatovszky Kornél mindig aranyos spanyolviaszkot használt s a czimere nagyon ismeretes volt.

— Ennek már kell az otkolon, mert ezt a mama elolvassa.

Czenczi végigöntötte a levelet illatszerrel.

Ezt ő anyjának egy hajdani komornájától tanulta el.

Az illatszertől az egész levél egyszerre átlátszóvá válik, s ha akkor az ember a levelet a tükör felé tartja, szépen elolvashatja a java tartalmát. Pár percz mulva az illatszer elpárolog s nem hagy maga után semmi nyomot; a betük tintája nem fut szét benne, mint hogyha víz éri.

— Várjon, a mama épen öltönyt vált, mondá Czenczi

a kapusnak. Azalatt a tükör elé lépve, annyit olvasott ki az átlátszóvá tett levélből: «Ma éjjel megérkezem. Lesz pénz elég».

Neki is elég volt ennyi.

Visszatette a levelet a többiek közé a chinaezüst tálczára.

— Várjon. Most nincs itt se inas, se szobaleány, majd bejelentem a báróné-mamánál.

Azzal az illatszerből a saját tenyerébe is töltött s megmosta vele az arczát, aztán szép nyugodtan visszavitte a báróné öltözőjébe.

S még egészen vakmerően odaállt eléje s azt kérdezé tőle:

— No! Elég jószagú vagyok már?

A báróné kegyetlen szemforgatással mondá:

— Hiszen várj csak! Majd rendelek én nektek mindjárt tormát, annak lesz jó szaga. Hivd csak ide a bátyádat is..

Czenczi egyik vállát a másik után felrántva s a csipőit riszálva, trallázott tovább, végig dalolva a termeken: «én a vajdát nem bánom».

— Beviheti már a leveleket a mamához, veté oda, elhaladtában a kapusnak.

Aztán átszökdécselt bátyja szobájába.

— Itt vagyok. Készen vagyok. Ne félj semmit. Rendben minden. Ma nem kapunk ütleget és sötét szobát, hanem csókot, sokat. S a mi annál is több, még vacsorát is.

— Oh be nagy bohó vagy!

— De nem vagyok: egészen okos vagyok. Ma úgy viseltük magunkat, hogy azzal dicsekedni lehet. Te ne szólj semmit. Te csak hallgass. Most add a karodat s csinálj büszke, önérzetes képet; lépj föl biztosan. Aztán majd mikor én beszélek, alkalmazd az arczodat ahhoz, a mit én mondok: mutasd, hogy meg vagy rettenve, aztán meg érzékenyülj el; majd megint szedd össze magad és mutass elszánt bátorságot; mikor meg engem sirni látsz, törölgesd te is a szemedet.

— Jaj, hagyj nekem békét...

— Ugyan légy férfiu! te gyáva! Legalább mikor más is lát.

— Hiszen épen az bánt, hogy más is lát. Nem szeretem, ha idegen jelenlétében vernek meg.

— De nem vernek meg. Diadém is ott lesz. Annál jobb. Két embert sokkal könnyebb bolonddá tenni, mint egyet. Mentül nagyobb a társaság, annál könnyebb valamit elhitetni.

— De én ki nem állhatom azt az embert.

— Nekem pedig ideálom. Milyen szemtelen tud lenni! Milyen jól illik ez egy férfinak! Ha én nagy leány volnék, bele tudnék bolondulni. No hát gyere. Meglátod, hogy ma olyan komédiásné leszek, hogy mellettem mind valamennyi elbujhat Debreczentől a Port-Saint-Martinig.

A társalgóba belépő testvérpár csakugyan ott találta már Diadém urat a báróné-mama társaságában.

A báróné a mozaik táblájú asztal előtt ült, előtte az odavetett lovagvessző; a bankár pedig a kandalló előtt állt, kétfelé vetett lábakkal és szivarozott.

Czenczi baronesse előkelő mosolygással üdvözölte először a házi barátot, azután a mamát. S azzal mindjárt belépett «in medias res».

— Hát akarod, mama, hogy elbeszéljek neked egy igen érdekes eseményt, a mi ma kettőnkkel történt.

— Nagyon kiváncsi vagyok rá.

— Azt előre is megmondom, hogy egy olyan embernek az életéről és haláláról van szó, a ki minket mindnyájunkat egyenlően érdekel, sőt mondhatnám: tiszteletünkben részesül.

— Ugyan ki lehet az?

— A báró papa.

— Ah!

— Igenis ő az, a ki ma éjjel haza fog érkezni, még pedig nevezetes összegekkel; de a ki a mi közbelépésünk nélkül ma éjjel ott feküdnék meggyilkolva és kirabolva az útfélen.

A báróné meglepetve tekintett Diadém' urra.

— Ez kezd érdekes lenni, mondá Diadém úr, egy új szivart véve elő a tárczájából s meggyújtva azt a réginél; aztán megkinálta a bárónét a tárczájával, az is kivett belőle egyet és rágyújtott.

— Kérek én is egyet! szólt Czenczi baronesse, s azonnal elfoglalt egyet a havannák közül, leharapta a végét s rágyújtott a Diadém úr szivartüzénél.

— De majd nem tudsz beszélni, ha szivarozol, mondá a báróné.

— Csak ezt a fokhagyma haut gout akarom egy kissé neutralisálni, szólt Czenczi baronesse, kettőt-hármat szíva a szivarból s aztán odanyujtá azt Arnold bárónak.

(— Hagyj békét, suttogá Arnold, a nélkül is úgy kóvályog a fejem.)

(— Hallgatsz mindjárt? S szivod szépen ezt a szivart? Állj oda a kandallóhoz Diadém mellé s dugd te is a két kezedet a hátulsó zsebedbe, úgy mint ő.)

— S szabad kérdeznem, hogy hogyan jutottál te ennek a nagy veszélynek a tudomására?

— Igen véletlenül és egyszerűen. Mi ketten Arnolddal kisétáltunk délelőtt. . . .

— Megállj elébb! Mit nevezesz te délelőttnek?

— A az időt, a mikor még az ember nem ebédelt.

— Akkor ti nektek egy hét óta folyvást délelőtt van.

— Ejnye, hát már ezt is kifütyörészték? Hát már ehhez kinek mi köze van?

— A szakácsnak, lelkecském. Én átadtam neki a két hétre való konyhapénzt, mikor elutaztam s ti kicsaltátok tőle a második hétre való pénzt.

— Csak én magam csaltam ki! Hát ez meg így volt. tt a palotánk kapujában roskadt össze egy szegény kivándorló honpolgár, végkimerülésben. Vigasztalanul hevert ott, s egyetlen neje kétségbeesetten tépte fölötte a haját. Két gyermek volt az ölében, egy a hátán. Azok közül az egyik sánta volt, a másik vak, a harmadik néma. Szegény nyomorultak! mondám én testvéremnek. Segítsünk rajtuk. Kérjük ki a konyhapénzünket a szakácstól s adjuk át ezeknek. Inkább koplaljuk meg azt magunk! — Hiszen mi csak megélünk valahogy saját dominiumunkban. És úgy történt. Oh, ha láttad volna azokat a meghatott arczokat, a mikkel a nyomorultak alamizsnánkat fogadták! oh, ha hallottad volna azokat az áldásokat, a miket a reszkető martyrnő és három árvája rebegett felénk! (Valósággal hullottak a könyei Czenczi baronessenek.)

— Te! A néma is?

— Eh, te szívtelen vagy! mondá Czenczi, s azzal odament a mamához, durczásan kirántotta a mama zsebéből a zsebkendőt (a magáé ki tudja hol veszett el?) megtörölte vele az orrát, a szemeit, s megint visszadugta a mama zsebébe, a hogy szokás. Már most nem mondom tovább. Ha koplaltunk, hát az is a miénk volt.

— De a szakács nem azon a véleményen van, mert ő is veletek koplalt s már el akart szökni a háztól.

— A gyáva! Hát nem tudott magán segíteni?

— No hát jól van. Délelőtt volt, ti ketten Arnolddal kisétáltatok, és hová?

— A vetéseket megtekinteni. A tiszttartó azt mondta, hogy az utóbbi fagy nagyon megártott a rozsnak.

— Pompás leány! Én még sohasem tudtam annyira vinni, hogy megtudjam külömböztetni, melyik a rozs, melyik az árpavetés?

— Ezt csak a gyakorlat által szerzi meg az ember magának, mondá Czenczi baronesse, fölöttébb fontos arczkifejezéssel.

— No, hát aztán? Elfagyott a rozs vagy nem fagyott el?

— Ez csak a későbbi fejlődés stádiumában lesz megállapítható. Egyelőre semmi komolyabb aggodalmakra nincsen alapos okunk.

— Azután! Hát azután?

— Azután visszatértünk a székvárosba. (Falu volt ugyan.) Útközben hangos üdvözlés hatotta meg füleinket. A derék nagykereskedő, Rokomozer, állt künn a műterme bejáratánál.

— Értsd: boltajtó.

— Mély tisztelete jeléül még a karszékéből is felkelt előttünk.

— Most mondtad, hogy állt.

— Hát hiszen épen azért állt, mert fölkelt. De ugyan kérlek, mama, ne légy oly kicsinyes! Itt nagy dolgokról van szó. Életről, halálról és pénzről. Ha te ezeket nem akarod meghallani, hát itt hagyunk, aztán csinálj, a mit akarsz.

— Jól van, jól. Hát csak beszélj, mit mondott a Rokomozer?

— Elénk jött titokteljes ábrázattal. Kért, hogy térjünk be az atelierjébe, igen komoly közleni valója van velünk. Én azt mondtam Arnoldnak: eh mit? hisz ez egy tisztességes ember: nézzünk be hozzá. Mit vétünk vele a rangunk ellen? És bementünk. A jó ember örömében egy tál maczeszt tett elénk. Mi nem akartuk elrontani a kedvét s egy csipetnyit megkóstoltunk belőle. Akkor a derék férfiu minden alkalmatlan személyt eltávolitva a teremből, így suttogott hozzánk mély gordonka-hangon: «Tudják már méltóságtok, hogy a méltóságos báró úr ma hazaérkezik?» — Mi meg voltunk lepetve: nem tudtunk róla semmit. «Úgy éljek száz esztendeig, a milyen igaz, folytatá a kitünő ember, ma kaptam a levelét, melyben tudósit róla, hogy ne nyugtalankodjam: az az ügy, mely oly égetővé vált, az ő mai hazaérkezése után azonnal ki lesz egyenlitve. Ő meg fog felelni a kötelezettségének.»

A báróné és Diadém úr egymás szemei közé néztek. Ez nagyon közel jár az igazsághoz. Holmi lejárt váltók históriája. Egy tizenharmadfél esztendős kis leány hogy találna ki magától ilyeneket?

— Jól van, jól no. Ezt nem szükség tovább magyaráznod, te papagáj! szólt közbe a báróné-mama.

Czenczi ártatlan képet csinált.

— Hát tudom is én, hogy miről lehet szó? Én csak azt láttam, hogy Rokomozer nagyon meg van indulva és végtelenül érdeklődik a báró papa iránt. — «Mert hát látja báró úr», ezt már nem nekem mondta Rokomozer, hanem az Arnoldnak, «mostanában nagyon sok veszedelmes csőcselék kóborol itt ezen a mi vidékünkön. A mióta a zsandárokat elvitték, s aztán egy esztendőre a régi vármegye-urak visszakerültek, akkor megint odább mentek, akkor ide jöttek ezek a sem ide sem oda urak, a kik csak adót exequálnak, egyébre nincs gondjuk; hát azóta bizony azt sem csodálnám, ha egy éjjel a háztetőt ellopnák a fejem fölül!» — No hát azt az Arnold érti, én nem vagyok beavatva a politikába.

Arnold báró csak úgy merengette szemeit, hogy micsoda nagy beavatott politikus lett ő belőle egyszerre!

— «Pedig hát a méltóságos báró papa rendesen éjjel szokott utazni, nappal nem szeret a nagy meleg miatt. Itt pedig a nagy erdőkön keresztül igen könnyen érheti az embert valami veszedelem. Hát nézze csak a baronesse: — ezt már megint én hozzám beszélte a Rokomozer. Az elébb, alig két órával ezelőtt, volt itt nálam az az alföldi tündér, vagy micsoda? No tudja, az a komédiásné, ki itt a bódéban sólót tánczol. Kérdem tőle, mi tetszik, szép kisasszony? mivel szolgálhatok? Azt mondja: adjak neki egy font puskaport, aztán meg gyutacsot és nro.3 göbecset. — Minek magának, szép kisasszony, a puskapor, gyutacs, meg göbecs? Nem szabad most őzekre vadászni, vadászati tilalom van. Kit akar meglőni vele?» — Azt felelte, hogy holnap útra készül a trupp, meg akarják tölteni a pisztolyokat, attól félnek, hogy valaki kirabolja őket az erdőben. — Soha sem hallottam én életemben, hogy komédiás-truppot kiraboltak volna, hanem ellenben annál többször hallottam, hogy az ilyen csavargó szemfényvesztő csőcselék maga van összeköttetésben mindenféle rablóbandákkal és orgazdákkal. Ezt elhihetik a Rokomozernek, mert ebben a Rokomozernek sok tapasztalása van.»

A báróné és Diadém úr csodálkozva néztek egymás szeme közé. Tud ez a leány valamit ? vagy csak képzelete leli meg hazudás közben az igazat ?

— «Én azt hiszem, mondá Rokomozer, hogy ebből a lőszervásárlásból valami gonosz merénylet kerül ki a méltóságos papa ellen, a ki az éjjel fog hazaérkczni.» Tudod mit? mondtam én erre Arnoldnak; nekem van egy jó gondolatom. Főzzük le azokat a komédiásokat. A terv két percz alatt készen volt. Hanem ehhez valami pénz is kellene, mondám a Rokomozernek. S a tiszttartónk, a kinél a pénztárunk áll, most nincs idehaza. Szükségünk lesz e tervhez öt forintra.

Arnold már közbe akart szólni, hogy hiszen csak egy forint volt! de Czenczi egy tekintettel elnémította, a szemei azt mondták: «hát rabatt nélkül hazudjam én nektek annyit!»

— «Adjon nekünk holnapig kölcsön öt forintot Rokomozer.» Az öreg csak fejét lógázta s a két kezét a kaftánja két ujjába dugta. El nem tudom képzelni, mi kétsége lehetett, hogy kivánságunkat teljesítse. A büszkeség pírja elfutotta arczomat. «Jó! Tudom, hogy mi kiskoruak vagyunk, adósságokat nem csinálhatunk. De ne aggódjék ön, a pénzét megkapja holnap: ime addig itt hagyom önnél zálogba a fél függőmet, a mi megboldogult nagyatyámtól rám hagyott családi emlék, a ki spanyol grand volt és guadalaxarai herczeg. Ezt bizonyára nem fogom itt hagyni veszendőben.» — Erre a biztosítékra aztán rendelkezésünkre bocsátá a kivánt összeget. Mi abból legelőbb is egy csinos mellcsatot vásároltunk a megnyerendő művésznő számára.»

— Úgy megy neki, mintha könyvből olvasná! Dörmögé halkan maga elé a báróné.

Czenczi baronesse fidélis hányi-vetiséggel folytatta tovább.

Tervünk a legpompásabban sikerült. A míg én a foyerben a művésztársulat impressariójiít foglaltam el, lekötelező nyilatkozatokkal művészi remeklései iránt, sőt azzal is felbiztattam, hogy ki fogom eszközölni a méltóságos papánál és mamánál, hogy saját udvari szinházunkban is bemutathassa rendkívüli produktióit...

— Nem hágy ki semmit... mormogá a báróné.

— Az alatt Arnold gentlemanlike modorban felment a kulisszák közé s ott egy percz alatt úgy meghódítá az alföldi tündér szivét, hogy az semmi titkát nem birta előtte többé megőrizni.

De már itt Arnold csakugyan tiltakozni akart. Ekkora seladonnak nem akarja bemutatni magát — a mama előtt; Czenczi azonban észrevette a dolgot s odafutott hozzá, dévaj nevetéssel megakadályozva őt, hogy valamit mondjon.

— No, csak ne piruljon el, édesem, nem kell begyeskedni! Hiszen terv szerint történt. (Közbe ne szólj, te ostoba, mindent elrontasz!)

Aztán ott maradt mellette s fogva tartotta a kezét.

— A kis művésznő bizony megvallott Arnoldnak annyit, hogy ő neki van egy kedvese, a ki őket mindenütt kiséri. Tulajdonképen parasztlegény, bizonytalan keresetmóddal, de a kinek mindig van pénze elég. Az pedig most ott iszik és mulat a laczikonyhában. Nekünk elég volt annyit megtudnunk. Ez az! A rabló. Ennek a számára vásárolták a lőszert. Ez akarja a papát az éjjel az útban kirabolni. A mama nincs itthon, a tiszttartó beteg; itt nekünk kell gyorsan és erélyesen cselekednünk. Mit tegyünk? Fogassuk el azt a gyanús embert! Keressük fel a vásárban a pandurt, meg a hajdút. Keresztül-kasul jártuk mi az egész vásárt, de nem találtunk mi se pandurt, se hajdut. Utoljára rátaláltunk mind a kettőre. Ott ittak mind a ketten a laczikonyhában együtt a betyárral. Az pedig előbb leitatta őket, azután kidobálta a félszerből holtrészegen mind a kettőt.

— S ezek mind a valószínüséghez közel álló dolgok.

— A betyár ott tánczolt, danolt, dorbézolt aztán egyedül, magában a sátor alatt s hetykén hivogatta ki a szájtátó legénységet, hogy no, hát ki áll ki vele egy szál fokosra, aztán meg a bámészkodó leányokat, hogy ki mer vele egyet tánczolni! Minket leigézve tartott az a gondolat, hogy ime ez azon ember, a ki a mi drága atyánk életét fenyegeti. Én Arnoldra tekintettem. Elborult arczán olvastam a gondolatokat. «Menjünk oda hozzá!» mondánk csaknem egyszerre. «Én ezt az embert lefőzöm és leitatom», mondtam én. «Én pedig leütöm, ha az neked nem sikerül!» mondá Arnold. (Fujd fel egy kicsit magadat! súgá neki, a lábára lépve.)

— Nos, azután? szólt a báróné, a ki már kezdett jó kedvre derülni.

— Hát azután az lett belőle, hogy én előbb megkisérlettem a vad embert nyájas leereszkedéssel meghódítani.

— Tánczoltál is vele?

— Ha azt láttad volna! Ejh de pompásan tánczol. Csupa tűz, csupa erély! Azt hiszem, hogy egészen meghódítottam a ficzkót. Hanem az a másik dolog nem sikerült. A leitatás. Hiába hozattam neki egész batteria számra a palaczkokat: nem birtam eláztatni. Ekkor Arnold így szólt: «most már rajtam a sor: férfi dolga a többi», s ezzel merészen neki ment a betyárnak, belékötözködött. Utoljára birokra keltek. Ah, ha láttad volna Arnoldot, milyen volt a küzdelemben, egy hős, minden izma csupa aczél! Kifacsarta a betyár kezéből a fokost s azzal olyat vágott neki a karjára, hogy az bénultan esett alá. A veszedelmes betyár a mai éjszakára képtelenné van téve, hogy drága atyánkat megtámadhassa, hős fiának merész föllépése által. (Dicsekedjél hát magad is egy kicsit, no!)

— Brava, bravi, bravissimo! tapsolt a báróné kaczagva s ledobta az asztalról a lovagvesszőt.

— S ládd, ezt mi mind tőled örököltük! mondá nemes páthosszal Czenczi.

A báróné nem tudott hová lenni kaczagtában.

— Mit? Te! A bátyád aczélizmait, vagy a te hazudozási talentumodat?

— Mindkettőt édes mama! szólt Czenczi, odavetve magát anyja keblére s átölelve annak a nyakát, s összecsókolva arczát és ajkait.

— Semmirekellők! mondá a báróné. Elmehettek előlem. Most aztán aludjátok ki a mámort. Majd ha az apátok megjön, lehivatlak a vacsorához.

— No hát úgy-e, hogy megjön a papa? Nem hazudtam semmit. Nyujtsd karodat Arnold. A siesta után, ha a soupéehez való toilettemmel kész leszek, jöjj át értem és vezess le.

Czenczi baronesse nagyon sokat adott az etiquettere.

A BÁRÓ PAPA.

A két gyermek, a mint kiszabadult a családi törvényszékből, szaladt fel a második emeletre. Ott voltak az ő szobáik: együtt a nevelőikével, a míg t. i. nevelőik voltak, a kik azonban minden évben kétszer-háromszor változni szoktak; azaz hogy megszöktek.

Czenczi baronesse, amint az anyja ajtaján kiszökött, azonnal elkezdett fütyölni, s ezt folytatta még a bátyja szobájában is.

— Ugyan, kérlek, ne fütyölj! mondá neki Arnold.

— Nem tetszik?

— Fáj a fejem. Le akarok feküdni.

— Hát feküdjél.

— Eredj te is a magad szobájába.

— Minek?

— Hisz azt mondtad, hogy toilettet akarsz csinálni.

— Oh te, bolond, mintha nem tudnád, hogy mihelyt

egy új ruhát kapunk, a régit rögtön eladjuk a handlénak? Nincs énnekem két öltöző ruhám egyszerre soha.

— No hát csak eredj innen mégis, kérlek. Szeretnék ....

— Mit szeretnél?

— Egy nagy követ kötni a nyakamba s aztán a Vágba ugrani vele.

— Hahaha! Ez nagyon jó. S ugyan miért, kis kedveském?

— Megunta testem-lelkem ezt a rettenetes örökké tartó hazudást.

Czenczi még nagyobbat kaczagott erre a szóra.

— Oh milyen kedves vagy! Hát nem arra tanítottak bennünket, a mióta a szemünk kinyilt szakadatlanul? A cselédek, hogy mit hazudjunk a mamának? a mama, hogy mit hazudjunk a papának, a látogatóknak, a cselédeknek? Nem hazudtak-e nekünk örökké? ha nem akartak valamit adni, azt elvitte a macska! ha el akartak ballgattatni: jön a mumus! ha tanítani akartak: jön a Mikulás! Az egyik nevelő nagyokat hazudott a zsidók történetéből, s azt akarta, hogy higyjük el neki, a másik még nagyobbakat hazudott a római istenek történetéből s az is úgy tett, mint a ki komolyan veszi a dolgot. Aztán megtanítottak bennünket, hogy mit mondjunk ennek meg annak az embernek, hogy meg ne tudja az igazat. Aztán szidták egymást kölcsönösen, hogy hazudik a paraszt az ispánnak, az ispán a zsidónak, a zsidó mindkettőnek, a doktor mindháromnak, a fiskális mind a négynek s a szép asszony mind az ötnek: Hiszen rendes mesterség ez, mint a vízivás; csak arra kell vigyázni, hogy meg ne ártson.

— No, én meg vagyok tőle csömörülve, s inkább volna kedvem vályogot vetni a czigányokkal, térdig a sárban, mint ehhez az élethez.

— Nagyon hamar meguntad, kedveském. Hidd el nekem, hogy olyan jó az, az ember annyit mulat rajta. Hanem persze nem olyan hült pofa kell hozzá, mint a tied, a kiből az első rátekintésre meglátják, hogy most hazudott, hanem úgy kell azt adni, a hogy én tudom ; tudod, a hogy tinálatok fiúknál a vívást tanítják, hogy nem kell az embernek a szemét meghunyorítani, nem kell az arczát félteni a vágástól, hanem mindig kitalálni, hogy hol hagyott az ellenfél valami rést, a hol oda lehet neki vágni? hát látod, az én nekem épen olyan gyönyörűség, mint te neked a kardvivás : csakhogy sokkal nemesebb szenvedély.

— Már úgymint a hazudás ?

— Hát persze. Te az egyikben vagy kitűnő, én meg a másikban. Látod, a szegény báró papa, ő mind a kettőben olyan ügyetlen, hanem azért mégis teszi mind a kettőt.

— Ugyan ne szóld meg hát az apánkat!

— No nézd! Egyszer mondok igazat s azért is megneheztelsz. De hisz azt mindenki tudja, hogy a báró papa nem ért az elsőhöz, azért mégis mindenkit provokál s akkor megszabdalják, nem ért a másodikhoz, azért mégis mindig teszi s mindig rajta kapják.

— Eh! Én nem szeretem, hogy ha előttem így beszélsz róla.

— Jól van no. Jámbor tízparancsolatevő! Hát beszéljünk a báró papáról nagyobb tisztelettel. Vajon milyen képe lesz neki ma megint? Ráismerünk-e egyszerre, ha elénk toppan? No, mert tudod, valahányszor beáll hozzánk, mindannyiszor más-más ábrázatot hoz ide. Minden alkalommal gazdagítja a fénykép-albumodat egy új fölvételével, a mik közül egyik sem hasonlít a másikhoz.

Czenczi baronesse felkapta az asztalról az ottheverő meglehetősen kopott fényképalbumot s elkezdte annak a képeit sorba mustrálgatni.

— No ilyennek, mint ez a legelső, még én nem ismertem. Ezzel az uhlánus tiszti jelmezzel. Kiváncsi vagyok arra az ellenségre, a kit a papa valaha megkergetett. A fotográf reszkethetett, a míg őt levette! Ettől a kétfelé hegyesített bajusztól. Huh! Már itt ezen a második képen egy csepp bajusza sincs, hanem a helyett két oldalt hosszan leeresztett cotelettjei: igazi angol. A félszeme elé csiptetve a monocle. How do you do, sir? Tako, tako, gyekujem peknye! Ezen a harmadik figurán már megint à la Henry IV. spanyol szakállal, keresztbe álló bajuszszal, felfelé csavarintott üstökkel, lovagló csizmákban, ostorral a kezében. Akkor vesztett olyan sokat a turfon. Igazán van oka rá ilyen büszkén feltartani a fejét. No erre az alakjára már én is emlékezem ezzel a felkunkorított bajuszszal, a haja középen elválasztva. Milyen epedő mosolylyal tekint ki a világba. Kezében egy felnyitott könyv, a miből olvas. Akkor volt ez, mikor azt a szép tánczosnét ide hozta magával s azt akarta, hogy a mama fogadja meg társalkodónéjának. No hiszen erre a képére nagyon jól fogsz emlékezni te is: a hol magyar gavallérnak van öltözve; pitykés dolmányban, darutollas kalap a szemöldökére lenyomva, a két bajusza hegyesen szétáll, mint két patkány farka. Ez meg akkor volt, mikor el akartak válni a mamával egymástól; aztán azon czivakodtak, hogy melyikünk melyiknek maradjon? A báró papa minden áron téged akart magával vinni, a mama meg nem akart oda adni. Egy darab ideig egymás keze közül ragadoztak ki bennünket, kiabáltak, szitkozódtak, az egyik a kezednél, a másik a lábadnál fogva húzott magához, én eleinte sirtam, azután meg nevettem: utoljára a mama megharagudott, kilökte a báró papát a szobából, s aztán mind a kettőnket utána dobott, hogy vigyen magával, akkor aztán a báró papának egyikünk sem kellett; ott hagyott, megint nem láttuk egy esztendeig.

— Oh milyen gonosz nyelved van.

— Van biz én nekem még gonoszabb is. Azt is tudom, hogy a báró papának még a névaláírása sem ugyanaz egyik esztendőről a másikra, hol a régi, hol az új nevét használja. Néha mindkettőt együtt, azok mellé majd az igazi keresztnevét, majd meg a magyarosítottat; a vonásai, a kézirata, a neve után kanyarított czifra mindig változnak; úgy, hogy már hivatalosan ki van rá mondva, hogy az aláírását csak úgy fogadják el hitelesnek, ha a czimeres gyűrűjével, a mit mindig az ujján hord, oda nyomtatja utána a pecsétjét.

— De hát te hol szedted össze mindezt?

— Hát a mamának volt egyszer egy kedvencz szobaleánya, az beszélte nekem. Annak meg a Koczur barátunk beszélte.

— Te! Miért hívják ezt Koczur barátunknak?

— Azért, mert senki sem akar vele barátkozni.

— Vajon mije lehet ez a papának, hogy mindig magával hordja?

— Már mint — ő a papát. Úgy látom, hogy ez az egyedüli ember, a ki ő neki szót fogad, meg ő is annak.

— Ki nem állhatom ezt az embert, olyan bizalmaskodva viseli magát, ha itt van. Vendégek jelenlétében is végigfekszik a pamlagon, s a mamát «tündér szép bárónénak» szólítja. Aztán mindenkiről rosszat beszél.

— Én szeretem, mert mulatságosan anecdotázik.

— No már most, kérlek szépen, ne háborgass. Nekem még ma valami sürgős dolgot kell elvégeznem.

— Neked sürgős dolgod van, jó barátom?

— Tudod: mikor tavaly ilyenkor a papa itthon volt, s aztán egyszer csak eszébe jutott neki, hogy kiexamináljon, hadd lássa mit tanultam.

— Tudom, tudom! hahaha! Mindenfélét kérdezett tőled, hogy van ez, hogy van amaz? Te semmire sem tudtál neki megfelelni, aztán ő sem tudta megmondani, hogyan van?

— Utoljára azt kérdezte tőlem, hogy «de hát mit tudsz mégis valamit a világon?» azt feleltem neki, hogy tudok rajzolni, meg térképet csinálni. — «No hát rajzold le nekem ezt a mi kastélyunkat egészen az építészeti szabályok szerint, fundamentomostól együtt, a hogy a kőmívesmajszterek szokták». Ezzel hagyott el.

— S te most akarsz ehhez hozzáfogni?

— Dehogy! Régóta dolgozom rajta; de el szoktam dugni az ágy fenekére, hogy ki ne nevessenek vele.

Ezzel előkereste a szalmazsákja alól a rajztábláját. Azon csakugyan rajta volt a kezdetleges vázlata egy palota ábrájának, alapvázlatával együtt, a hogy ezt készíthette valaki, a kit erre soha sem tanítottak. Készen volt az egész, csak egy kis igazgatás kellett hozzá.

— Ezzel én most elkészülnék, mire a papa megjön, hogy meglepjem vele, csak az a baj, hogy a gyertyám mindjárt elég.

— Az ám, másikat pedig nem adnak. Azt mondják, miért nem megyünk már aludni? Megállj! Én gondoltam ki valamit. Tudok valahol egy darab viaszkot, a mivel nagy parádé idején az inas a szobákat szokta kifényesíteni.

— Mit csinálsz vele?

— Azt csinálom, hogy az alsó szoknyám kötőjéből levágok egy darabot, azt keresztül húzom a viaszkon bél gyanánt, azt meggyujthatjuk s te rajzolhatsz mellette szépen.

A terv nagyhamar valósítva lőn, a hevenyészett mécsest beletették egy cseréptányérba s annak a világánál folytatta Arnold a rajzolását. Czenczi odatámaszkodott a háta mögé s igazgatta, hogy ez így jobb lesz.

A nagy palota egyik részében akármi történhetett, a másikban nem vették észre. Valaha húsz embernél kevesebb cselédség soha sem lakott abban, most pedig alig csengettbongott benne tíz élő lélek, az is egymástól szétszórva.

A viaszkmécs ez alatt úgy megtöltötte a szobát füsttel, hogy Arnoldnak ki kellett nyitni az ablakot, hadd jöjjön be egy kis friss levegő.

A mint az ablakot kinyitotta, valami lármahang ütötte meg a fülét.

— Hallga! Nekem úgy tetszik, a papa szavát hallom.

— Nem ismersz te arra, mondá Czenczi; hiszen tudod, hogy a szavát is mindannyiszor elváltoztatja, a hányszor megtisztel bennünket a látogatásával, egyszer leptetve beszél, másszor sebesen és orrhangokon, néha nem tudja az «r»-et kimondani, majd meg lemélyíti a hangját, mintha a föld alól beszélne fel. Nem ismered te azt így meg.

— De pedig ő az, mert nagyon káromkodik. Azt mondogatja, hogy «ezermilliom kutyalélek!»

— Akkor ő az! Ez az ő szava járása.

— Siessünk elébe!

— Én jobb szeretném, ha más sietne előre.

De Arnold nem ügyelt rá, felvette a kabátját s szaladt ki a folyosón, őt aztán Czenczi sem hagyta magára, hanem utána ment.

A káromkodó hang már ekkor jött fölfelé a lépcsőn.

— Vajon milyen megjelenése lesz ezúttal a papának? kiváncsiaskodék Czenczi.

No ezt bizony nehéz lett volna ezúttal kitalálni, mert az egészen rögtönzött megjelenés volt. Ebben az alakban nemcsak saját két gyermeke, de akárki sem ismert volna rá báró Opatovszky Kornél úrra.

Hogy a rajtalevő ruha micsoda kelméből volt? azt nem lehetett kitalálni, mert arra a sár azon módon rászáradt, a hogy a pocsolyában meghentergett benne, s most ez a szikkadt agyagréteg olyan pikkelyes hüvelyt képezett rajta, mintha krokodilus bőrt viselne; a kalapjának nem volt semmi emberi formája, a bajusza, szakála össze volt keveredve a zöld békalencsével, a mi a pocsolya felszínén szokott úszni: az orráról le volt horzsolva a bőr, s a félarcza úgy fel volt dagadva, mint egy czipó. S ehhez a jelmezhez még egy ölnél hosszabb vastag fűzfadorongot hozott a kezében. A kapus félve kisérte, a lámpással világítva az útjába.

— Ezer milliom kutyalélek! rikácsolá tönkrerekedt hangon: Hát jön-e már valaki elém a kastélyból? Vagy meghalt minden ember?

S a hányat szólt, annyit ütött a fűzfadoronggal a lépcsőkre, meg a falra: csak úgy csattogott.

Legelső volt Arnold, a ki elkapta a kezét.

— Hagyd abba ostoba! Hol akarsz megcsókolni? Nem látod, hogy csupa sár vagyok?

A nagy zajra aztán a báróné is előjött a szobájából Diadém úrral, az inas is a gyertyával.

A báróné összecsapta a kezeit.

— Micsoda állapotban van ön?

— Micsoda állapotban! recsegé a báró úr. Egy becsületes disznót nem kellene így megfüröszteni a sárban. Bele kellene ültetni magát a főispánt egy huszonnégy órára.

— Ön felfordult talán?

— Talán? Nem én! A kocsi fordult föl. Én meg kifordúltam belőle. Háromszor dültünk fel ebben az átkozott útban. Egyszer lágyba estem, kétszer keménybe. Kicsi hijja, hogy a kezem, lábam el nem törött. Még «talán!» Holnap főbelövöm a főispánt, meg a szolgabirót. Így kell az utat tartani az én birtokomon keresztül? Gyalog kellett baktatnom egész a határkorcsmától kezdve. A hintóm is mind összetörött. Koczur ott maradt összekötöztetni, a hogy lehet. Úgy jöttem előre magam gyalog. A kutyák majd lehúztak ebben az útban, azt gondolták, prikulics vagyok. Csak most egy fotograf volna itt, hogy levétethetném magamat, s aztán megmutathatnám neki, hogy milyen voltam: a főispánnak!

— Ellenben siessen ön hamar a szobájába; s igyekezzék magát tisztába tenni.

— Tisztába tenni! Mikor minden ruhám ott maradt a hintóban.

— Elfeledte ön már, hogy itthon van. Hálóköntösét, vadászköntösét mind ott fogja találni a helyükön.

— Úgy, igaz, köszönöm. Hát nyujtsa a kezét, hadd csókoljam meg; a bajuszom ugyan csupa hinár; hanem azért a keztyüt nem piszkolom össze nagyon.

— Arnold, menjen! segítsen az apjának, az öltözésnél.

— Kell is nekem oda kölyök. Elég az inas.

A báróné azonban nem engedett. Hadd legyen ő is ott. Arra gondolt, hogy a vetkőztetés közben jó lesz valakinek ügyelni arra a sok pénzre, a mit a báró magával hozott, s alkalmasint a kabátjába dugva hord most is.

A báróné és Czenczi baronesse nagy hirtelen berendezték a kandalló szobát theázó teremmé, meggyujtották a samovár katlanát, felszeletelték a hideg borjúsültet és sonkát, a mit a báróné magával hozott az útról (a szakács még mindig nem volt retablirozva a hivatalába); rhumot, bort az asztalra rakták, s midőn mindezekkel félig-meddig elkészültek, nagy csetepaté ütött közbe. A folyosón pogány lárma támadt, valakit kergettek. Alfons úrfi ijedt képpel futott be a szobába s az ablakfüggöny mögé rejtette magát; utána pedig nagy csörtetve jött a papa, igen sajátszerű fegyverzetben. Az egyik lábán nem volt lábtyű, hanem a helyett a másikra rá volt szorulva az a bizonyos szarvasbogár alakú szörnyeteg, a mit csizmahúzónak hívnak, s az minden léptével nagyot csattant a padozaton. A hiányzó csizma ellenben ott volt a balkezében, a jobbjában pedig az a mankóforma szerszám, a mivel a lábtyűt megszokták nyomni, hogy a lehúzás közben engedjen. A báró dühösen ordított.

— Fogjátok el a gazembert, hadd üssem agyon!

Szerencsére volt férfi a háznál: Diadém úr elállta a dühösködőnek az útját.

— No nono! Mi történt? Mi baj van?

— Hát látott valaha a világ ilyen elvetemedett gazembert! Dühösködék a báró. Más gyermek ilyenkor bőréből szokott kibújni örömében; ez a gézengúz pedig a legelső szavánál is azon törekedik, hogyan semmisítse meg az ő szülő apját! Nincs elég magas akasztófa ennek a számára!

— Hát ugyan mivel sértett meg?

— Te ahhoz nem értesz! Neked hiába is mondom. Te lelketlen pénzember vagy. Nem tudod, mi a nemesség? Hát mikor én egész atyai jósággal odanyujtom neki a lábamat, hogy húzza le róla a csizmát, s a közben egész stentori kegyességgel.

— Talán mentori kegyességgel....

— Az mindegy! Azt kérdem tőle: no hát édes fiacskám, mondd meg nekem görögül, hogy hívják a csizmahúzót? S erre a pokoli ördög, szemtelen vigyorgással, azt feleli nekem: «én nem tudom, papa; hát mondd meg, hogy hívják?»

— Hát mondd meg neki, ha tudod.

— Én nem tudom, mert az én epochámban nem tanítottak görögül, de az ő epochájában már tanítanak; hát ő tartozik azt tudni.

A báróné közbevegyült.

— De hát legelébb is húzza fel a másik csizmát is a lábára, édesem. Azután beszéljünk nyugodtan a mi rendes dolgainkról. A gyermekekről majd beszélhetünk később. Remélem, hogy az útban nem történt önnel valami komolyabb baleset?

— Ezer milliom kígyófarka! kiálta fel a családapa, belerúgva magát a felrántott csizmába. Háromszor felfordulok az úton. Egyszer belefuladok a sárba. Az orromról lehorzsolok három krajczár ára bőrt. Kicsiny híja, hogy a nyakamat ki nem töröm. S még azt kérdezik tőlem, hogy nem történt-e velem az úton valami komolyabb baleset?

— No igen. Értem alatta: nem volt-e önnek valami kellemetlen kalandja, útonálló rablóférével?

— No hiszen csak az jött volna most elém. Még nem ettem zsiványpecsenyét, de ma felfaltam volna, a ki elém jön.

— És így remélhetőleg a pénzét biztonságba helyezte ön? Ez volt a bárónénak a legfőbb aggodalma.

— A pénzemet? Már mint a pénzemet?

— No igen, az egész összeget, a mit magával hord.

— Az egész összeg, a mit magammal hordok, mindössze is negyvenöt forint ötven krajczár.

— Az lehetetlen, hisz ön azt írta hozzám, a ma érkezett levelében, hogy lesz pénz elég.

A báró úr furcsa képpel tekintett Diadém urra s mutatóujjával bökdösött felé.

— Hát én azt értettem alatta, hogy ő fog pénzt hozni.

Diadém elnevette magát, a báróné pedig türelmetlenül dobbantott a lábával.

— Ez már léhaság! Mi szükség lett volna önnek arról írni, hogy mit hoz Diadém úr? Hisz arról én jobban vagyok értesülve. De hiszen ön Rokomozernak is írt arról, hogy pénzzel jön haza.

— Micsoda? Hogy én irtam volna Rokomozernek? ki meri ezt az istentelenséget állítani?

— Itt vannak a saját gyermekei, a kik olvasták önnek levelét Rokomozernél.

— Hogyan? Az én saját gyermekeim lépnek fel ellenem hamis tanunak? Készek a hamis esküt letenni a saját apjuk ellen! Jöjj elő te, apagyilkos, ismételd a rágalmadat!

— Nem a fia, a leánya olvasta.

— E szerint én hazudok! Az én szavam a hazugság!

Most közbelépett Czenczi baronesse. Az önfeláldozó gyermeki szeretet magaslelküségével lépett közbe.

— Szüntessék meg a vitát, drága szülőim! Nem! Az én kedves atyámnak nem szabad hazugságban maradni. Én hazudtam! Én vétettem az igazság ellen. Büntessetek meg engem. Én vagyok a vétkes.

A bárót ez a föllépés egészen kétségbeejtette.

— Itt van ni! Most meg már egész nagylelküen magára vállalja a hazugság terheit! Még a nagylelküt játszsza ellenemben. Most már aztán mindenki azt fogja hinni, hogy csakugyan én hazudtam. Hozzák ide rögtön azt a Rokomozert!

Erre Czenczi baronesse egyszerre lábujjhegyre emelkedett.

— Megtiltom! Egy Opatovszky baronesse meghalhat, de nem engedi magát szembesíttetni egy plebejusszszal! Itéljetek el: én nem szólok többet.

Opatovszky Kornél egyik kezében a csizmahuzóval, másikban a letoló mankóval fordult Diadém barátjához, annak vállaira borulva.

— Oh barátom, hogy ilyen atyának ilyen gyermekei lehetnek!

Erre Diadém úr is, meg a báróné is nem állhatták meg, hogy hangosan föl ne kaczagjanak.

— No de, kedves barátom, mondá Diadém úr, csakugyan gondolj rá vissza, vajon nem lehetséges-e, hogy te egyszer valamikor irtál ilyenforma tartalmú levelet Rokomozernek, a miben biztatod, hogy hozod a sok pénzt?

— No, a mi igaz, az igaz, de nem ma!

— No hát akkor nyugodjunk meg a dologban. S minthogy a thea készen van, lássunk hozzá. Aztán majd könynyebben értjük egymást.

— Nem bánom. Hanem az a gazember üljön velem szembe, hogy mindig a szeme közé láthassak. Mert ez egy irtóztató gonosztevő. Nézd, hogy állanak a szemei keresztbe. Csak te tudnál valami fegyintézetet ilyen kiskorú gonosztevők számára, hogy oda be adhatnám vagy tíz esztendőre! Nézd! Meg sem rágja, a mit lenyel. Ez képes volna az apját megölni: úgy tartja a kezében azt a kést! No, te semmiházi. Hát ne húzd le úgy a fejedet. Hát nézz a szemembe! No hát mondd meg, hogy hitták görögül a zsidóboltost?

Erre a kérdésre Arnold még jobban lehúzta a fejét.

— No, ott van ni. Azt sem tudja.

— De édes barátom. Csitítá Diadém úr. Hisz a hellenek idejében még nem voltak Hellászban a zsidók.

— Hogy ne lettek volna? Hát hiába mondaná a népszólás: «zsidót viszek görögnek!»

A báróné ma azonban különösen kötekedő kedvében volt, s ezuttal elég jó oka is volt rá, hogy azt a báró ellen fordítsa.

— De uram, nem lehet ezt rossz adomákkal elütni. Önnek a levele határozottan szólt. Ön tudja azt jól, hogy miről van szó. Önnek kellett e napokban pénzt kapni.

— No igen. Annak a nyomorúságos negyvenezer forintnak a kamatját, a mi le van téve.

— S a mit nem adnak ki másnak, egyedül önnek.

— No, igen, hát no! Két ezer forint az egész.

— Négy napja, hogy ön azt megkapta.

— Mennyi lyuka volt már annak!

— Tudom. Például Pozsonyban az Arany-Rózsánál a fáró-bank!

— Micsoda fáró-bank? Nem is az Arany-Rózsánál van. Ott sem voltam.

— No hát a szép chansonette énekesnő az arenában.

— Micsoda chansonette énekesnő? Soha a nevét sem hallottam.

— No hát hova tette ön a kapott pénzt három nap alatt?

— Oh édes papa! szólt közbe Czenczi baronesse, tedd meg kérlek szépen a kedvemért, mondd azt, hogy kirabolt az úton egy alföldi betyár.

Erre Diadém úr nem állhatta meg, hogy fel ne kaczagjon. A báróné mérges volt, de mégis elragadt rá a nevetés.

Erre aztán Kornél báróból kitört a csinált düh. Fölugrott az asztaltól s az asztalkendője két végét rángatta a két kezével, mintha szét akarná tépni, s homlokon ütögetve magát, nagy elkeseredéssel kiálta föl:

— Oh, az borzasztó, mikor ilyen elvetemedett gyermekei vannak egy «ilyen apának!»

Az ilyen apára való hivatkozás csak még jobban fokozta a felköltött derültséget.

— Parancsolja ön a gyermekeit a szobáikba! mondá a báró papa a báróné mamának. Akkor nyilatkozni fogok.

Czenczi nem várta be a parancs-szót. Kapott rajta, hogy hivatalból kergetik el s ezzel megszünik az inquisitio. A két gyertyatartó közül az egyiket felkapta s indult vele kifelé, útközben a kredenczen hagyott sonkamaradékot a zsebébe csusztatva. Példáját Arnold is sietett követni.

— Hohó! kiálta utána Kornél papa, megragadva a fia gallérját. Hová viszitek azt a gyertyatartót?

— A szobánkba. Nekünk nincs gyertyánk.

— Hát tudod-e, hogy hívják görögül a gyertyatartót?

— Ugyan hagyj már Arnoldnak békét, papa! Szólt közbe Czenczi, kiszabadítva a bátyja gallérját az apja körmei közül. Hiszen azt minden ember tudja, hogy a gyertyatartót görögül kandelábernek hívják!

Azzal futott kaczagva a bátyja után.

A báró papa ellenben elkeseredve dőlt Diadém úr nyakába, zokogó pathoszszal rebegve:

— Oh barátom! Az irtózatos, mikor egy apának ilyen gyermekei vannak! Szólj: nem tudsz valahol egy szigorú katona-iskolát, a hova ezt a ficzkót beadhatnám? a hol mindennap kurta vasra vernék. Okvetlen zsivány lesz belőle.

Diadém úr lerázta a válláról.

— No, uram, hát folytassuk a dolgot. Mondá a báróné.

Kornél ezt úgy értette, hogy visszaült az asztalhoz s elkezdte a felszelt sonkát fogyasztani; ez volt az ő dolgának a folytatása.

— Hát lesz szives ön felvilágosítást adni a négy nap előtt felvett összegnek a hovafordításáról.

— Öhöm, vakkantá az rá, teletömött szájjal. Aztán nagyot nyelt, egyet ivott rá, megtörölte a száját. Ekkor aztán egészen bizonyos volt felőle, hogy a mit most fog elsütni, az olyan puska lesz, a mitől mindenki elveszti a harczi kedvét. Azonnal hozzáfogok, mihelyt az én kedves Diadém barátom szives lesz a maga számadását előterjeszteni és felvilágosítani, hogy hova lett az apátvári uradalomnak tizenhárom esztendei jövedelme, a minek a kezelése ő rá volt bízva? Hová lett hatvanezer hold földnek a jövedelme? A malmok, a fűrészmalmok, a papirosmalom, a vasgyár, a schweizerei, az üveghuták javadalmai? A regale, a vámok, a bérletek? Mit hajtottak be azok a nagyszerű beruházások, a miket létrehozatott az én költségemre, a mikre annyi sok adósságot felszedtem, hol vannak a részvénytársaságok dividendái, a miknek alapítója lettem? Mind ezeknek úgy hiszem, olyan halomra kellett már nőni, hogy ha az napfényre kerül, akkor az én számadásra váró kétezer forintom tört számnak se válik be mellette.

Diadém úr és a báróné összenéztek s mind a kettő egyszerre mormogta ezt a szót: «Koczur!» Ennyi bölcseség Kornél bárótól magában ki nem kerül. Erre már őt okvetlenül a spiritus familiáris eszelte fel.

Diadém úr félrevont szájjal mosolygott s szivarját beledobta a kandallóba.

— Nagyon örülök rajta, kedves báró úr, hogy önt egyszer olyan kedvében találom, a mikor erről a tárgyról tüzetesen ohajt értesülni. Abban a reményben, hogy önnel e napokban okvetlenül össze fogok találkozni, elhoztam magammal mindazokat az adatokat és okmányokat, a mik tizenhárom évi működésem tisztába hozatalára vonatkoznak. S ha kivánja, rögtön előhozhatok mindent s megkezdhetjük.

Kornél báró nyugtalanul tekintgetett körül. Nem érezte maga mellett Koczurt, s az esze nagyobbik részét annál szokta tartani.

— Hát ezt majd halaszszuk nappalra. Én a sok részlet megvizsgálásához úgy sem igen értek: lesz más, a ki érteni fog hozzá. Én csak azt kérdezem: nekem van egy roppant nagy birtokom, a min akkor, midőn a gyámság alul felszabadultam, nem volt semmi adósság, mindent letisztázott a gyámom. Ellenben egy kerek millió készpénzt adott a kezembe. Angliából hozattam magamnak vendégeket a vadászatra. Ostendeből az osztrigát, Johannisbergből a bort s Berlinből az elsőrendű énekeseket, Koczur mellett még egy irnokot kellett tartanom, a kinek egész nap dolgot adott a részvényeimről és államkötvényeimről a szelvényeket leollózni; a míg most...

— ...A míg most: segített neki az eszmekört kiegészíteni maga a báróné, mikor fülig sárosan haza érkezik ön egyedül, itt várja a hideg sonka, savanyú vinkóval, a gyermekei rongyosan s azok közül az egyik, hogy egy ebédet kiszédeleghessen magának, kénytelen a laczikonyhában maga danolni és tánczolni a betyár közönségnek; s jelenleg Koczuron kívül még egy egész Rokomozert kell önnek tartani, a kinek egy egész nap dolgot ád feljegyezni, hogy mikor, hol és kinél jár le önnek egy váltója, mikor, hol és kitől lehet új kölcsönt felvenni, hogy a réginek az uzsoráját kifizessék vele? Úgy-e, hogy ezt akarta ön mondani?

— Nagyon jól be van ön avatva, báróné. Csókolom kezeit. Igenis. Ez a kérdés. Hogyan lehet ez így, barátom, Diadém?

Dehogy lett ebből valami számadás! Hiszen minden évben megkisérlették azt egyszer, vagy többször is, hogy egymásnak beszámoljanak, a földesur és a meghatalmazottja; de mindig azon végződött a mulatság, hogy a báró úr a harmadik, vagy negyedik kellemetlen tételnél felugrott a helyéről, közbekiáltva, hogy ez mind ostobaság! s aztán csak azon volt, hogy most hirtelenében kerítsenek neki valami pénzt, azért aztán, hogy azt megkapja, beleegyezett mindenbe, aláirt mindent, a mit eléje tettek, s igyekezett mentül előbb menekülni hazulról.

— Ostobaság! Csupa merő ostobaság! Mindennek a kormány az oka. A vasgyárak tönkrementek, mert a kormány leszállította a magyarországi hizott marha kivitelét Ausztriába, a keleti marhavész miatt. Jól van. A czukorgyáraink megbuktak, mert a kormány felemelte a czukorrépaadót. Hát miért nem buktatjátok meg ezt a kormányt?

— Azt magam is szeretném tudni.

— De hát utoljára is valami jövedelme csak volt ennek a rengeteg nagy dominiumnak?

— Igenis. Negativ jövedelme.

— Mi az a negativ jövedelem?

— Hát az, hogy rá kellett fizetni.

— Ezt nem vagyok képes felfogni.

— Pedig nagyon könnyen megérthető. Egy esztendőben aszály volt, a másikban tavaszi fagy; a közbeesőben lenyomott gabonaárak. A bérlők mind tönkrementek. A majorsági kezelés alatt levő birtokokon készpénzen kellett venni a cselédeknek a deputátumot. Ilyen elemi csapások idején más nagybirtokos akképen segit magán, hogy összehúzza a kiadásait, otthon marad, lemond költséges szenvedélyeiről; «mi» azonban ennek az ellenkezőjét tettük, épen akkor kezdtünk hozzá a legnagyobb fényüzéshez.

— No ebben, azt hiszem, hogy egyikünk sem vethet a másiknak a szemére semmit.

— A legnagyobb veszedelme azonban az apátvári uradalomnak ebből a szerencsétlen viszálykodásból ered a két szomszéd család, a Temetvényiek és az Opatovszkyak között.

— No, hogy ennek vége nem szakadt, annak, úgy hiszem nem én vagyok az oka.

(— Hanem én! veté közbe a báróné.)

— Persze, hogy ön! Mert ha én ön helyett Temetvényi Pálma grófnőt veszem nőül, hát akkor . . .

(— Hát akkor most ez volna a világ legszánandóbb teremtése, nem én.)

— De hát utoljára is, én fumigálom Temetvényi grófnak a torzsalkodásait ellenem!

— Tegye azt, édes báró! folytatá Diadém úr. Hanem ezen torzsalkodások között van mégis egy, a mi önt tökéletesen tönkre teszi.

— Tökéletesen!

— Olyan tökéletesen, hogy ez által lehúzza önnek a lábáról az utolsó csizmát és koldusabbá teszi önt a piaczon szerencsétlenkedő nyomoréknál.

— Ugyan mi lehet ez a nagy dolog?

— Azt hiszem, hogy ön erre a tapasztalat után is, rá jöhetett volna. Nem vette ön észre, hogy a mint ön ennek a megyének a hiresen jó országútjáról lekanyarodott a saját birtokán átvivő utakra, legalább háromszor felfordult a hintajával.

— Úgy gondolom, hogy emlékezem rá még.

— Valószinüleg találkozott még útközben egy néhány terhes szekérrel is, a mi oda volt rekedve a feneketlen kátyuba, sőt egy pár kidőlt lovat is láthatott az árokparton heverni.

— No hát!

— No hát ez így megy végtől végig az egész uradalmon keresztül, egyik falutól a másikig.

— Hát miért nem csináltatja meg a vármegye az utakat?

— Hiszen ez a kulcsa az egész veszedelemnek. Temetvényi gróf, a ki ennek a megyének a főnöke, keresztül vitte Bécsben a kormánynál, hogy az eddigi országút helyett, mely mindenütt a völgyben és lapályokon vitt keresztül, egy új országutat készítsenek, a hegyháton fel, természetesen stratégiai szempontból előnyesebbet az eddiginél s a mint ez az új országút meg lett nyitva, a régivel felhagytak. Ezzel azután az egész birtok az enyészetnek és pusztulásnak lett átadva. Ha egy utat egy esztendeig nem gondoznak, az azután nem út többé. A miénk pedig már öt év óta el van hagyva.

— Remonstrálni kellett volna a kormánynál.

— Tán nem tettük? Mikor az egyik kanczellárt kapaczitáltuk, akkor az kapta magát, odább ment, jött a másik. Mire ezzel rendbejöttünk volna, itt volt a harmadik. És annak mindegyiknek kisebb gondja is nagyobb volt annál, hogy az az apátvári országút miatt Temetvényi grófot megharagítsa. Az eredményt már most tetszik látni. Az utunkra, a ki a nyakát ki nem akarja törni, rá nem mászik. E miatt minden gyárunk, malmunk tönkrejutott. A gabonának beszállítása a piaczig annyiba kerül, hogy nem marad rajta nyereség, kereskedő meg tájékunkra sem jön, mert hat ökörrel sem tudja kivontatni a szekerét. Az utazó inkább még egyszer akkorát kerül, csakhogy elátkozott vidékünket körülhajókázhassa. E miatt a regalénk jövedelme is felénél alább szállt; vendéglőst, korcsmárost alig lehet már ide édesgetnünk; az egész apátvári uradalomnak a becsértéke legalább ötven százalékkal alábbszállt. Ezt köszönjük Temetvényi Ferdinánd gróf haragjának.

— Hát csináltassuk meg az utunkat magunk.

— Erre magam is gondoltam. Csakhogy egy ily útnak a jókarban tartása bele fog kerülni évenkint tizenöt—húsz ezer forintba, most pedig, annyi éves elhanyagolás után, hogy egyszerre újra elkészíttessük : ötven—hatvan ezer forintra volna szükségünk. Hát ezt honnan vegyük?

Opatovszky Kornél a körmeit rágcsálta ennél a nehéz kérdésnél.

— Nem lehetne talán . . .

— Mit gondol ön, hogy mit lehetne tenni?

— A magas kormányt . . .

— Megbuktatni?

— Nem. Hanem szépen megkérni, hogy lássa be a dolog szükségét.

— No lám. Milyen kár, hogy önnek ez a jó ötlete hamarább nem támadt. Legalább találkoztunk volna. Nekem magamnak is járt ezen az eszem. Addig lótottam-futottam egyik hivatalszobából a másikba odafönn Bécsben, mig csakugyan találtam hajlandóságot arra, hogy a kormánytól kölcsönt kapjak ennek az útnak a helyreállítására. Megvolt már igérve. Én meg is tettem az előintézkedéseket. Hanem akkor egy igen kedves jó barátunk egyszerre elrontott mindent.

— Ki volt az a semmirekellő? kiálta felförmedve Kornél.

— No csak kérem, ne nyilatkozzék ön ily elhamarkodva felőle. Tartsa vissza a véleményét, a míg a nevét megmondom. Ez a jó barátunk volt: báró Opatovszky Kornél.

— Micsoda? Én?

— Senki se más, mint ön maga. Kegyeskedjék csak visszaemlékezni az én igen tisztelt barátom, hol méltóztatott járni tavaly?

— No, ez furcsa!

— Nem értem az egész esztendőt, hanem úgy — ez időtájban.

— Különös egy kérdés!

— Például az olaszországi útja alatt.

— De hát én arról mind számot adjak, itt, az asszony előtt?

— Oh kérem, ne tessék félreérteni: korántsem szándékoztam holmi kényes természetű titkokat szellőztetni: nincs ehhez a dologhoz a szebbik nemnek semmiféle vónatkozása.

— Hát micsoda? Monacót érti talán?

— Oh nem, nem. A roulette-bankról sem akarok semmiféle gyónási titkokat kicsikarni. Egyenesen egy férfiúnak a meglátogatásáról van szó, egy hires, nevezetes férfiuéról.

Kornél báró szétnézett a világba s az ujjain számolgatá: «hires, nevezetes férfiak? olyan nekem minden napra jut kettő. Ki lehet az? A vörös herczeg? — Liszt Ferencz? — Renán? — Antonelli bibornok? — A vas herczeg? — Ira Aldridge? — Rabbi Hirsch Dænemark?» — Ezeket mind meglátogattam, az igaz. De csak azért, hogy hát elmondhassam, hogy beszéltem velük. Útba estek.

— Épen csak az igazit tetszett kifelejteni. Hát Caprerában nem volt ön? — Az is útbaesett, úgy-e?

— Úgy? Az «öreg urnál!»

— Az ám, Garibaldinál. A ki minden emberre nézve öreg úr; de azért még sem megy oda hozzá minden ember.

— Egészen kiment az eszemből, igazán mondom. Nem is tudom, hogy miről beszélt az öreg; annyit tudok, hogy reggelire kivitt bennünket a kecskéihez s megtanított: hogyan kell az embernek kecsketejet reggelizni, a nélkül, hogy előbb kifejné; délre meg zöld babot adott ebédre minden nélkül. Végül azt a tanácsot adta, hogy ne hordjunk hosszú szárú csizmát, azzal is több lesz a pénzünk.

— Ez mind nagyon valószinű. Csakhogy ebből a látogatásból valaki (kétségtelenül önnek az utitársa) aztán nagy históriát kerekített. Elmondta, hogy milyen nagy örömmel fogadta a távol Magyarország képviselőit a világhírű hős, s milyen biztatásokkal bocsátotta el őket magától.

— Ezt az ostoba Koczur tette.

— Meglehet biz az. Ez az interview megküldetett az olasz, angol és franczia lapoknak: azok mind lelkiismeretesen kiadták, természetes, hogy a német lapok is mind azon módon általvették. Itt meg aztán több sem kellett Temetvényi Ferdinánd grófnak, a mint egy ilyen lapot megkapott, futott fel vele Bécsbe, bemutatta, micsoda országháborító forradalmár ez az Opatovszky! hogy köti a ligát Garibaldival! Ott azután szépen elverték rajtunk a port. A mit én megcsináltam, azt mind visszacsinálták s többet tudni sem akartak az apátvári uradalomról, meg annak a rossz útjairól.

— De hisz én nem csináltam Garibaldival semmit. Én otthagytam: rá sem gondoltam többet.

— Tökéletesen meg vagyok felőle győződve, hogy ha ön ott lett volna is a vitéz tábornokkal Aspromonténál, akkor sem lőtték volna meg a királyi bersaglierik jobban a derék hősnek a lábát, mint a hogy megtették; hanem már egyszer ez a hír a báró urnak odafenn veszett nevét költötte s minket mindenestől hátravetett.

— De hisz az ostoba Koczur beszélt rá, hogy menjünk oda.

— Az ostoba Koczúr önnek a megrontó ördöge!

— Önnek rég el kellett volna üzni magától a Koczurt! kiálta közbe indulatosan a báróné.

— Mindenét el fogja ön veszteni a Koczur miatt! heveskedék Diadém úr.

— Azonfölül még a becsületét is! Azt is feláldozza a Koczur! Toldá hozzá a báróné.

— Akkor elébb főbelövöm a gazembert, a Koczúrt! ordita fel nemes elbusulásában Kornél báró.

— Juttassa ön inkább az akasztófára a semmirekellő Koczúrt, mint a kutyát! Tanácsolá a báróné.

.... «Szerencsés jó estét kivánok, uraim! Kisztihand baronesse!» recsegé egy borizű hang a felnyiló ajtó mögül: épen a jelszóra érkezett meg a sokat emlegetett Koczur.

«Ah, a Koczur! A kedves Koczur! Krisztigott! Hozta Isten!» hangzott eléje minden oldalról, s báró, báróné, Diadém úr, az volt a szerencsésebb, a ki elébb kezet szoríthatott vele.

(Tán csak nem hallgatózott az ajtóban? Kitelik tőle!)

Az arcza gömbölyű volt, mint mindig. Ez a világravigyorgó pofa nem is tudna mást kifejezni, mint ezt az örökös mosolygást. Ez nevet, ha haragszik, nevet, ha meg van ijedve, nevet, ha szembeszidják.

Ő nem jelenik meg olyan sárosan, mint útitársa, minthogy volt annyi elővigyázata, hogy a hol dülős út következett, ott előre kiszállt a hintóból s gyalogolt mellette. Legfeljebb a csizmái sárosak. Az pedig őt nem bántja. Majd feltisztítják holnap a cselédek a padlóról a sáros nyomokat. Ezzel következetesen a kezeit sem tartja szükségesnek elébb megmosni a kulimáztól, a mi a kerék helyretevése közben bőségesen ráragadt. Elég, ha az ember a bundába beletörölte az ujjait. A bundát is csak ott a salonban veti le. Elfér az egy pamlagon. Ellenben a nyakába akasztott vadásztáska belsejéből különféle nagybecsű tárgyakat huzgál elő, sorba rakva az asztalra. Először egy sült kappant, aztán egy döbön liptai turót, meg egy fehér czipót, végül egy halmaz pogácsát. Örvendetes lelemény egy olyan sovány vacsora után, mely avas sonkából és fekete kenyérből állt. Kiegészíté a collatiót egy öblös kulacs, tele jóféle bakatorral.

— Ma nem halunk meg éhen uraim, és báróném! szólt cynicus nevetéssel Koczur.

Azoknál pedig érvényesült a sátorosczigány természete. Az evés-ivás kecsegtetése minden vitára nézve a legalkalmasabb cloture.

Senkit sem kellett kinálni. A hol ez a bolondos Koczur megjelenik, ott vége van minden komoly értekezésnek.

A milyen természetes comicummal ez elő tudja adni a veszedelmes utazásnak nyaktörő viszontagságait, a fölött még az is kénytelen nevetni, a kin azok megtörténtek.

Azt meg épen csupa gyönyörűség végighallgatni, hogy mikép svihákoskodta ő ki az útban eső postamestertől azt a magával hozott vacsorát; a kihez a végett tért be, hogy az összetörött hintó helyett adasson más fogatot, azt meg vontassa be a postaházhoz.

— Hát a gyermekek hol vannak? kérdezé egyszer, körültekintve.

— Azok már felmentek a szobáikba, mondá a báróné.

— Vacsorátlanul?

— De kaptak, a mennyi elég volt nekik.

— No már mégis ebből a pogácsából viszek fel nekik. A postamesterné komámasszony egyenesen a lelkemre kötötte, hogy ezt ő nekik küldi a jó lélek.

Azzal hat darab pogácsát a tányérjára rakott.

— Hiszen felviheti nekik az inas is.

— Ah persze, hogy megdézsmálja. Úgyis régen nem láttam a kedveskéket.

Nem hagyta magát lebeszélni, megigérte, hogy még visszajön, mert fontos közlendői vannak.

A mint kilépett az ajtón, a mellékszobában találta az inast. Valószinüleg az is az ajtón hallgatózott.

— Vigye fel ezt a gyermekeknek. Mondá neki, elvéve két pogácsát a tányérról.

Az inas eltávozott, ő maga ott maradt; s az alatt, a mig a fülét a kulcslyukra tartotta, a két pogácsát csendesen elfogyasztá. Valószinüleg az inasnak is épen annyi időbe került két pogácsát elkölteni, úgy, hogy végül a gyermekeknek is jutott kettő. Azalatt Koczur ráért megfigyelni, hogy minő irányt vesz a társalgás odabenn az ő eltávozta után?

Alig hangzott el az ajtócsukás a szomszéd teremben, a báróné fölugrott helyéről s azt mondá Kornélnak:

— Ettől az embertől meg kell önnek szabadulnia.

— Micsoda ? szólt elbámulva a báró s legalább a borát igyekezett kiinni, a mit «ez az ember» kurált mindannyiok számára.

— El kell őt távolitania magától minden áron. Ismétlé a tanácsot Diadém úr is.

— A Koczurt! lihegé hihetlenül Kornél.

— A nélkül én nem vagyok képes az ön ügyeit rendbehozni. Még Rothschild se lenne rá képes. A leggeniálisabb financiernek is csak úgy sikerülhetnek a számításai, ha azokat ügyetlen kezek össze nem zavarják. Egy ilyen ügyetlen kéz markol bele mindenütt az én terveimbe, a miket a legfinomabbul kiszőttem, hogy mindent összekuszáljon. Ez az ember olyan önre nézve, mint az árnyék, a mely mindenütt, előtte is, utána is jár. Ez az ember maga több pénzébe van önnek, mint más urnak a kártya, szép lovak és a szép asszonyok. És ebben a perczben nincs önnek más választása, mint vagy lerázni őt magáról végképen, vagy elsülyedni vele együtt a dágványba.

— Hát hogy érted ezt, kedves Diadém barátom? (Ő tegezni szokta a bankárt, a mit az ritkán adott vissza; csak ha nagy társaság hallotta.)

— Ugyan kérem, báró úr! ne magyaráztassa ezt magának. Hisz ön maga legjobban tudja azt. Mikor valaki egy brutális, semmihez nem értő, semmi érzékkel nem biró tuskót megtesz elválhatlan totumfacjának, az csak legjobban érezheti azt a kellemetlenséget, a mit mindenüvé magával hord. Hát nem minden nap összevész ön ezzel az emberrel? Nem mennek-e minden nap egész a verekedésig.

— De mikor ez azt olyan szépen eltüri.

— Mert a háta mögött marja önt meg. Én most határozottan fölteszem önnek a kérdést: tőlem akar-e megválni, vagy Koczurtól?

— De hisz önök olyan jóbarátok voltak valaha.

— Ejh! Én jó barátságot nem ismerek. Csak érdekeket vagy szenvedélyeket. Egyik sem szól mellette. Mindenik ellene. Ennek az embernek el kell önt hagyni!

— De hogyan lehessen az ? Hiszen ha mondom neki, hogy menjen el, nem teszi meg, nagyot nevet s itt marad. Ha elszököm előle, utánam jön, rám talál. S ha megharagszom, addig bolondozik, míg megnevettet.

— De ha önnek tökéletesen elfogy a pénze, akkor el fog öntől maradni.

— Oh, dehogy marad el. Mindegy ennek, akár gazdagság, akár nyomorúság, mindenben osztozik velem.

— No hát én tudom egy igen sikeres és könnyüszerű módját annak, hogyan lehet Koczur barátunkat legalább jó hosszú időre öntől elmarasztani.

— Én nem bánom, mert engem is sokat boszant; de csak nekem ne legyen benne részem.

— Önnek csak contemplativ része lesz benne. Az iméut mondtam önnek, hogy micsoda galibát okozott önöknek a látogatása Garibaldinál. Ezt önnek helyre lehet hozni. Kérjen audiencziát a miniszternél. Mondjon el neki őszintén mindent.

— Mit mindent? Hisz én nem tudok semmit.

— No, hát épen azt mondja el, hogy ön nem tud semmit. A Koczur tud mindent.

— De hát mit tud a Koczur?

— Az a kérdés már nem önre tartozik. Azt majd elvégzik mások, a kik ehhez értenek. Ön ez által rehabilitálja magát egy súlyos gyanu alól, a mi önt semmivé teszi; — érdemeket szerez magának az állam körül, a mik alapul szolgálhatnak különféle kedvezmények igénybevételére és azonkívül a legolcsóbb uton szabadul meg Koczur barátunktól, a ki azután hosszú időre biztosítva lesz arról, hogy senkinek ebben a szürke világban nem alkalmatlankodhatik. De — az ajtót hallom nyilni. Ne beszéljünk erről most többet.

Az előszoba-ajtón az inas jött vissza, azt Koczur megint kiküldte, hogy menjen, keresse meg valahol a kocsizsebben a báró úr pipáját; maga pedig benyitott az étterembe.

— Nos? megörültek a gyermekek a pogácsának? kérdé Diadém úr.

Koczur valami nevetésformát döczögtetett előre.

— Hogyne? azt mondták, hogy ez volt életük legboldogabb napja. Hanem már most beszéljünk valami okos dologról.

Azzal leült az asztal mellé s a dolmányzsebéből egy fekete retket vett elő s azt elkezdte a csizmaszár mellől kihúzott bicsakkal kereken hámozni.

— Remélem, hogy ezzel nem akar bennünket megkínálni? szólt a báróné ijedezve.

— Kár pedig ezt fumigálni. Nálunk a Balatonvidékén úgy híják, hogy magyar ananász.

Azzal négyfelé vágta a meghámozott retket s egy tányérra tette.

— Ebből csak az kap, a kinek van a zsebében ötezer forint.

Mind a hárman egyenkint és együttesen visszautasították a szives megkinálást, először, mivelhogy egyikük sem szerette — az ananászt; másodszor, mivelhogy egyiküknek sem volt a zsebében ötezer forint.

— No hát akkor nekem marad az egész, mert az én zsebemben van ötezer forint.

Azzal kigombolta a kabátját, kihúzott az oldalzsebéből egy összehajtogatott darab fischlédert s abból kivágott az asztalra egy csomagot, a minek a keresztkötésére ez volt nyomtatva: 100 darab ötven forintos.

Mind a hárman egyszerre felugráltak helyeikről. Mind a három arcz egyszerre átváltozott. Büvésznek sem sikerülhetett volna ilyen egy ütésre kicserélni egy egész társaságnak az arczát.

Ezek az egykori gazdag urak, a kiknek mindegyike milliókat látott a puszta tenyerén, magától, fáradság nélkül megteremni s a ki ezeket a milliókat szájának egy ráfujásával el tudta röpíteni a tenyeréről, a kik keresztül botlottak egykor a lábuk alá kerülő kincsekben, a kik szerezték a pénzt játszva s elpazarolták unalomból, ni, hogy fel lettek villanyozva egy ilyen szerény ötezer forintos pénzcsomag láttára, a mi még utoljára nem is bankjegy, hanem csak állampénzjegy.

Az ám: részegeskedés után jön meg az igazi szomj.

Atalanta bárónénak minden ékszere a zálogházban volt már: esztendős árjegyzéke nőtt fel a mészárosnál, a fűszeresnél, s a cselédei bérét sem fizette; eladott már hintókat, lovakat, sőt még a márványkandallókat is a hajdani dísztermekből s néha egy hétig élt a velenczei tükör árából és mikor nagyon megszorult, összevásárolta a selyemkelméket a boltokban — hitelbe s eladta fele áron a zsibárusoknak. Diadém urnak pedig minden éjjel azzal kellett elaludni, hogy a holnaputánra esedékes kötelezettségeinek beváltása végett kit szédítsen el a holnapi napon. Neki minden nap rá kell szednie egy embert, azért, hogy a következő napon egy másik előtt becsületes maradhasson. A mi pedig a bárót illeti, annak a pénzinsége annyira köztudomású volt, hogy sehová se mehetett látogatóba, mert mindenki eltagadta magát előle s a leveleit fölbontatlan küldték vissza: tudták, hogy pénzt kér, a váltóit pedig már a «vén asszonyok» sem tudták sehol el szerezni.

És aztán mind a három folyvást a másik kettőtől várta és követelte, hogy ez fog a számára valami csodamódon új pénzforrást nyitni.

S most egyszerre itt van előttük egy mesés összeg. Ötezer forint! S ezt az ostoba buksi fejű hozta.

— Micsoda pénz ez, Koczur? kérdé kapzsiságtól villogó szemekkel Atalanta báróné.

— A mi pénzünk, mondá Koczur, hatalmas fogai alatt harsogtatva a retket.

Valami kellemes nevetés-trio következett e szavakra.

— Kit öltél meg ezért? te Koczur! vigyorintá Kornél báró, olyanforma mozdulatot téve a pénzcsomag felé, mintha el akarná azt kapni. Hanem Koczur, mint a lakmározó oroszlán, hirtelen rátette arra az első lábát s mormogott hozzá:

— Elmondom a dolgot. Hát tudtomra esett, hogy Bécsben most a nagy Ringstrassét akarják kiépíteni. A kisajátítás alá kerülő házak közé fog esni az a palota is, a mit mi egyszer Bécsben laktunk alatt megvettünk, de a minek az árát kifizetni a terminusra elmulasztottuk, a miből azután a szürünket kitették s a felpénzünket, százezer forintot is szépen elvesztettük. Én akkor nem mulasztottam el az ellen formaszerint protestálni s törvényes igényeinket föntartani. Most tehát, a mint megtudtam, hogy a palotát kisajátítják, fogtam magam, megirtam a tulajdonosnak, hogy én megindítom az igénypört a palotáért.

Diadém úr közbeszólt:

— A mire az bizonyosan azt felelte, hogy csak tessék, a pört mindenesetre el fogja ön veszíteni.

— Szóról-szóra. Nem lehetett semmi fenyegetéssel ráijeszteni. Ekkor aztán más oldalról fordultam neki. A szivéhez beszéltem. Lerajzoltam előtte princzipálisom szorult helyzetét, hogy már közel van hozzá, hogy az őrültek házába csukassa magát, leirtam a báróné kellemetlen állapotát, a gyermekek éheznek, rongyban járnak; előadtam a bankár úr rossz sikereit.

Erre mind hárman egyszerre rásivítottak, mint a sakálok a lakmározó oroszlánra:

— Mit tett ön? Megbolondult Koczur? Hogy merted ezt tenni?

Az pedig nagy nyugalommal ropogtatta a retket, a tenyere alatt tartott pénzcsomagot lapogatva: «itt a fácit!»

— De hisz ön ezzel mindannyiunk hitelét, becsületét rongálta tönkre! Hetvenkedék Diadém úr.

— Az én gyermekeimről azt irni, hogy rongyban járnak!

— Meg hogy én az őrültek házába kerülök!

— De az én rossz sikereimet publikálni!

Koczur pedig mindezt olybá vette, mint mikor a csinyt

tett diákot szidják a társai, míg ő maga meg van felőle győződve, hogy igen jó tréfa volt az, a mi tőle kikerült.

— Lirum-lárum az egész, folytatá, a bicsak hegyével piszkálva a fogait. «Kutya ugat, pénz beszél.» Ezt tartja a közmondás. A pénz itt van. Ha tetszik harács, ha tetszik alamizsna, ha tetszik lutri nyereség. Ha egyik se tetszik, lehet róla tenni. A méltóságos uraságok irhatnak azonnal a meg szivattyúzott háztulajdonosnak, hogy a Koczur méltatlanul rágalmazta őket azzal, hogy nyomorúságosan meg vannak szorulva: nekik nem kell a küldött pénz. Az illető aztán ám lássa, hogy mint tudja azt a Koczurtól visszavasalni.

S ezzel úgy tett, mintha vissza akarná dugni a zsebébe a pénzcsomagot.

Ez nagyon megszeppenté az uraságokat.

— No, no, Koczur, ne légy bolond! monda Kornél.

— Értsük meg egymást, barátom, szólt közbe Diadém úr.

— Csak az kellene még! Lamentált a báróné.

— A baj már ugyis megtörtént.

— Azon segíteni nem lehet.

— Azért ne veszszünk össze.

Koczur folyvást nevetett.

— No hiszen gondoltam, hogy így lesz. A Koczurt elébb mindig jól leszidják, a feje hátuljára ütögetnek, aztán azt mondják, hogy nagyon jól van, s összecsókolgatják. Az egyik pofájára egy pofont, a másikra egy csókot. Ez a rendes conventio. Hát feltranchirozzam ezt a drága vadat, a mit lőttem? Caput alas, pedes!

— Semmi tranchirozás! Kiálta fel Kornél báró. Az összeg az enyém! Ez az én üzletem volt!

— Engedelmet kérek, ellenkezék Diadém úr; ez összeget nekem kell elkönyvelnem. Én vagyok a birtok teljhatalmú igazgatója és törvényes gondnoka.

— Ne tessék tűzbe jönni urak, szólt közbe Koczur, a kése és villája hegyével czapfenstrájkot verve a tányérja fenekén. Én rám van ez bizva egészen, mert kegyadomány s én osztom ezt fel tetszésem szerint. Ennek az alapján kapni fog a báróné ez összegből ezer forintot, Diadém úr szintén ezeret, három ezer pedig marad Kornél bárónak.

Erre az indítványra oly zaj keletkezett, a mit a gyorsírói feljegyzések így szoktak nevezni: «általános nagy mozgás». A pártok mindegyike a maga álláspontját vitatta s a többinek a jogosultságát igyekezett kétségbevonni. A mellett mindahárman Koczur ellen fordíták legkeserűbb kifakadásaikat.

Koczur addig csengetett az előtte levő poháron a kés fokával, a míg csakugyan kierőszakolta a csendet.

— Uraim és úrnőm. Az ellen in thesi semmi kifogásom, hogy önök hajbakapjanak; hanem, hogy in praxi, az én hajamba kapjanak, az ellen exceptivázok. Annálfogva egész világosan felteszem a kérdést. Nekem ezzel a dispositiómra bizott összeggel, ott a hol, be kell számolnom, úgy, a hogy rám lett bizva, és nem másképen. Ha tehát nekem először is a báróné egy rendesen kiállított nyugtát fog kézbesíteni ezer forintról, melyet a háztartás szükségeinek fedezésére vett fel az összegből; Diadém úr egy másikat szerkeszt ezer forintról a bárói gyermekek illendő neveltetésére; a harmadikban Kornél báró elismeri, hogy három ezer forintot vett át tőlem, a legnyomasztóbb aprólékos becsületbeli tartozások törlesztésére, hát azonnal kész fizető szolgájukra fognak bennem találni. Addig pedig magamat kegyes grácziájukba ajánlom.

Azzal hirtelen zsebébe dugta a pénzcsomagot, felkelt, elhagyta a szobát, még az ajtót is nyitva hagyta maga után félig, hogy lássák, mennyire igazán eltávozik.

A hátramaradtak nem hogy folytatták volna a veszekedést, sőt nagyon is elcsendesültek s csak egymás szeme közé tekintgettek egy ideig.

Elvégre Atalanta szólalt meg; halk, lenyomott, de indulatos hangon.

— Most már átláthatja ön, hogy ilyen embert nem tarthat ön maga körül tovább.

Igaza is volt. Mert pénzt zsarolni magában véve sem tisztességes foglalatosság; de a más számára zsarolni és azt önkényüleg aránytalanul osztani fel s a részesülést még határozott feltételekhez is kötni: ez már immoralitás!

Koczur ezalatt fölment a második emeleti szokott szobájába s egész nyugalommal kezdett hozzá a levetkőzéshez. Nem volt szüksége inas segítségére: ő csizmástól szokott lefeküdni. A mire egyébiránt igen elfogadható jó okai voltak, a miket azonnal méltányolni fogunk, mihelyt őket alaposan kifejtve látandjuk.

A mint ledobta magát az ágyra, azonnal elaludt.

Nem telt bele egy kis fél óra, hogy nagy csendesen felnyilt a szobájának az ajtaja s bejött rajta Kornél báró. Régóta ismerte a czimborája természetét, hogy azt, ha egyszer elalszik, nehéz fölkelteni. Megteszi az azt, hogy a nagy ránczigálásra fölül az ágyba, a szemeit is kinyitja; úgy tesz, mintha hallgatna, hanem aztán megint oldalt veti magát s alszik tovább; hiába volt minden beszéd.

— Hallod, komám! hej! Én elhoztam a magam nyugtatványát a háromezer forintról... Itt van... A többiek nem akarják a maguk illetményét fölvenni... Mit sem bánom. Hadd duzzogjanak... Csak az enyémet add ide.

Az felemelte a szempilláit; nagyot horkantott s visszahanyatlott a helyére.

— Hát mit papolok én neked, tökfilkó? mondá a báró. Itt van a bekecsed. Zsebében a borjubőr. Kiveszem belőle a háromezer forintomat. Ez az enyim. Helyébe teszem a nyugtatványodat. Ez a tied.

Azzal az ágy melletti széken heverő levetett bekecs oldalzsebéből bizalmasan kihúzta a megismertetett borjubőr pénztakarót.

De mielőtt annak a tartalmával ismeretségbe juthatott volna, az ajtón keresztül két új látogató tört rá: a báróné és Diadém úr. Az is hozta mind a kettő a maga nyugtáját.

— Hohó, barátom! Az nem úgy megy, hogy ön maga zsebelje el az egészet! kiáltá Diadém.

— Nekünk azt mondja, hogy büszkén fogja elutasítani a megalázó zsarolt pénzt, s ő jön ide legelébb! panaszolá a báróné.

— Ide azzal a borjubőrrel.

Azt aztán egyszerre hárman is nyitották, bontották — s aztán nem találtak benne semmit.

Hová tette ez azt a pénzt? Összekutatták az egész szobát, nem volt sehol.

Utoljára sem maradt hátra más kisegítő, mint életre ránczigálni az alvót, a ki egy ideig azt sem tudta, hogy melyik világon jár. Kellett hozzá egy negyed óra, a míg külön mind a három látogató bemutatta neki magát s megértette vele, hogy most nem az «ürgés» csárdában van, s ez itt nem a czifra korcsmárosné, az ott nem a nyúlbőrös Iczig, s amaz meg nem a Topa betyár. Hanem a mint azt kérdezték tőle, hogy hol az ötezer forint? akkor egy kicsit birkózni kezdett a társasággal: azt álmodva, hogy rablókkal van dolga. Szerencsére Atalanta, a hajdani athlétanő könnyen el tudott vele bánni s egy párszor odavágva a falhoz, mégis csak ébredésre birta valahogy.

Ekkor kezdett aztán örülni a szerencséjének, hogy ilyen díszes társaságot tisztelhet szegény lakásában.

— Koczur bácsi! mondá neki beczézgetve Atalanta s megveregeté a hátát. Elhoztuk a nyugtatványokat, a miket mondott. Tudja?

— Úgy, úgy. Tudom, tudom.

— Hát adja ide a pénzt.

— Adom, adom.

— No hát hol van?

— Mindjárt, mindjárt. Csak a Wertheim-kasszámba hadd megyek elébb érte.

Azzal leült az ágy szélére s a csizmáit kezdte lehúzni.

— Mit akar? Csak nem vetkőzik le?

— Dehogy vetkőzöm! Tudom én, hogy mi az illendőség. Itt van az én Wertheim-kasszám.

Azzal kihúzta a csizmája fenekére odadugott bankjegycsomagot.

— Ez az igazi Wertheim-kassza! Innen nem veszhet el a pénz. Régen praktizálom. Mihelyt magyar kormány lesz, pátenst kérek rá.

Hogy azok a bankjegyek Koczur bagaria Wertheimpénztárában a heveréstől nem kaptak jazmin illatot, az több, mint valószinű. Azért el lettek azok fogadva. A ki már a megszerzése cziméhez hozzá tudta szoktatni a szagérzékét, az a parfumetől ne fintorgassa az orrát. Megosztoztak rajta szépen. Azután átadták Koczurnak az elismervényeiket. A míg a pénz a kezükben nem volt, addig azt mondták neki, hogy «édes Koczur». Mikor aztán a zsebükben volt a pénz, azt sem mondták neki, hogy «jól aludjék».

Sőt voltaképen gondoskodtak róla, hogy alaposan elrontsák az álmát.

Atalanta eltávoztában valamit odasúgott Kornélnak, a mire az hátra maradt, a míg a két osztályos atyafi eltávozott a szobából.

Kornél báró odaült Koczur ágyára.

— Ne feküdjék vissza az úr. Valamit akarok mondani az úrnak.

— Kiváncsi vagyok rá.

— Nekünk el kell válnunk.

— «Magna ingenia conveniunt.» A nagy elmék találkoznak. A számból vette ki báró úr a szót. Önnek csakugyan nem lehet okosabbat tenni, mint hogyha elválik a bárónétól.

— Makkfilkó! Nem a bárónéról van szó, hanem az úrról.

— Vagy úgy? Megint itt a «bona hóránk». Hallottam én ezt már elégszer.

— Ezúttal utoljára és komolyan mondom.

— Én pedig most is csak azt felelem rá, a mit máskor.

Tegye le a stipulált összeget, a mi elbocsátásomra le van kötve, azonnal itt hagyom.

— Adok önnek róla váltót.

— Süsd meg!

— Engem pedig ne tegezzen az úr!

— Hát hiszen csak nem mondhatom plurális majestativusban azt, hogy «süsd meg»!

— Kikérek minden komázgatást! — Nem kell elfelejteni, hogy itt én vagyok az úr, kend pedig csak cseléd!

Kornélon lehetett észrevenni, hogy erőnek erejével keresi az összeveszésre az ürügyet. Nála egyedül a düh pótolta az erélyt.

— No hát miért lettem egyszerre olyan kegyvesztett? Talán a bárónénak nem tetszik, hogy elfeledtem neki kezet csókolni. Vagy Diadém úr nem tűrheti, hogy fekete retket eszem az ő szeme láttára.

— Au contraire! Ön áruló az én irányomban, a ki az én tudtomon kívül...

— Pénzt szerzek, s még a kőből is olajat facsarok.

— Igen, de az Apátváry név tisztaságának rovására. S aztán ezt a pénzt még — megosztja másokkal.

Erre a furcsán összeállított vádra elkezdett Koczur kaczagni, a két tenyerével ütögetve a térdeit. Számba sem vette, hogy a nevetése által dühbe jött báró sűrű tenyércsapásokkal látogatja meg a feje búbját, hozzá volt ő már ahhoz szokva.

— Hát te áruló, gazember! szidalmazá őt a báró, nagyobb nyomatékkal megragadva Koczur torkát a markával; — nem tudtad azt az egész ötezer forintot mind nekem magamnak ideadni?

Koczur csak engedte magát egy ideig fojtogattatni, egyik kezét sem emelte fel a védelmére: ez így volt megállapítva közöttük, benne volt a conventióban; — hanem azt a praktikát követte, hogy a dulakodás közben egyszer jót taposott a sarkával a báró úr tyúkszemére, ez pedig annak az Achilles-sarka volt; nagyot orditott rá, levágta magát egy karszékbe s a fájós lábát a két markába kapva, elkezdett francziául káromkodni és németül imádkozni.

— No lássa, báró úr, tudja jól, hogy mindig sirás lesz belőle. Hát már most hallgasson ide rám, hadd beszélek okosan. Hadd mondom el, hogy honnan kaptam én azt a pénzt? s miért kellett nekem azt a bárónéval és Diadémmal megosztanom? Hát mindenekelőtt én nem kaptam azt a pénzt a bécsi palota-tulajdonostól és nem zsaroltam senkitől.

— Hát miért hazudtad azt? nyögé Kornél, még mindig a fajós lábát puhogatva az ujjával.

— Majd annak is okát adom. Előbb hadd kezdjem az elején. Talán emlékszik még a báró arra a szép fehér arczú tündérre, azzal a búzakalászszinű hajjal.

— Hogy emlékezem-e rá? te barom! hiszen menyasszonyom volt.

— No, mert épen akkor felejtkezett meg róla legjobban, mikor menyasszonya volt.

— Hát nem te voltál annak is az oka, te gazember?

— Nem én voltam. Becsületemre mondom. — Diadém volt.

— Ha azt vettem volna el, most milyen gazdag ember volnék! Mi lehetett volna belőlem az udvari összeköttetéseimnél fogva.

— Mi bizony? Még kanczellár is.

— Ezóta vasutat épittettem volna a birtokomon keresztül.

— Így pedig háromszor fordul bele a sárba — a birtokán keresztül. De hát nem veszi azt észre a báró, hogy mindennek a nyomorúságnak, ennek az üldöztetésnek az oka — ez az asszony?

— Azt bolond nélkül is tudom. De már megvan. Megnyertem szerencsésen. Az enyém. Ki nem cserélhetem a másikkal.

— Ki tudja?

— Ki tudja? Te füles bagoly! Hagyd ezt abba. Nem

értesz te ehhez. Mondjad hát, hol kaptad a pénzt? Hogy jutottál hozzá?

— Arról beszélek folyvást. Hát úgy jutottam hozzá, hogy a mint tudni méltóztatik, ez az angyali jó teremtés, a mióta az a gyászos katasztrófa megesett, folyvást bezárkózva él pozsonyi kastélyában s senkivel a világon nem érintkezik, azt tartva, hogy ő már halott.

— Tudom, nekem is megküldték a gyászjelentését.

— Csupán egyetlen egy emberrel áll levelezésben: az ügyészével.

— Ez az én nagybátyám, Illavay.

— Bölcsen ki méltóztatott találni.

— Ahhoz is férjhez mehetett volna.

— Csakhogy az nagyon megvan elégedve a maga feleségével.

— Haszontalan ember. Nagy ellenségem.

— Hát ez a haszontalan ember megtette azt a nagy ellenségeskedést a báró úr ellenében, hogy tudatta levélben az élő halottal egykori vőlegényének e világon levő állapotjait.

— Rágalmazott előtte! Kihívom párbajra.

— Dehogy rágalmazta. — Csak az igazat irta meg.

— Akkor meg épen kihivom.

— Hát csak hívja! Az a drága szent azután onnan a túlvilágról megszánta az ellene vétettek szenvedéseit s küldött azonnal a maga kriptája fenekéről ötezer forintot az én kezemhez, azzal az utasítással, hogy ezzel a báró úr szégyenleni való apró adósságai kifizettessenek, a báróné a mindennapi szükség gondjától megszabadittassék s a gyermekek tisztességes nevelésben részesüljenek.

Erre a szóra Kornél báró elérzékenyült, szemébe szökött a köny. Az ellágyulás épen olyan könnyen ment nála, mint a felfortyanás. Minden indulat siráson végződött nála. Még a kártyaveszteséget is meg tudta siratni, a mi pedig gentlemanhoz nem illik.

— Ő küldte volna ezt? Rebegé elszorult torokkal.

— Bizonyára ő és senki más. Ezért kellett azt nekem megosztanom a báróné, Diadém, mint a gyermekek tutora, és a báró között. Ezért kellett külön nyugtatványt vennem mind a háromtól, hogy illető helyen szent rendeltetése helyére lett szolgáltatva. De hát ezt én a báróné előtt csak nem árulhattam el, a mi egyébiránt nekem határozottan meg is volt tiltva.

— Barátom, Koczur, ez egy nagy lélek. Ez egy magasztos szellem.

— Hát hisz én is azt mondom. De még azonkívül azt is megigérte az a szent, hogy ezt az összeget évről-évre az én kezembe fogja megküldeni az emlitett magasztos czélokra.

— Te Koczur! Tehát azt gondolod, hogy sok pénzének kell lenni? (Most már megint egyszerre más irányba csapott át kedélyhangulata. Az jutott eszébe, hogy a ki ennyi pénzt el tud ajándékozni, az nem mindennapi tünemény e földön.)

— Meghiszem azt. A pozsonyi takarékpénztárban hever legalább félmilliója. Azonkívül a hirhedett gyémántjai.

— No, mert az öreg úr maga meglehetősen leapadt.

— Le ám. A gróf úr elspekulálta, meg elpolitizálta a szép nagy birtokát, velünk együtt. A nagy Montechi és Capuletti harczban kölcsönösen fölfaltuk egymást. Hanem Pálma grófnő, ott a másvilágon, összegyüjtött valami egy milliót, aztán nem költ semmit.

— S te azt hiszed, hogy még most is szeret engem?

— Hm! Csak én kapnék egyszer olyan szerelmes levelet, a miben nekem egy szép hölgy száz darab ötvenest vág a fejemhez, majd nem kérdezném én, hogy mikép tetszett ezt érteni?

— Te! Koczur! Nekem egy okos gondolatom támadt. Nekem meg kellene valahogy köszönnöm ezt. — No! Mit szólsz hozzá?

— Várom az okos gondolatot.

— Hát ez nem az?

— Lehet belőle olyanforma. Az a kérdés, hogy hogyan akarja ezt a köszönetet nyélbe sütni.

— Levelet irok neki.

— Nem szokott ám az senki mástól levelet elfogadni, mint az ügyvédétől.

— Hát lediktálom Illavaynak.

— Per telegráf! Nagyon jó lesz. Hát aztán mit nyer vele?

— Hát azt, hogy ő is megtudja, hogy én is még mindig tisztelem őt.

— Arra a halottnak ugyan semmi szüksége nincs.

— Hát mire van szüksége egy halottnak?

— A feltámadásra.

— Hát «kis isten» vágyok én, hogy egy halottat feltámaszthatok?

— Mint «kis isten» ugyan nem sokra menne vele, hanem ha egy «kissé ember» akarna lenni, akkor megtehetné.

— Hogyan?

— A hogy megtehette azt, hogy eltemesse. Vegye nőül.

— Bolond vagy te, Koczur.

— Nem én. Láthatja a báró, hogy Pálma grófnő még most is szereti önt.

— Igazán bolond vagy.

— Aztán a legjobb idejében van: harmincz, s egynéhány esztendős. Nincs is úgy túlizmosodva a termete, mint más valakié.

— De épen az a más valaki. Hiszen te tökéletes futóbolond vagy.

— Aztán gondolja csak meg! Ha ez megtörténnék, hogy egy szép napon hire futamodnék az Apátváry Soma báró és Temetvényi Pálma grófnő között végbement házasságnak, hogy ütné meg egyszerre a guta a jó Ferdinánd grófot. Még a birtoka is ránk szállana; valamit tán csak megmentenénk belőle, s megszabadulnánk az örök mortifikáló ellenségünktől. Ha pedig kibékülne, az annál jobb volna nekünk, annál rosszabb neki.

— Meg kell, hogy kötöztesselek, édes Koczur! Kényszerzubbonyt adatok rád. Hiszen te dühös bolond vagy. Hát török vagyok én, hogy két feleséget vehessek?

— Dehogy török! Hát hiszen épen azon kezdtem a beszédemet, hogy váljék el a bárónétól.

— Hogy lehetne az?

— Lehetne, ha egy kis bátorság volna hozzá.

— Az rágalom! Tudod, hogy én az oroszlánnak is nekimegyek.

— Tudom, az «Arany-oroszlánnak» Pozsonyban.

— De te oktondi! A te mendikáns eszeddel nem tudod, hogy a római katholikus házastársakat nem választják el oly módon, hogy azok ismét megházasodjanak, a feleségem pedig kálvinistává nem lesz csak azért, hogy én mást vehessek feleségül, őt meg elvethessem.

— Tudom én azt a mendikáns eszemmel is, hogy a katholikus házastársakat el nem választják, hanem azt megteszik, hogy megsemmisítik a kész házasságot. Vannak «elválasztó akadályok», a mik miatt a megkötött házasság felbomlik.

— Tizennégy esztendő mulva.

— Akármennyi idő mulva.

— Mikor már két nagy gyermek származott belőle?

— Még akkor is.

— Hát a gyermekek hová lesznek?

— Az anyjuknak maradnak s viselik az anyjuk családi nevét.

— De hát van ilyen «elválasztó akadály» mi közöttünk?

— Van.

— Micsoda?

— Azt én most nem mondom meg. Ez nekem az utolsó tromfom. Ezt majd csak akkor játszom ki, a mikor meg lesz rá érve az idő. Van! Igen is van. Még pedig a kezem között van. S ezt a báróné nagyon jól tudja vagy legalább sejti. Ezért kész volna elveszteni egy kanál vízben. Ezért nem eszem én a báróné asztalánál soha egyebet, mint a mit magam szedek ki a tarsolyomból. Tudom bizonyosan, hogy megétetne. Ezért akarná a báróné minden áron, hogy a báró úr távolitson el engem a házától, hanem hát én nem megyek. Csak mondja meg neki a báró, hogy köszöntetem, nem megyek. Ha nem tetszik neki velem egy födél alatt lakni, tessék neki róla tenni. Igen jó utak vezetnek ki a dominiumból mindenfelé. — A báró úrnak szabad tetszésére van bízva a választás. — Ha az én tanácsomat követi, akkor kezdhet egy új életet, kap egy olyan feleséget, a ki önhöz még sírjában is hű maradt s megszabadul egy olyantól, a ki önből mindig csúfot űzött. Újra visszafoglalja azt a helyét a társaságban, a mely önt megilleti: rangba, tisztes állásba helyezi magát. Vagyonát rendbeszedi, házának hajdani fényét helyreállítja, hitelezőitől megszabadul. Időjártával még egy boldog családnak is alapítója lesz, a mely nevének régi hírét növelni fogja s lerázza magáról a férges gyümölcsöket, a mik szégyent hoznak a családfára. — Ha pedig az ellenkező tanácsot követi a báró, ha az asszony szavára hallgat, hát akkor folytathatja a régi életet, ide ragadhat a piszokba, élhet a házi barátjának a könyöradományaiból, a ki esztelen spekulatióival tönkreteszi önt is és magát is. Szurkáltathatja magát az asszonya mérges gúnynyilaival s hordhatja utána az ölebecskéjét. Aztán futhat egyik országból a másikba, kerülve a helyeket, a hol már ismerik. Birkózhatik alkalmatlan hitelezőivel s járhat parapléval a kontózápor között. S aztán gyönyörködhetik nagyreményű sarjadékainak nagyszerű nevelésében, a kiket kénytelen lesz kitagadni, ha lesz még miből kitagadni. Tessék választani. Miattam ne fáraszsza az elméjét a báró úr, — én elmegyek innen, mihelyt idejét látom az elmenetelnek. Nem kell engem ebrudon kidobatni. Elmegyek úgy, mint a veszett kutya, a háztól: előbb megharapok egy pár embert s a kiket megharapok, azok megint a többieket fogják összemarni: Hire lesz annak hetedhét országban. Addig pedig azt tanácsolom minden embernek, hogy a hol egy alvó szelindeket lát, ne hágjon a farkára.

Nagyobb érthetőség kedveért ledőlt Koczur az ágyra s magára rántotta a bundáját.

A szerencsétlen Opatovszky Kornél csak állt ott és bámult a semmibe: a saját lelke sivatag pusztájába.

Kis vártatva megszólalt:

— Hát igazán, Pálma grófnő küldte azt a pénzt?

— Ühüm.

— Gondolod, hogy irántam való szeretetből tette? kérdé, újabb szünet után.

— Ühüm.

Egy kis időköz mulva megint:

— És igazán van valami a kezedben, a mi az elválásunkat lehetővé teszi?

Már erre a horkolása felelt Koczurnak.

Erre aztán egyszerre neki szánta magát a báró s úgy ellódult, mint a ki valami végzetes nagy tettre adta rá a fejét.

Hanem a mint a Koczur szobája ajtajától a lépcsőn és folyosón át a báróné szobájáig haladt, ez alatt kipárolgott szivéből a hatalmas elhatározás.

Koczur nem aludt: utána lesett az ajtón és ablakon át. Látta és halotta, hogy a báró az első emeleti lépcsőn is lehalad: az istállók felé megy. Ott felkölti a postakocsist, a ki Koczurt idáig hozta s éjjelre itt maradt, azt fölbiztatja, fölborravalózza, befogat a postacsézába s éjben-ködben megszökik a saját palotájából.

Olyan nagyon beillik a jellemébe ez a szökés! Mikor a neje azt követeli tőle, hogy a czimboráját csapja el s erre igen jó okai vannak, a czimborája viszont azt, hogy a feleségét csapja el, s ennek is igen jó okai vannak erre: s aztán ő mindakettőnek megigérte, hogy azt megteszi s aztán neki is igen jó okai vannak arra, hogy azt megigérje, hát akkor a legjobb megoldása a nehéz föladatnak: kereket oldani s megszökni a két malomkő közül.

Koczur nagyot nevetett magában. Erre is készen volt ő kelme. Most már fölöltözött egészen. Nem kivánt többet aludni. Pedig még alig volt egy óra hajnal előtt.

— Hadd szaladjon az esze után.

———————————————————

Nem kell ám abból semmit elhinni, a mit Koczur beszélt. Ez a második változat sem igaz, annak az ötezer forintnak az eredetéről. Nem tud arról semmit a pozsonyi ház élő halottja. Nem küldte az azt a hajdani vőlegénye kisegítésére. Ezt a mesét csak az olyan gyermekekkel lehet elhitetni, mint Opatovszky Kornél. De hát honnan jön akkor ez a pénz?

AZ ÜLDÖZÖTT ŐZ.

Koczur nem ment aludni, a hogy a teste kivánta volna, hanem felvette a kabátját s végig tapogatózott a folyosón, a míg rátalált arra az ajtóra, a melyiket keresett: azon egyenesen be is nyitott, minden koczogtatás nélkül.

A szobában még gyertyavilág volt s az egy szál gyertya mellett ott dolgozott Arnold a rajztábláján. Az építészi kép készen volt, csak az iralhuzásokat, meg néhány elhibázott vonást kellett még belőle kitörülgetni, kivakargatni, ruggyantával és éles tollkéssel.

— Hát te fiacskám, mit mókherolsz ilyen késő éjszaka? Csak nem bankót csinálsz tán?

A fiu gyermeki kedélyességgel felelt a késői látogatónak.

— Nézze csak, Koczur bácsi, ráismerne-e erre a házra?

— A biz ucscsegéljen a mi palotánk! Minden megvan rajta: még a czímer is a háztetőn.

— Meg akarom lepni vele az apát, azért maradtam fenn, hogy reggelre készen legyek vele.

— No iszen majd az apa is meglep téged! Hát aztán mi van még hátra belőle?

— Még csak egyetmást ki kell belőle vakargatni.

— S te jól értesz a kivakargatáshoz? S azután a kivakart helyébe még más mindenfélét beleigazitani úgy-e bár? Héj, héj fiacskám, ezzel a talentummal még sokra lehet vinni az embernek.

A fiu megütődve tekinte Koczurra s kiejté a kezéből a vakaró gyantát.

Koczur odahajolt a fiu válla fölé s csendesen suttogva mondá neki:

— Fiacskám! Te a mai szent napon valami nagyon merész tréfába ártottad magadat. Hamis passzust segítettél csinálni egy pusztázó betyárnak.

— Micsoda?

— A biz Isten, a Bogár Jancsi volt, a kit hét vármegye kerget egyesült erővel. S te annak igazgattál ki egy ferde útlevelet simára.

— Ki mondja azt?

— Persze, te azt gondolod, hogy senki sem látta; pedig hát elég, hogy a csárdás ott lábatlankodott. Az ilyen parasztnak elől-hátul szeme van. Akkor is rád vigyáz, a mikor hátat fordít. A bizony kileste szépen, hogy te egy pohár borért, meg egy roszprádliért egy követ fujtál a futó betyárral. Első dolga azután az volt a parasztnak, hogy följelentette az édes anyádnak, hogy micsoda tréfába ártottad magadat. A báróné meg természetesen azonnal sietett ezt édes apáddal közölni.

— Hát hiba volt az, a mit tettem?

— Oh sancta simplicitas! Látszik, hogy nem laktál a kollégiumban. Nem tudod, hogy mit tesz az: schédát falsificálni. Dehogy hiba! Virtus ez! Olyan vitézi cselekedet, a miért az állam két esztendőtől ötig való ingyen ellátásban részesíti a halandót.

— Ugyan ne tréfáljon, Koczur bácsi!

— Tréfál a kánya! Magam fülével hallottam, a mint papád ide hivatta a csárdást s rá akarta birni, hogy hallgassa el az egész dolgot. A csivasz paraszt azt allegálta, hogy ötezer forintért megállja a titok, azon alól nem hallgat. Ha a báró nem adja meg neki, elmegy a főispánhoz, az majd kapva kap rajta. Héj az öreg Temetvényi gróf milyen örömben lesz, ha a kezébe kaphatja ezt a fegyvert, a mivel az ellenségének a szivébe döfhet egyenesen. Pörbe foghatja, becsukhatja az Opatovszky-család egyetlen majorescóját. Semmi árvíz le nem mossa többet a familia czimeréről ezt a foltot.

A fiu reszketve állt föl a helyéről, arcza elsápadt, ajkai szótlanul rebegtek.

— Az apádnak pedig épen most nincsenek meg azok a gyönge ötezer forintjai, a mikkel a trónörököse immunitását megvásárolja. Dühös volt a báró rettenetesen. Alig birtam visszatartani, hogy a puskával ide ne jöjjön s rögtön főbe ne lőjje nevének ilyetén meggyalázóját. Utoljára aztán valami nagyot gondolt. Azt mondta, hogy úgy fog tenni, mint a spártaiak, meg Brutus, meg nem tudom még kicsoda? úgy tetszik, hogy Foscari, velenczei dózsé, a ki a vétségben talált fiát saját maga szolgáltatta át a törvényszéknek. Azt mondta, hogy inkább maga előzi meg a parasztot: elmegy a főispánhoz s feljelenti a dolgot. Így legalább meg lesz mentve a családi név ősbecsülete. Az elfajult fiut aztán nem bánja, csukják be valami javítóintézetbe, a mi fiatal gonosztevők számára van felállítva. Rögtön be is fogatott a postakocsissal, a ki engem ide hozott fele útról s éjnek éjszakáján bevitette magát a székvárosba. Hallhattad a kocsizörgést: ebben a minutában ment el.

Mindez olyan valószinűnek volt kifundálva. Hogy is tudhatott volna erről valamit Koczur valami más úton? Ki mondhatta volna el neki ezt az esetet, holott ő akkor útban volt, s egy árokbadőlt, összetört hintó összetákolásán kívül egyébre gondja nem is lehetett: azóta pedig a házon kívül sem volt.

— Én Istenem! rebegé Arnold. Hát olyan nagy bűnt követtem volna én el? Én nem tudom. Hiszen én nem gondoltam semmire.

Ekkor aztán Koczur egészen más arczot öltött; a vállára csapott Arnoldnak.

— Ne félj semmit, fiacskám: Ember vagy a talpadon! Semmi hibát se követtél el. Ellenkezőleg! Nagyon hasznos dolgot cselekedtél. Szedd össze magadat! Magad sem tudod, hogy milyen derék fiu vagy? Én mondom azt! Ne félj semmit, mig engem látsz! Az az útlevél, a mit te csináltál, külömb nemesi leveled lesz neked, mint az öregapád kutyabőrei. Tudd meg, hogy az az ember, a kinek a számára azt készítetted, nem valami futóbetyár, hanem a mi igaz ügyünknek a hőse.

— A mi igaz ügyünknek? Kérdé elbámulva Arnold.

— No azt te még nem érted. Majd megérted, ha nagyobbra nősz. Most az az ember, a kinek azt az útlevelet kiigazítottad, ezzel átkelhet a határon s behozhatja a behozandókat.

— Mik azok?

— Majd megtudod fiacskám: hamarább megtudod, mint gondolnád. Majd megtudod te nem sokára azt is, hogy ki az a Koczur. Ne félj semmit. Csak hagyd magadat elfogatni; csak hadd vigyenek vasra verve az önkény poroszlói. Ott leszünk mi az útban és kiszabadítunk. Akkor aztán majd megtudod, hogy kik vagyunk? A mi nevünk légió!

Ott vagyunk mindenütt elrejtőzve. Csak egy fütyentés ezzel a sippal, s minden gunyhóból, minden barlangból: a föld alól, mint a raj, tódulunk elé. A temetvényi várrom a mi főhadiszállásunk. Minden üldözött ott talál menedéket. Onnan indulnak meg a dicső napok. Hah! Lesz még szőlő, lágy kenyér! De hát te még ezt mind nem érted. No hát csak ne búsulj fiam semmit! A kikkel szövetségre léptél, azok nem hagynak elveszni. Légy készen mindenre! Én is ilyen fiatal koromban kezdtem magamat feláldozni a közügyért: azóta is mindig annak áldozom fel.

Azzal végig tapogatva a fiu izmos vállait, karjait, mint

a ki egészen meg van valakivel elégedve, nagy biztatások közt hagyta őt magára.

A gyermek meg volt rémülve. Mind az, a mit Koczur beszélt neki, olyan nagyon hasonlított az igazsághoz. A semmire nem gondoló gyermeki lélek most egyszerre arra a tudatra ébredt fel, hogy ő egy olyan bűnt követett el, a mit az ország törvényei a legsúlyosabb büntetéssel torolnak meg. S ez a bűn helyrehozhatatlan és ebből egy egész lánczolata fog következni az egymást szülő rémtetteknek. Ki tudja minő, ki tudja hol végződő merényletek támadnak ennek nyomain? A neveiket sem képes még azoknak kitalálni; sejtelme sincs felőle, hogy mi czélból, mi okból tervezik azokat? kik vannak beleavatva? Hová igyekeznek vele? Csak azt mondja neki az egész testét és lelkét elálló titkos borzadály, hogy mindennek ő lesz az oka.

Nem volt kihez forduljon tanácsért.

Csak egyet érzett: azt, hogy neki most futnia kell. Hová? Azt nem tudta. Csak innen el.

Nem lehetett semmi kétsége. A mivel vádolják, azt csakugyan megtette. Akkor nem tudta, hogy mit tesz; de most már fel van világosítva róla. Azt, hogy ő egy megrögzött, börtönbe, javítóházba becsukni való gonosztevő, mindennap volt módja hallani és mindenkitől. A gyermeki csinytevések, a mik nélkül egy nap sem múlt el, neki mint főbenjáró bűnök voltak beszámítva. Maga is azt gondolta, hogy annak már így kell lenni. S a kitől legtöbbször hallotta, hogy ő olyan elvetemedett gonosztevő, a kinek előbb-utóbb az akasztófán kell végezni, az volt a báró papa maga. Arnold, mióta az eszét tudja, nem tanult egyebet, mint hazudni, csalni, kárt tenni. Azt is mindig hallotta, hogy a szomszéd gróf, a főispán milyen esküdt ellensége az ő egész családjának. A húgával gyakran tanakodott rajta, hogy kellene annak egyszer felgyújtani az erdejét? Emlékezett rá, hogy cz a főispán rendelte azt el, hogy az ő és testvére gondnokául egy idegen ember legyen kinevezve: egy ember, a kit ő ki nem állhatott hideg, sarcastikus modoráért, a mi gyermekekre nézve olyan lehangoló, s a kinek a gondnoksága mellett jobb nevelést ugyan nem kapott, mint eddig, de sokkal rosszabb dolga volt, mint Koczur felügyelete alatt, a ki elnézett neki mindent s elhordta magával mindenféle bohó kalandjaira. Miért akarná őt megcsalni az a Koczur? Mi érdeke volna benne? Miért akarná őt ilyen nagyon megrémíteni? Miért keresné fel őt késő éjszaka, ha nem volna a veszély valódi, a mi őt fenyegeti? Becsukatni a rabok közé, a kik Illaván pokróczot szőnek. Egész életén viselni a hamisító nevet a homlokán! Pedig kitelik az apjától, hogy őt föladja. S a főispán nem fog irgalmat ismerni. Hátha még nagyobb veszedelem is lesz ebből, a mihez ő segédkezet nyújtott. Valami országos zendülés, a minőről a cselédek meséltek neki, hogy volt már egyszer, az ő születése előtt alig egy pár esztendővel. Most már arra is emlékezett, hogy néha, mikor az erdőkön kóborolva meglátott a közeli ormokon felmagasló Temetvényi várromok közt estenkint valami tüzet kigyulladni, a kisérő vadász azt mondta a kérdezősködésére, hogy ott bizonyosan guerillák tanyáznak. Kezdett most már némi sejtelme támadni, hogy mik azok a guerillák. A Koczur, ha jól felborozott, elejtegetett néha olyanformát, hogy «hej, mikor mi a báróval hajdanában guerillák voltunk!» Phantásiája kiegészíté aztán a fogalmat ez ismeretlen lényről. Olyanformát is hallott egyszer egy dühbejött embertől (alighanem az anyjától), hogy az apáknak minden bolondsága elragad a fiakra is. Rögeszméje volt, ha az apja guerilla volt valamikor, akkor neki is bele kell jutni ebbe az állapotba menthetlenül. S mert nagyon rettegett tőle, még jobban szédült föléje. Senkije sem volt, a kinél oltalmat keressen.

Csak a kis büntárs, a nővér, az szerette valamiképen. Olyanforma volt az a szeretet, mint két korhely czimboráé, a kiket összeköt az együtt elkövetett csinytevések közös titka.

Ennek nem mondhatja el a baját, mert ennek nem lesz rá más válasza, mint hogy szökjenek el a háztól együtt.

Egy levélkét írt neki s ezt az asztalán hagyta, hozzá czímezve. Ennyi volt benne: «Nekem futnom kell innen, megyek a világba. Isten hozzád.»

A rajzoló tábláról levágta azt a képet s összehajtogatva a zsebébe tette. Maga sem tudta, hogy minek viszi el? Talán csak azért, mert ez igazán jogos tulajdona volt; maga készítette.

Nem volt több egy öltöző ruhájánál (a többit rég értékesítették a házalók), nem kellett neki nagy batyut összerakni.

A rajzoló szerei elfértek az oldalzsebében. Jó szerencse, hogy a Koczur által felküldött pogácsát az este nem költötte el, az most jó lesz útravalónak. Meddig? Egy ötlete támadt s az azt mondta: elég lesz odáig! S ezt az ötletet valóban az őrangyal sugallta a lelkébe.

— Van egy ember a világon, a kit ennél a háznál mindenki szid, rágalmaz, káromol. Apa, anya, házibarát, cseléd mind gyűlölködve beszél róla. Annak, a ki ettől a háztól menekült, annál az embernél bizonyosan jó menedékre kell találni. A kit azok mind gyűlölnek, a kik őt űzik, hajtják, az lesz az az ember, a kinek őt bizonyosan be kell fogadni. Úgy hivják, hogy Illavay Ferencz.

A mint az éji őr elkürtölte az «éjfél után óra kettő»-t, Arnold csendesen kilopódzott a szobájából s elhagyta búcsúzatlanul az apai kastélyt, neki indulva az ismeretlen világnak.

Az uraságok későn szoktak kelni. Koczur pedig azt még diák korában megszokta. Csak a diák, meg a gróf tudja, hogy mi az igazi uraság.

Atalanta báróné, mikor az öltöző-szobájából kijött, a reggelihez felterítő inasnak azt mondá, hogy nem kell hat csészét tenni az asztalra, csak ötöt. Az inas szokva volt már az ilyen rendeletekhez. Valaki a családból nem kap reggelit. Ez többnyire Arnold urfit szokta érni.

Ezuttal azonban a báróné más valakire gondolt. Az éjjel lefekvés előtt ő is jól hallotta az eltávozó úti-cséza gördülését. S miután férjét azzal az utasítással bizta meg, hogy Koczurt azonnal küldje el magától, semmi kétsége sem volt a felől, hogy az eltávozó az alkalmatlan czimbora volt. Ezuttal csakugyan törésre került a dolog.

Annál nagyobb lehetett azután a bámulata, a midőn az inast elküldte, hogy hivja meg az uraságokat a reggelihez s a legelső, a ki betoppant az étterembe, épen a szeretetreméltó Koczur volt.

— Ah! ön kelt föl leghamarább, kedves Koczur?

— Én éheztem meg leghamarább kedves báróné.

— Tessék helyet foglalni, itt a kávé; a többi urak is mindjárt jönnek.

— Csókolom kegyes kezeit. Tetszik már tudni, hogy én sohasem élek ezzel az indiai babbal: én csak maradok a régi patriarchális szokásom mellett.

S azzal félretolva az asztal végére tett csészét, kirakta a zsebéből a paprikás szalonnát, meg a pálinkás butykost.

— Ez az én kávém!

Ez alatt belépett Diadém úr is s az is jó reggelt kivánt Koczurnak. Az inas ellenben azzal a hírrel tért vissza, hogy a báró urat nem találja sehol.

— Jaj, barátom, azt ne is keresse, mondá neki Koczur, a ki már akkor (nem várva senki másra) letelepedék a maga helyére s erősen megsózta, paprikázta a leszelt szalonnáját. Elutazott a báró úr még az éjjel.

— Hová? kérdé elbámulva a báróné.

— Hát hová máshová? Vissza Pozsonyba regresszirozni magát.

S azzal, hogy még nevetősebb legyen az ábrázatja, teletömte a pofáját szalonnával, kenyérrel, kedélyesen himbálva a lábait.

A báróné szikrákat szórt a szeméből feléje.

— Ez megint ennek az embernek a műve volt! mondá francziául Diadémnek.

Koczur egy szót sem tudott francziául, hanem azért megértette ő azt. A hangból kitalálta, hogy mit beszélnek.

— Bizony én nem vagyok annak az oka, méltóságos asszonyom. Méltóztatik kegyesen tudni, hogy a báróné maga kivánta, hogy a báró hagyjon el engemet magától; ő tehát maga elutazott; engemet pedig itt hagyott a háznál.

A báróné úgy tett, mint a ki nem is hallotta ezt az inzultust.

— Hol vannak a gyermekek? kérdé az inashoz fordulva.

Az vállvonogatva mutatott az ajtóra.

Azon már egyszer bedugta volt a fejét Czenczi, de aztán megint visszahuzódott, rövid idő mulva ismét előkerült, bátyjának a felbontott levélkéjével a kezében. Azt egyenesen odavitte az anyjához. A báróné átfutotta a rövid tartalmat s aztán átnyujtá a levelet Diadém úrnak. Az is elolvasta s vállat vont rá. Koczurnak nem adták oda; az nem is olvasta el; de azért legjobban tudta, hogy mi van a levélben.

— Kristóf! mondá a báróné az inasnak: még egy csészét félre kell tenni az asztalról.

S azzal a társaság többi része számára házi asszonyi politeszszel töltögeté a mokkát s merité a tejszint a csészékbe.

Csak Czenczi baronessenek hullottak nagy könycseppei is a kávé közé.

— Kristóf! parancsolá Atalanta, Czenczi baronessenek vigye át a reggelijét a saját szobájába.

(Micsoda illetlenség az: egy tizenkét esztendős nagy leánynak könyeket hullatni, mikor társaságban van!)

De Czenczi baronesse még annyira vitte az illem elleni kihágást, hogy egész zokogó szóval interpellálta meg a mamáját.

— Hát nem fogsz utána küldeni Arnoldnak?

— Az nem az ön gondja! Majd hazajön, ha megéhezik.

Czenczi durczásan forditott egyet a vállán.

— Akkor majd utána megyek én s fölkeresem.

S indult.

— Czenczi! szólt ekkor édeskésen az anyja. Jer ide hozzám.

Aztán mikor ott volt mellette, azt sugta neki a fülébe:

— Ma délelőtt itt lesz a szabó, mértéket vétetek neked egy szép «pepita» ruhára.

— De «schottish» volantokkal? jegyzé meg Czenczi baronesse.

— Természetesen.

Czenczi baronesse aztán nem hullatott több könyet s nem szökött el Arnoldot fölkeresni.

Amint Diadém úr elköltötte a kávéját, fölkelt s oda ült Koczur elé. A báróné még vajas-kenyeret evett. Koczur pedig rakta befelé a paprikás szalonnát, kenyérhajon elmetélve.

— Koczur barátom, én meg vagyok felőle győződve, hogy ön jól tudja, hová lett a báró?

— Arnold báró?

— Patvart! Törődöm is én Arnold báró diákkalandjaival. Kornél báróról beszélek. Hová mehetett el ilyen rögtön?

— Ideám sincs róla. Ha kérdeztem volna tőle, nem mondta volna meg, s ha megmondta volna, bizonyosan másfelé ment volna.

— Itt pedig okvetlenül szükség van a jelenlétére, hisz épen azért adtunk egymásnak ide találkozót. Igen fontos ügyeket kellene együtt elvégeznünk.

— Fontos ügyek! szólt Koczur, s ezt a szót valami olyan bántó, fitymáló tréfás arczfintorral kisérte, hogy érthette belőle minden ember, mi véleménye van neki a fontos ügyekről.

— Azt akarom vele mondani, magyarázá Diadém úr,

hogy vannak bizonyos végelintézésre váró ügyek, a miket nem lehet befejezni az ő aláirása nélkül.

— Sőt az ő pecsétnyomó gyűrűje nélkül, mert maga az ő aláirása még igen kétséges szentesitése egy okiratnak. Minden esztendőben megváltoztatja az aláirását, s ha egy levelet ir, annak az egy oldalán annyiféle calligraphiája van, mintha minden sornál megint egy másik diák csinált volna probatio calamit. Az egyik sor betűi hátradőltek, a másiké előre, a harmadiké hegyes és hosszú vonalokból állnak, a negyediké elterülnek. Kezdi légyfejekkel, végzi verébfejekkel. Nekem mindig azt hozta fel igazolásul, hogy azért ir ilyen furcsán, mert van neki egy gézengúz rossz fia, aki a boltosoknál megrendeléseket tesz, az ő nevében, az irását utánozva; hanem én tudom legjobban, hogy ezelőtt is mindig így szokott irni, mikor még Atalanta méltsám nem tette őt boldog apává.

— Mindent meglehet öntől tudni, kedves Koczur, csak azt az egyet nem, amit az ember épen tudni óhajt. Tehát nem szólt önnek Kornél báró a felől, hogy mi viszi el olyan rögtön innen, megérkezése után alig néhány órával?

— Hogy mi vitte el innen olyan hamar? azt ő nekem nem mondta, hanem azért én tudom. Először a meleg, aztán a hideg. Melege volt attól a háromezer forinttól, a mit a zsebében érzett és fázott attól a gondolattól, hogy holnap ebből mindenféle alkalmatlankodó sadduceusoknak majd hogy szét kell sokat osztogatni. Az már neki nyavalyája, hogy szabónak, csizmadiának, boltosnak, mosónénak adósa szeret maradni, a meddig lehet. Hát ez vitte el, semmi más. Ellenben azt is megmondhatom, hogy mi fogja visszahozni? Hát mihelyt az a pénz elfogy: (az pedig a pozsonyi arany oroszlánnál tovább nem tart) azonnal itthon lesz megint. Ne tessék aggódni; holnapután itthon fogjuk ő méltóságát tisztelhetni. Én azonban most megyek a fiut keresni, hogy hová lett? mi csipte meg?

Azzal becsattantotta a szegedi bicskáját, s a szalonnás tiz újját beletörülve a bekecse báránybőr béllésébe, azt mondá búcsú fejében a bárónénak, hogy «kisztihand». S meg is tette, a mit mondott.

— — — — — — — — — —

— — — — — — — — — —

A menekülő gyermek vágott magának az útfélen egy botot az útra. Ez volt az egyedüli apai jussa az ősi huszonkétezer holdas erdőből. A kést, a mivel azt levágta, belehajitá a legmélyebb árokba. Ez is egyik segédeszköze és bűnjele volt az elkövetett gonosztettnek; annak a díjában adták ezt neki.

Nem volt más vezetője, mint az a csillag, ami ott szokott lemenni, a hol az a két hegy összeér, a melyiknek a völgyében lakik valahol az a valaki, a kivel őt kis gyermekkora óta folyvást ijesztgették: «ha rossz leszesz, majd eljön az Illavay és megesz», később megint: «ha nem akarsz tanulni, majd elvisz az Illavay, s aztán majd eldeklinál». Legtöbbször hallotta azt, hogy ha hazudsz, az Illavaynak adunk s az tüzes vasakkal sütögeti annak a nyelvét, a ki hazudik!» Hol vannak hát azok a tüzes vasak?

Jó gyalogló volt; teste olyan, mint az aczél: ez anyai örökség volt, ilyenformán megtörtént rajta, hogy azon a hires országúton utolérte azt a bricskát, a min apja egy órával korábban elutazott. Ebben azonban az előfogatnak is volt érdeme. A két kifáradt dikhencz különben sem szokta magát megerőltetni; az út pedig nyaktörő volt, a kocsisnak vigyázni kellett a barazdolásnál, hogy még egynéhányszor ki ne tálalja a sár közepébe a földes urat. Egy helyen mégis belekeveredtek a kátyúba. Az istráng összeszakadt.

Arnold messziről megismerte az apjának a hangját azokról a szép rhetorikai phrasisokról, a mikkel egy sárban rekedt utas szokta eláldogatni sorba azt, a ki ezt az utat teremtette, ezt a sarat teremtette, meg ezeket a lovakat teremtette. Ő aztán jó messze lekerült az útról, hogy az apjával össze ne kerüljön. Neki vágott az erdőnek, mint valami menekülő tolvaj, s követte a patak mentén a gyalogösvényt. Tudta, hogy annak valahol majd csak ki kell lyukadni. A rém, ami egész lelkét terhelte, oly nagy volt, hogy nem jutott eszébe semmi más félelem.

Valahol az erdők mélyén tüzet látott lobogni, amit az éjszakai csalódásban óriásoknak látszó férfialakok álltak körül. «Ezek bizonyosan azok a guerillák», gondolá magában, s minthogy az ösvény egyenesen arra vezetett, azt is elhagyta, s aztán neki vágott a meredek hegyoldalnak egyenesen, út nélkül tövisen, cziheren keresztül.

Virradni is kezdett, mire a hegyhátra fölért.

Onnan aztán a mint széttekintett, nem látott maga előtt mást, mint erdőt. Hanem e rengeteg közepéből magasan emelkedtek ki a temetvényi vár romjai. Onnan egyenes ösvény vezet le abba a völgybe, a hol Illavay birtoka van. Kerülnie kellett a járt utat s elbujnia minden szemközt jövő elől, hogy meg ne fogják, vissza ne vigyék. Reggeltől napestig kódorgott erdőkön, mezőkön keresztül; a hol elfáradt, ott lefeküdt, a mohos gyep igen jó ágy; ebédet is talált «a nap»-nál: tavaszszal a bibiczek fészkelnek a morotva között s azoknak a tojása uraknak való csemege; a homokos garádokban pedig talált elég turbolya gyökeret, a mi igen jó izű; az Isten őrizte, hogy ugyanannyi fiatal bürköt nem evett meg helyette, ami nagyon hasonlít amahhoz. Estére aztán szerencsésen bevergődött abba a faluba, a minek a nevét sem tudta, csak annyit hallott felőle, hogy abban minden ház tarkára van festve, s mindjárt a falu végén Temetvény felől áll egy oszloptornáczos ház, az az ő nagybátyjáé.

Jó is volt ránézve, hogy este sötéttel érkezett meg, nagyon megnézték volna különben: ágról szakadt külsejével mindenki garabonczás diáknak tartotta volna; ruhái megtépve, arcza, kezei összekarczolva a tövistől, térdein, könyökein a hegymászás látható havária, fénymázos czipőinek orra a talpától elválva; méltó staffage egy büntudattal üldözött kóborló suhancz rosszlelkiismeretű arczához.

Mikor odaért a ház ajtajához, elébb félénken benézett az udvarra: nincs-e ott valami cseléd, vagy harapós kutya. Kutya nem volt az udvaron. Falusi ügyvéd komondort nem tart, a kliensek végett, csak vadászkutyát; az pedig odabent alszik a kanapén. Egy szolgáló volt kinn a folyosón, az ludat tömött, meg kellett várnia, mig elvégzi. Csak aztán, hogy az bement a konyhába, volt ideje hirtelen besurranni az utczaajtóból addig a legközelebbi szobaajtóig, ami fölé nagy betükkel van fölirva, hogy ez az IRODA. Azon benyitott a fiú minden koczogtatás nélkül. Jó helyen járt. A tágas szobában ott ült az iróasztalnál egy széles vállú férfi, a kinek a boglyas haja, torzonborz szakálla erősen szürke volt már, széles homloka ránczokba szedve: ernyővel letakart olajlámpánál dolgozott egy csomó szétbontott pörirat között.

— No! ki az? mit akar? kérdé az ajtónyitásra föltekintve. Aztán mikor meglátta a belépő alakot, azt mondá: «ahán» s a zsebébe nyult.

Ennek az alaknak a megpillantásánál s ennél a zsebbenyuló mozdulatnál az az ötlet nyilalt Arnold fejébe. hogy eltagadja magát s azt mondja, hogy «ein armer Reisender» s odatartsa a kalapját az alamizsna elé, s aztán odább menjen, folytatni azt a mesterséget. Hiszen szép az, aki érti.

Hanem aztán csak eszébe jutott, hogy mit fogadott föl magában? Nem akar hazudni többet. Itt az első kisérlet, Hátha az igazat mondás is kifizeti magát. Felemelte a fejét s közelebb lépett egészen bátran.

— Én vagyok Opatovszky Arnold, édes urambátyám.

S csakugyan jó hatása volt az igazság kimondásának. A trabális férfi egyszerre felugrott az asztaltól, s silénusi ábrázatját engedve nyájas mosolygásra torzulni, odament a belépő elé, s atyafiságosan megölelte, megcsókolta.

— Servus kis öcsém! Hát mi jó hozott ide?

— Szöktem. Felelt röviden Arnold.

— Azt kezdem látni. Honnan jösz?

— Hazulról.

— Hogyan?

— Gyalog.

— Még pedig a hegyeken keresztül, a hogy veszem észre. Ettél-e valamit?

— Ettem az úton.

— Hol? és miféléṭ?

— Mindenfélét, amit hazulról hoztam magammal.

— De az én házamnál az ám az első regula, hogy igazat kell mondani.

— Minden igazat meg kell mondani?

— Igen bizony. No hát mi volt az a mindenféle?

— Egy pogácsát hoztam hazulról s találtam az úton bibicztojást, meg turbolyát.

— Akkor ülj le ide a pamlagra, megyek siettetni a vacsorát.

Arnoldnak alig volt ideje körülnézni a prókátorosan szigorú szobában, amint ismét visszatért a szürkefejű.

— No, hát mondsza, édes kis öcsém, miért szöktél el hazulról?

— Mert üldöznek.

— S miért jöttél ide hozzám?

— Azért, hogy megvédelmezzenek.

— Megállj csak! Honnan gondolod te azt, hogy én a te nagybátyád vagyok, holott engemet soha sem láttál életedben? Hátha én épen a szolgabiró vagyok, a kihez veszedelmedre jöttél s csak vendégnek vagyok ennél a háznál?

No most mit feleljen rá? Megakadt a gondolatja.

— No felelj hát! De igazat mondj.

— Nem tudok.

— Nem tudsz? Hát mit tudsz?

— Csak hazudni tudok. Az pedig itt nem szabad.

— Nem bizony. Itt ki kell mondani az igazat, ha még olyan rossz is. Próbáld meg. No, segitsek benne? Beszéltek otthon felőlem egyszer-másszor, ugy-e bár? Azt mondták, hogy olyan rút vagyok, mint az ördög?

A fiunak majd a szája padlásán ragadt a nyelve, mégis rákényszeríté, hogy kimondja:

— Igenis.

A szürke fej csendesen nevetett rá.

— S aztán te épen olyan rútnak találtál, mint a milyennek az otthoniak leirtak?

— Igenis.

A szürke fő most már hangos hahotára fakadt.

—.No látod, milyen jól sikerül az igaz kimondás, csak így folytasd.

S megrázta kedélyesen a fiú kezét.

— S aztán hogy jöttél arra a gondolatra, hogy mikor hazulról megszököl, épen engemet keress föl?

A fiut felbátorítá az első kisérlet sikere. Valami eddig ismeretlen gyönyörüséget kezdett érezni abban, hogy az ember kimondja a valót. Ekkoráig még soha se próbálta. Meg is járta volna vele, ott, a hol más népek laknak.

— Elmondom igazán. A kiről nekem odahaza mindig és mindenki azt beszélte, hogy milyen rossz ember és mi nekünk milyen nagy ellenségünk, mikor el kellett szöknöm az otthonlevőktől, arra gondoltam, hogy ide kell nekem szegődnöm, itt jó helyen leszek.

— Van benne logika. «A ki az ellenségemnek ellensége, az nekem jó barátom». Már most hát mondd meg, hogy miért kellett neked onnan hazulról elszöknöd?

A fiú fejét vakarta és gondolkozni látszott.

— Nos! Arnold öcsém, csak nem azon töröd tán a fejedet, hogy nekem valami hazugságot mondj?

— Megvallom, hogy azon is törtem a fejemet, felelt a gyermek. Mert már hozzá vagyok szokva. Úgy vagyok, hogy ha akarok, sem tudok valamit úgy elmondani, a hogy igazán megtörtéut.

— Ezt a túlságosan eleven fantázia okozza.

— Nem tudom. Mi mind így teszünk. Az egész úton idáig jövet mind abban főtt a fejem, hogy micsoda mesét gondoljak ki, amit urambátyámnak elmondjak? de nem merek velük előállni.

— Hát akkor mond igazat.

— Hiszen azt is megtehetem. Elmondhatom felét, háromnegyed részét annak, ami igaz, s nem lesz benne hazugság.

— Az egészet kell elmondanod.

— Elmondhatok annyit, hogy urambátyám azt fogja rá mondani «no, ha ez mind igaz, akkor teljes okod volt otthagyni az apai házat», s a fődolgot még akkor is elhallgathatom.

— De hát kezdd a fődolgon!

A gyermek az ajkát harapdálta kinjában.

— De mikor az az én hibám! Az én igen nagy hibám. Valóságos bűn! Rebegé s könybelábadt a két szeme.

— Annyival inkább. Sokkal könnyebb az embernek magára vallani be a hibát, mint azt másokra hárítani.

— Nem hibát, de bűnt követtem el, a miért törvény szerint fognak üldözni.

— Akkor épen el kell mondanod a legkisebb részletekig mindent, hogy megtudjam, mi tanácsot adjak a védelmedre?

— Tehát ön meg fog engem védelmezni?

— Ez kötelességem, mint ügyvédnek is, mint rokonodnak is.

— De ha nagyon hatalmas ember volna, a ki üldöz.

— Az ellenében is.

— Hátha, hátha a tulajdon édes apám volna az?

— Az már nehéz helyzet volna ugyan; de nem tenne semmit lehetetlenné.

— Oh én úgy szégyenlem azt elmondani!

— Amit nem szégyenlettél megtenni?

— Akkor nem tudtam, hogy az olyan rossz. Nem gondoltam semmit. Azt hittem, hogy semmivel sem tészek rosszabbat, mint mikor az apám irását utánozva, a fűszerárusnál nyalánkságokat rendelek meg, vagy mikor a tanitó lajstromából azt, hogy «nagyon rossz» kivakarom s azt irom be, hogy «dicséretes». Mikor kisül, jól megvernek; nem kapok ebédet s azzal vége.

— Tehát valami hamisítást követtél el?
— Bevallom.
— Mit hamisítottál?
— Egy útlevelet.
— Kinek a számára?
— Egy bujdosó szegény-legény számára, a kiről aztán megtudtam, hogy valamikor rabló volt, most pedig valami országos veszedelem főczinkosa.
— Hogyan kerültél ezzel össze?

No most! Itt már nehéz megállni az embernek, hogy valami mesét ki ne gondoljon, ami az igazságot valamerre megkerüli.

— Nézz a szemembe kis öcsém; egyenesen a szemembe nézz, aztán felelj.

Arnold úgy érzé, hogy ennek az embernek a szemeibe nézni annyi, mint foglyává lenni. Ezek a szemek kihijják az emberből a lelket. Neki erősité a szivét.

— Meg hagytam magam vesztegetni tőle.
— Hogyan?
— Éhes voltam, s ő behítt a csárdába s adott ennem és innom.

Illavaynak a szemei szikrákat hánytak erre a szóra.

— Haragszik ön rám?
— Dehogy te rád! Mondá a nagybátya, olyan hangon, melynek kitörését erővel tompitotta el. Folytasd tovább.
— Mindenféle bolondságot elkövettem már ezen a napon, hogy valakit rászedjek; megtréfáltam zsidót, komédiást; ha meggondolom, az is mind czudarság volt.
— Egyedül követted el mindezt?
— Én csak magamra vallok.

— Jól van.

— Azt gondoltam én, hogy ez is csak egy bohó kaland, a min majd nagyot nevetünk. Azt is hittem, hogy nem tudja meg senki; hiszen senki sem néz oda. Azonban a csaplár, a ki a bort hordta fel, félszemmel oda vigyázott s megtudta, hogy mit csinálok? Ma éjjel azután, éjfél után, mikor még fenn voltam....

— Miért voltál fenn éjfélután?

— Dolgoztam valami munkán.

— Te! Dolgoztál?

— Ne gondolja, urambátyám, hogy most egyszerre megint elkezdek hazudni. Megtudtam, hogy az apám hazaérkezik az éjjel. Azt fogadtam neki, hogy lerajzolom a kastélyunkat. A munka félbemaradt, nem gondoltam rá. Most aztán sietni akartam vele, hogy reggelre elkészüljön. Elhiheti, a mit mondok. Itt van a zsebemben. Elhoztam, hogy legalább a képe maradjon meg nálam a háznak, a mit soha sem látok többet.

Arnold odanyujtotta nagybátyjának a rajzot.

— Ej! Ezt te egészen magad készítetted?

— Tanultam rajzolni, mikor még rajzmestert is tartottak számomra.

— Hiszen te még sokra viheted ezen az úton. Lehetne belőled építész.

— Hiszi ön? S abból meg lehet élni?

— De uri módon. Csakhogy sokat kell tanulni, meg dolgozni.

— Oh arra én kész volnék! Tanulni, dolgozni; megszolgálni valamit. Az olyan jó lehet! Mikor az embernek valami munkájára azt mondják, hogy «nagyon jól van;» mikor az ember valami pénzt kap, amit megérdemelt.

Itt nagyot sóhajtott a fiú.

— Hanem hát ez mind hiába. Belőlem nem lesz már semmi. Mikor már csaknem készen voltam a munkával, benyit hozzám késő éjjel egy régi jó barátja a családunknak.

— Kicsoda?

— Nem mondom meg a nevét. Nem keverek bele mást is a bajomba.

— Ez is jól van.

— Azért jött oda hozzám, hogy elmondja, milyen veszedelem vár rám. A csárdás, aki meglátta, hogy a szegény-legény utlevelét kiigazítottam, elment az apámhoz s ötezer forintot kért tőle azért, hogy azt a bűnt, amit én elkövettem, titokban tartsa. Ha meg nem kapja, elmegy a főispánhoz és fölád. S a főispán a mi családunknak halálos ellensége.

— Úgy van.

— Az apám nem adott a csárdásnak ötezer forintot a titoktartásért, hanem a helyett azt tette, hogy késő éjjel befogatott, s hogy a feladót megelőzze, maga ment el a főispánhoz, feljelenteni a bűnömet. És ez nagy bűn volt, nemde?

— Valóban az volt.

— Büntetése öt esztendei fogság.

— Fiatal korod ugyan enyhítő körülmény.

— Mennyiben enyhítő?

— Annyiban, hogy sulyos börtön helyett javítóintézetet szab meg a törvény.

— De mégis fogság? Mégis gyalázat?

A nagybátya nem felelt rá semmit.

A gyermek lecsüggeszté a fejét.

— Az apám úgy is mindig azzal fenyegetett, hogy javító intézetbe ád, valahányszor megérkezett valahonnan; bujnom kellett előtte, zsivány, gonosztevő volt nála a nevem mindig. Elhiszem, hogy kegyetlenül fog velem bánni. Aztán még többet is megtudtam attól a jó barátunktól. Hogy ezzel az én hamisitott utlevelemmel már most az a veszedelmes czimbora nagy országháborító dolgokat fog elkövetni. Tűzbe, lángba fog borulni az ország.

— Igazán, azt mondta az a jó barát? Honnan tudja ő ezt?

— Azt ne kérdezze ön tőlem, az másnak a titka. Az én bánatom az, hogy mind ennek én leszek az oka, az előmozdítója, a megindítója! Mi fog mind ebből következni? Istenem! Milyen iszonyatok lesznek ebből?

— Végig gondoltál ezen?

— Nem tudom, hogy gondoltam-e, vagy álmodtam, mikor egy vad körtefa alatt elnyomott az álom. Magam is ott voltam azok között, a kik sötét éjjel indulnak el a munkára, lesbe állnak az árok szélén s megállítják a postaszekeret s elrabolják a leveleket. Aztán összegyűlnek elhagyott várromok földalatti üregeiben, s tanácsot tartanak, hogy jövő éjjel kit támadjanak meg? Nekem is velük kell mennem. Bekormozott képpel késő este berontani a házakba. Ha valaki rám ismer, azt megölni. Ha elárulnak, az egész falut fölégetni. Kergetőzni erdőkön, morotvákon keresztül, s ha körülfognak, egy golyót röpíteni az agyamba. Én Istenem, milyen álom volt ez! De azután ébren is tovább folytattam, mintha jobban ki akarnám szőni-fonni az egész tervet. Mit csinálnék, ha benne volnék? Milyen rémtetteket tudnék elkövetni? Hogy lennék olyan híres emberré, a kinek a nevétől minden ember keresztet vet magára s azt mondja: «Isten őrizz meg tőle!» Álmodtam-e, gondoltam-e mindezt összevissza? alig tudom. Csak azt tudom, hogy féltem saját magamtól, a míg a sötét erdő betakart.

— Hát aztán nem féltél saját magadtól, mikor az erdőből kijutottál?

— Akkor megint egészen más érzés fogott el. Mikor megláttam a völgyön keresztül megnyilni azt a szép nagy világot, az aranyos távolt, valami olyan nagy kín fogta el a szivemet, hogy sirnom kellett bele. Ha rám találnak, rám vallanak, elitélnek, be leszek csukva egy vastag falú börtönbe! Hosszú esztendőkig elveszik tőlem ezt az egész szép világot. Gyötörni, kinozni fognak. Elveszik tőlem a rajzoló eszközeimet, a miket szeretek s kényszerítenek olyan munkára, a mit utálok. Egyformává tesznek más száz meg száz gonosztevővel. Oh erre gondolni is rettenetes.

— Bizony az.

— S aztán még tovább gondolkoztam rajta. S mi lesz belőlem aztán, ha egyszer kiszabadulok? Meg leszek bélyegezve örökre. Senki sem fog velem szóba állni, a ki a becsületére ad valamit. Akármihez akarjak kezdeni, mindenünnen azzal fognak elutasítani: «be voltál zárva, el voltál itélve!» Ha valahol, messze földön, idegen emberek között, megtelepedem, tisztességes állást, életmódot szerzek, mindennap rettegnem kell miatta, hogy valaki utánam jön, a ki ismer s rám kiált: «gonosztevő voltál, megülted a börtönt!» s megint futni kell odább. Valahányszor rám ismernek, más nevet kell felvennem, egy országgal odább futnom. És aztán ha veszett nevemet költötték, ha kikiáltottak csalónak, ha nem szabad becsületes embernek lennem, azzá kell lenni, a minek hireszteltek, tévelyegni, csalva, szédelegve a széles világban, árczulköpve, kirugdalva a rettenetes emberi társaságtól, mely soha ki nem engesztelődik az egyszer megbélyegzett iránt! Oh mondja ön; nem ez a sors vár-e reám, ha elitélnek?

— Valóban ez.

— S nem hiszi ön, hogy valamiképen ki lehetne rimánkodni azoktól, a kik így fenyegetnek, hogy kegyelmezzenek meg? Tán a csárdást, aki látta bűnömet, hogy ne tanuskodjék? vagy az apámat, hogy ne jelentsen fel? vagy a főispánt, hogy ne fogasson be?

— A csárdást talán meg lehet vásárolni pénzzel, hogy hallgasson el; a főispánra nagy nehezen lehetne hatni valakinek, de hogy Opatovszky Kornél báró mit fog tenni a fiával, ha megharagszik rá, azt emberi elme ki nem számíthatja.

— S nincs mentség a számomra a törvényben?

— A törvény csak szigort ismer.

— Hát ha önt kérném, rimánkodva, hogy védelmezzen a birám előtt, hogy mentsenek fel?

— Megtennék mindent, a mi észtől és szivtől kitelik, de a birák feladata nem a kegyelemosztás. Azok a tényekből itélnek. A védő ügyvéd ékesen szólása, az enyhítő körülmények egész csoportozata nem eszközöl ki mást, mint a büntetés mértékének leszállítását.

— Az pedig én nekem azután mindegy, hogy egy napig van-e a homlokomra rásütve a bélyeg, vagy öt esztendeig.

— Úgy van.

E lesujtó szónál a gyermek elhallgatott s egészen magába szállva, évődött valami gondolaton, a mit az a figyelő férfi az arczáról olvasott le előre.

Egyszer aztán fölemelte a fejét. Arcza kiderült.

— Hát jól van. Édes urambátyám. Ha ön nem hiszi, hogy ezért a vétségemért ki lehet menteni, akkor ne is védelmezzen. Nem fogok önnek sokáig terhére lenni. Holnap reggel odább megyek szépen.

— Hová? Világot csalni?

— Nem. Majd én tudom, hogy mit teszek. — Csak arra kérem önt, hogy holnap délután, ha ráér, sétáljon el majd a temetvényi vár-rom erkélye alá.

— Azt akarod ezzel mondani, hogy felmégy a várrom legmagasabb tornyára s onnan veted le magadat?

— Hogy mit teszek? Azt nem beszélem ki. — Hanem, hogy magamat egész életemre meggyaláztatni nem engedem: azt fogadom az Istenemre.

— Hogyan? Te fiu! Neked volna szived meghalni, a gyalázattól eliszonyodva?

— Azt majd megtudja ön! — felelt a fiu daczosan.

E szókra odadobbant eléje Illaváy s megragadva két herkulesi kezével a gyermek karjait, megrázta őt erőszakosan s ijesztő arczával rámeredve förmedt reá mélyen dörgő szóval.

— No hát halj meg, ha van bátorságod hozzá! ha

megérezted, hogy többet ér az életnél a becsület. Igen! Meg kell halni ennek a hitvány, rossz alaknak, a minek nincs egy ize, a mi meg ne volna romolva. El kell temetve lenni, porrá kell válni minden porczikádnak, a mit ez az átkozott Stibor-vér megmérgezett. Csaló! Hamisító! Világ szemetje, te! Rázd le magadról ezt a befertőzött testet — hadd tépem ki a lelkedet belőle, s átadom egy másik embernek, a ki még nincs a világon. — Halva vagy már. Most jer: tanulj meg ujjászületni.

Azzal oda lóditotta őt az íróasztalához s annak a fiókját kirántva, elővett belőle egy iratot s oda tartá eléje.

— Ismered ezt? Itt a hamisított utleveled. — Vedd magadhoz. S tartsd meg örök emlékül.

A gyermek maga elé kapott a két kezével. Az indulatroham elvette a szavát: akadozó hangon, mely zokogását fulasztá el, kiálta valami érthetetlen szót s aztán, a mint megkapta kezével azt az iratot, elkezdett görcsösen kaczagni s azzal ájultan rogyott össze. Nem volt emberi hatalom, a mi az összefacsarintott öklét szét birta volna nyitni, a mivel azt az iratot a melléhez szoritá.

Mikor ismét fölnyitá a szemeit, ágyban találta magát. Két angyalarcz hajolt föléje. Egy idősebb nő s egy gyermekleány arcza. Egy anya és egy testvér. Az ágy lábánál pedig ott könyökölt az a haragos tekintetében annyi jóságot rejtegető alak. Az meg olyan volt a szürke hajával, hosszú szakállával, mint az öreg Isten (a képeken a hogy festve van).

— Meghaltam? kérdezé a fölocsudó.

— Meg bizony; dörmögé a szürke szakállú.

— S ez itt a másvilág?

— Az bizony. — De minthogy a másvilágon is szoktak enni, hozzátok gyorsan azt a levest. Az éhségtől ájult el szegény fiu.

Az a kis leány rögtön ott termett a készen tartott csésze levessel.

Annyi idős lehetett ez is, mint Czenczi. Csakhogy egészen másforma volt az.

Arnold mohón nyelte a levest. Ilyen levest csak a paradicsomban isznak bizonynyal.

De még a mellett sem felejtette el keblét megtapogatni, hogy nincs-e ott az az utlevél. Hogy ne lett volna? Ott volt az inge alá dugva. Hisz ez az ő útlevele abba a másvilágba.

— Jó volt, Arnoldka? kérdé mosolygva az a kis leány. Hogy érzed magad?

Erre aztán Arnold mondott egy olyan ragyogó szép szónoklatot, hogy az szebb volt mind annál, a mit valaha költők versbe szedtek. Csakhogy azt már megint egy másik világban mondta el, az álmok országában. A mint a levest megitta, rögtön elaludt. De a keze még álmában is őrizte azt a féltett útlevelet ott a mellén.

———————

Ugyan, hogy jutott ez az útlevél olyan hamar Illavay kezébe?

EGY PÁRBESZÉD, A MINEK AZ ELEJÉT NEM HALLOTTUK.

— Nos! Hát mit szólsz a tervünkhöz, kedves czimborám?

Ezt kérdé az elmondottak után Gorombolyi postamester, az ő régi jó kenyeres pajtásától, Illavay Ferencztől, egy doboz verpeléti mellett ülve.

— Azt, hogy «soha se lesz ebből gáliczkő».

———————

Hanem hát hogy mik voltak azok az elmondottak? Ezt kérdezi legalább is a tisztelt olvasó.

Hát hiszen azt is meg lehet érinteni, s aztán «sapienti pauca». Hanem elébb küldjük ki a szobából a gyerekeket, mert ez nem nekik való tudomány. Nézzétek csak, milyen szép szivárvány van odakinn az égen!

Tehátlan.

— 1863-ban éltünk.

— Aztán «csordultig volt a pohár».

— Az volt a kor jelszava, hogy «mi várhatunk», csakhogy az a «mi» nem mi voltunk, hanem más valaki.

— Ellenben «fekete pontok voltak a láthatáron».

— Volt egy nótánk, a mi ezen kezdődött, hogy «szennyes az én ingem!» Végződött pedig azon, hogy «Éljen Garibáldi».

— A caprerai hős pedig azt mondta, hogy «mi közöm nekem a ti szennyes ingetekhez, az enyim veres».

— Hát hisz épen azt a veres inget szeretnők látni.

— Hja, de az nem megy, ha csak nem hivják. Arra pedig nem elég a nóta. Arra az én bal fülem nem hall.

— Hát hogyan tiszteljük?

— Avec des coups de fusil! (Ez meg francziául van, s magyarul annyit jelent, hogy «szerezzetek ócska vasat».)

— Hja bizony «ócska vasat», olyan ócska vasat, a milyen már tizennégy esztendő óta nem volt a kezünkben.

— Menjen az úr, ne tréfáljon! kiált föl erre a tisztelt olvasó. «Majd bizony ilyen tizenhárom próbás mamelukoknak jutott volna valaha ilyesmi az eszébe! Poétázás az egész!»

Hát hiszen tudtam előre, hogy nem hiszik el.

Azonban mégis úgy volt a dolog, hogy Gorombolyi, a hajdankori hadvezető, arról beszélgetett Illavayval, a mesevilágbeli kormánybiztossal, hogy ha lehetne szerezni ilyen ócska vasat, mi történnék vele.

A heves fejű egykori hős haragosan pattant föl kortársának erre a skeptikus észrevételére.

— Ha nem ismernélek, azt mondanám, hogy gyáva lettél.

— Abban is lehet valami. Tizennégy év nagy idő. Mindenikünk vénebb lett annyival. Hanyatlottunk testi, lelki erőben. A tagjaink sem szolgálnak bennünket úgy, a hogy hajdan : barometrum lett a lábunk, s carlsbadi vizet iszunk éhomra. Reményeink röptét letörte a sok nehéz csalódás; nem hiszünk már magunkban sem, hát még másban. A lelkesedés lángja helyett a számítás flegmája adja a temperamentumunkat. Ez is mind czölönk. De hát még ezektől talán mind meg tudnék szabadulni, s talán egy nagy merész cselekedetért el tudnám felejteni, hogy otthon nőm, gyermekem van. Hanem hát nem a végétől fázom én ennek a te projektumodnak, hanem az elejétől. Ez a terv már a kezdeténél fog megbukni.

— Miért hiszed azt ?

— Azért, mert ismerem a fajtámat. Ez, ha föllelkesítik népszerű, szeretett nagy emberei, s aztán kiállhat sorakozva hadi rendbe, bizony mondom, hogy úgy tud küzdeni, vérzeni, meghalni azért az eszméért, a miért lángra gyuladt, a hogy a világnak bármely más nemzete. Hanem, hogy ez hidegre eltett eszmékért lesbe állva, orgyilokkal a kezében, várjon a bokorban, az utczaszegleten az arra jövő ellenfélre, azt nem fogja megtenni soha. Nem tud itt titkot tartani senki. A mit ma megsugsz valakinek, azt holnapután már nótára téve éneklik az utczán. Nem kell minálunk titkos policzia, mert itt minden ember fenhangon gondolkozik. Nemes emberek vagyunk : a kivel össze akarunk veszni, megizenjük neki az időt és helyet, s rábizzuk a fegyverválasztást.

— Nagyon csalatkozol. Nekem semmi közöm nincsen a pesti szózatáneklőkkel. Én nem támaszkodom az «arany fiatalságra».

— Hát akkor ugyan kire ?

— Azokra az emberekre, a kik épen ilyen feladathoz valók. A kik épen nem ijednek vissza semmitől, a kik mindent képesek koczkáztatni.

— Tán csak nem akarod az illavai foglyok kitörését választani kiindulási katasztrófának.

— Az is meglehet. Hat—hétszáz olyan desperátus ficzkó

csodadolgokat tudna elkövetni egy ócska vassal a kezében. Jusson eszedbe a «dæmon légió», a mit I. Napoleon az olasz gonosztevők tajtékjából szedett össze; soha jobb katonái nem voltak.

— Úgy látszik, erre gondoltál a «Kolokát Péter»-nél.

— Igenis, erre. Hát mit akarsz? Azt gondolod, hogy az ilyen feladathoz a pannonhalmi benczések közül válogatják a legénységet?

— Én úgy tudom, hogy 49-ben a pannonhalmi benczések igen jól verekedtek az egész hadjárat alatt, míg Rózsa Sándor betyárjai soha az ellenséges tulkok és birkák vérén kívül mást az egész háborúban ki nem ontottak. Ahhoz, hogy valaki egy nagy eszméért feláldozza magát, erkölcsi erő kell: a futóbetyárból nemzeti hős nem lesz soha.

— Hát ez az egy ember csak egy eszköz. Nagyobb dolog nincs rá bizva, mint a minőnek meg tud felelni. Hirhedett csempész volt gyermek-kora óta, minden hegyszakadékot ismer a Tátrában s minden berket az alföldön. Az ő dolga behozni a behozandókat, s elrejteni biztos helyre; a mig szükség lesz rájok.

— S ki hozza el neki azokat odáig?

— Arra is igen jó emberem van. Egészen ilyen dologra termett.

— Szabad megtudnom, ki az?

— Nincs titkom előtted: Koczur.

— Micsoda? Ez a nagyszájú Háry János, a ki soha a saját emlékezetére igazat nem mondott, a kinek annyira második természetévé lett a hazudás, hogy a halálbüntetés félelme alatt sem volna képes egy megtörtént dolgot háromszor egymásután úgy elmondani, hogy az mind a három teljesen külömböző ne legyen egymástól és a valóságtól. A ki a mellett olyan gyáva, hogy a csendőr tollbokrétájának a lengésétől megfutamodik s cserbenhágy mindent, a mi rá van bizva; a mellett hűtelen, perfid, lelkiismeretlen jellem, senkinek sem hive és senkinek sem ellensége.

A ki képes lesz, ha kelepczébe kerül, azért, hogy a saját bőrét megmentse, tízezer becsületes hazafit feláldozni.

— Tudom én azt mind jól! De hát az ilyen emberekre van most épen szükség. Nem telik az ki a nemzeti kaszinóból, ne gondold. Hanem azért majd onnan is telik ki valami. Az embernek ilyen dolognál koczkáztatni kell. Koczur, az igaz, hogy hitvány jellem. De arra, a mire használni akarom, mintha csak mondva teremtették volna. Hiszen épen az a virtus, hogy tudjon valaki ex tripode úgy hazudni, hogy senki az igazat meg ne tudja tőle soha. Azután van neki egy másik előnye, a mi igen becsessé teszi előttünk. Ez a te hozzáragadt bolond unokaöcséd: a báró. Az folyvást utazik szerteszét a világban, senki sem gyanúsítja azzal, hogy valami okos czélja volna az utazásának. Járja a bolondját. Ma Németországban van, holnap Törökországban, holnapután Olaszországban. Fölkeres minden hires, nevezetes embert, s azokat még hiresebbekké teszi azokkal a hallatlan ostoba ötletekkel, a miket a velük történt interwiewokhoz csatol. Ő az európai rossz calembourghok hőse. Senki sem gyanakodik rá, nem kisérik rendőri felügyelettel; tudják, hogy bolond, s hogy mindent kifecseg, a mi közte és valami nagy ember között elmondatott. A csörgő sipkája védi a bolondot. S ennek a háta mögött jár mindenütt az én Koczurom.

— A kilátás egyre szebb lesz; mondá Illavay. Először egy szökött rab, azután egy poltron, most meg egy lunatikus. Gyönyörű törzskart állítottál össze magadnak.

— Az első vizbeugráshoz ilyen kell. Kár azonban fitymálni az embereket. Jön még több is. Koczurral és Opatovszkyval nyertünk egyuttal egy olyan pivot-t, a mire senki sem gyanakodik. Ugyan ki tenné fel, hogy azok az «ócska vas»-sal terhelt ládák, a mik Diadém úr czime alatt érkeznek az apátvári kastélyba, valósággal nem rozsdás pléhtömegeket tartalmaznak, a mikből Diadém úr a hires aczélgyárában Bessemer-aczélt szándékozik készíteni.

— De hátha azt maga Diadém úr is meg fogja tudni?

— Már tudja is!

— Mikor tudta meg? kiálta fel Illavay s felugrott a székéről.

— Ma éjjel.

— Akkor legfőbb ideje, hogy vedd a botodat, tarisznyádat s szökjél, a merre még nyitva az út.

— Hahaha! Kaczagott Gorombolyi. Csak nem kell olyan idegesnek lenni. Diadém is meg van nyerve az ügynek, meg Atalanta is. Minden zárnak van kulcsa. A bécsi kormány megtagadta tőlük a kölcsönt az országutjok helyreállítására. Diadém úr minden egyéb vállalataiban a legerősebb ellenszenvvel találkozik odafenn. Így készülnek a malecontentusok. A bankár, a bárónéjával együtt, kegyetlenül meg van szorulva. Ide tekints. Látod ezt a két nyugtatványt? Az egyiket Diadém irta, a másikat a báróné: «Köszönettel» felvették az ezer forintot Koczurtól.

— Ezt a pénzt te tőled kapta Koczur?

— Hát természetesen.

(Már most hát mégis csak megtudtuk valósággal, hogy miféle pénz volt az, a mit Koczur kiosztogatott? S miért kellettek neki azok a nyugták, mind a három osztályos atyafitól?)

— Tehát már most még hozzájárul a kompániához: egy szédelgő agioteur, meg egy örök pénzzavarban levő kalandornő, mondá Illavay.

— Bankár és báróné; igazítá helyre sarcasmussal Gorombolyi.

— Én annak ismerem őket, a minek mondtam.

— Ha félted a nyakadat, ugorj el innen, hazáig vissza se nézz.

— Nem féltem én az én nyakamat, hanem a te erszényedet.

— Azt meg én nem értem.

— Hát majd én megmagyarázom. Hogy mi lesz ennek

a vállalatnak a kimenetele? Azt én neked előre megmondom. Hát először is a mi hiveink oda fenn Pesten addig éneklik uton-utfélen azt, hogy «majd hoz Pista puskát», hogy egyszer csak a rendőrség minden embert hüvösre tesz, a kinek csak azzal a Pistával valamiféle ismeretsége van. Akkor aztán a te ócska vasad mind ottreked valahol fele utban. Akkor aztán Koczur ide fog jönni hozzád, minden héten kétszer, s ijedt pofával tudósit, hogy az ócska vasak elrejtésére pénz kell: de nagyon sok; mert a titoktartás drága. Te aztán, csak hogy el ne árulják a titkot, sok jó hazafit bajba ne keverj, leszesz örök adófizető rabszolgája Koczurnak, meg az egész Opatovszky, Diadém és Atalanta-féle rablóbandának s megvásárlod az ócska vasadat olyan áron, hogy ugyanannyit nyomó aranyat vehetnél rajta.

Gorombolyi csak mosolygott.

— Van ám esze a magyarnak! Ne hidd, hogy hiába jártuk ki a nyolcz iskolát. Engem az én embereim nem vihetnek bele a hinárba, mert én ülök az ő nyakukon, nem ők az enyimen.

— Ki nem találom a nehéz fejemmel, hogy lehet ez?

— Elhiszem azt! Nem is szokás az én gondolatjaimat csak úgy a két szemöldököm közül leolvasni. Hát az eddig elsorolt társasághoz, a miben te olyan nagyon delektáltad magadat, hogy komplét legyen, még egy rekrutát asszentáltunk. Ez igazán rekruta. Azt tudod a mesékből, hogy mikor valami kincset akarunk felvenni, a melyiken rajta ül a sárkány, ahhoz okvetetlen szűz kézre van szükség. De épen itt a bökkenő, mert olyan szüzet nehéz találni, a ki nem fél az ördögtől.

— És te találtál?

— Mintha csak megrendelték volna. Egy geniális ficzkó, a ki még a tavalyi ruhájából arasznyira kinő, hanem azért már egy olyan perversus gézengúz, a milyent csak valaha kurrentáltatott a vármegye. Olyan vakmerő, hogy neki megy a nálánál egy fejjel magasabb paraszt-legényeknek, s leveri őket: a mit maga kap a verekedésben, azt fel sem veszi. Nem fél ez se Istentől, se embertől s a mellett úgy tud hazudni, mint egy próféta. Lopni még csak az apjától, anyjától, meg azoknak a jóbarátjaitól tanult, hanem otthon aztán nincs is előtte biztonságban semmi eladható tárgy, a mi a falhoz hozzá nincs szegezve. Lángeszű kölyök! Kicsalja a zsidónak a szemét s a parasztot lefőzi. Tud ez már minden tudományt, a mit nem kellene neki tudni, ellenben a dolognak, meg a könyvnek nagy «komája». És a mellett tökéletes ártatlan kedély, a ki az istentelenségeket csak azért követi el, mert missziója van hozzá. Kitör belőle a talentum ösztöne, mint Ovidból a poesis. Talán rá is ismersz a leirásból?

— Ismerem, szólt Illavay, nagyot sóhajtva.

— E biz a te kedves unokaöcsédnek hozzá méltó, ultimus surculus masculussa.

— És hát mire akarsz te ezzel boldogulni?

— Mindenre. Tudom én azt jól, hogy ez a ficzkó előbb-utóbb akasztófán végzi a dolgát. No, hát én díszessé akarom neki tenni az odáig való pályáját. Érje el azt egy dicső ügynek a szolgálatában. Zsivány lesz belőle, az bizonyos. Sobri Jóska második kiadásban. Kivált, ha egyszer az apjának a dominiumát elárverezik: az pedig nem soká itt lesz. Hát legalább szerezzen magának becsületes titulust hozzá. Most kezdeték mindjárt (ez pedig még nem az én munkám volt, ez a fátum dolga, a görög tragédiák intéző keze) egy hatalmas lépéssel határozta meg az ifjú hős pályafutását. Az én futóbetyáromnak, a Kolákátnak útlevélre volt szüksége. Az öcsém volt olyan jólelkű, hogy hamisított neki egyet.

— Mennykőt is! kiálta fel Illavay. Ez több mint tréfa.

— Több bizony. Ha kisül rá, becsipik. S a hogy mi a főispánt ismerjük, ennek semmi nagyobb örömet nem fog szerezni a világon, mintha ő egyszer egy Opatovszkyt megvendégelhet kedvére a porkoláb cziberelevesből.

— De hisz ez kegyetlenség!

— Az biz ez. Hanem hát ezt a derék ficzkó még egészen saját ösztönéből tette, mondhatni ártatlan kézzel: azt sem tudta, mit csinál. A hivatás tört ki belőle. Fog ez már most majd mindent hamisítani, a mire esetleg szükség lesz a vállalatunknál; mert pompásan tudja a mások írását utánozni.

— Nem! Ezt én meg fogom akadályozni, szólt Illavay felindultan.

— Te? Hát mi közöd neked ehhez?

— Rokonom.

— Hát mi dolgod van neked a familiád bolondságával? Nem kaptál még elég keserű leczkét azért, hogy az ő dolgaikba beavatkoztál?

— Tehát nem azért, mert rokonom, hanem azért, mert gyermek. Ha idegen volna a gyermek, a kit soha sem láttam, nem engedném a jégre lépni, a miről tudom, hogy beszakad alatta. Megkapnám a kezét, visszarántanám. Ez egy férfi kötelessége egy gyermek iránt.

— No, csak ne vesztegesd itt a nemes páthoszt! Tudod, hogy én nem veszem be. Hát aztán hogyan hiszed te ezt megakadályozhatni?

— Odamegyek egyenesen az Opatovszky-házhoz.

— Te! Ahhoz a házhoz, a hol Atalanta a háziasszony s Diadém a háziúr!

— Semmi közöm sincs hozzájok, én a fiut fogom felkeresni.

— Dejszen keresheted azt már; — a ficzkó ma éjjel megszökött szépen hazulról.

— Hogy tudod?

— Ezelőtt egy órával volt itt Koczur, az beszélte.

— Ő talán az okát is tudja, mi szöktette meg a fiut?

— Persze hogy tudja. Ő még tegnap este, mikor a bolond báró tengelytörött kocsiját ide vonszoltatta hozzám, találkozott az erdőn a Kolokáttal. A betyár elmondta neki az útlevél-hamisítás történetét. Erre azután Koczur azt fundálta ki, hogy az Arnold gyereket késő éjjel felköltötte s agyonijesztgette azzal, hogy kitudódott az elkövetett hamisitás, az apja is megtudta, s most az maga akarja őt feladni a főispánnak. Tudod, hogy születése napjától kezdve gyülölte ezt a fiut. Az elhitte a mesét s még jó sötéttel kereket oldott.

— De hát mi terve volt ezzel Koczurnak?

— Hát az, hogy a ficzkó abban a hitben, hogy üldözik s jönnek utána a lánczczal, okvetlenül a Kolokát czimborái közé menekül; azok azután majd jól megvédelmezik — és megmutatják neki az igaz utat.

— S te ezt helyesled?

— Ejnye, de furcsa kérdés! Hát a hol a saját fejemet nem sajnálom koczkára tenni, ott ezét a rossz kölyökét sajnáljam! Hét gyermekes apákkal fujom együtt a követ, azoknak szabad földönfutókká lenni, csak ennek a bőre drága?

— Azok tudják, hogy mit és miért tesznek.

— Ez is majd megtudja! — Nem hogy megköszönnéd, hogy egy ilyen föld-rozsdának tisztességes pályát nyitok. A koczka a hatosal is fordulhat felül. Az öcsédből még hirhedett hős lehet. Minden adomány megvan nála hozzá. Valamikor még büszke fogsz rá lenni, s szerencsésnek érzed magadat, ha a kengyelvasát tarthatod. Még «diktátor»-nak fogják egykor nevezni, mint Langieviczet. Az is csak ilyen kicsinyben kezdte.

Illavay vállat vont rá.

— No már most hát kezded-e érteni, a mit mondtam, hogy nem Opatovszkyék ülnek az én nyakamon, hanem én ülök az övékén? Ha hinárba akarnak vinni, az ő szájukat éri előbb a víz.

— Nem értem egészen, de sejtek már valamit. Azonban a fiu vissza is szökhetik megint az apai házhoz.

— De iszen szökhetik már az a világon akárhová, a láncza végét mindig a kezemben tartom.

— Hogyan?

— Itt van a zsebemben a Kolokát hamisitott útlevele.

— Nálad van?

— Nálam biz az. Az én Kolokátom tapasztalt férfiu. Tudja azt jól, hogy nem elég az útlevélen az aláirás, meg a hivatalos stampiglia; a ki ezzel a határon át akar kelni, annak még a szolgabiró manupropriájára és pecsétjére is szüksége van. Ebből már most kiokoskodhatod azt szépen, hogy ha valaki az Opatovszky bandából engemet bele akarna vinni a csávába, okvetlenül oda rántaná a saját princzét is s ezzel tartom őket fogva a kezem közt.

— Tehát még a szolgabiró aláírása nincs azon az útlevélen? kérdé nyugodt hangon Illavay. Nálam pedig csaknem mindennapos vendég a szolgabiró.

— A számból vetted ki a szót. Látod, te megtehetnéd, hogy azt az útlevelet hitelesíttesd vele. A sok mindenféle egyéb hivatalos tárgy között szépen elcsuszik ez.

— Jól van. Megteszem. Add ide, szólt Illavay csendes vérrel.

Gorombolyi elővette az útlevelet.

— No hát ugy-e milyen ügyes rajta a hamisítás? A leggyakorlottabb szem előtt sem árulja el még egy hajszálvonás sem, hogy ez a beleirt név egy kivakart név helyén van, s hogy ez nem ugyanannak a kéznek az irása, a melyik az egész útlevelet pingálta.

— Igazán nagy ügyesség, mondá Illavay, s eltette a belső zsebébe az útlevelet.

— S mikor fogod ezt nekem visszahozni?

— «Ezt»? — Soha sem.

— Mi az? — Hogyan mondtad?

— Ezt az útlevelet nem adom ki többet a kezemből.

— Tudod-e, hogy a fejeddel játszol?

— Hát te nem azzal játszol?

— Uram! Ez öntől egy alávaló árulás!

— No, csak ne «uramozz». Ne kiabálj. Nem követek el semmi árulást. A te Kolokátodnak szüksége van egész rendén kiállított útlevélre. Jól van, azt megszerzem neki én s azzal biztosabban járhat-kelhet, mint a hamisítottal. Ez pedig cserében nálam marad.

— De hisz akkor te neked kell jót állnod a Kolokátért minden tekintetben, s ha az valahogy rajta veszt, ha valami veszedelmes vállalatban lépre kerül, akkor téged vonnak miatta felelősségre.

— Azt is jól tudom.

— Jól tudod? E szerint kezet adsz? Előmozdítod tehetséged szerint mindazt, a mit elmondtam előtted; hiszesz a terveink sikerében?

— Nem hiszek és nem mozdítom elő. Lehetetlenségnek tartom s nem is gondolkozom róla.

— De hisz ezzel az egy tetteddel olyan mélyen dugod bele a nyakadat a hurokba, mint mi akármelyikünk, a kik ezzel fekszünk le és kelünk fel.

— Azt is előre látom.

— Tehát nem kevesebbet akarsz, mint kihuzni a tövist ennek a bolondnak a lábából s beleszurni a magadéba? No akkor te vagy a nagyobbik bolond!

— Az is meglehet.

— Egész életedben ez a család volt az üldöző fátumod, rossz ördögöd, megrontód. Többet szenvedtél ennek a bolondságaiért, mintha magad a hét főbűnben leledzettél volna. Hát nem volt még elég? Hiszen az is elég rettenetes gondolat, a mit Mózes az áldott Jehova Isten szájába ad, hogy «megbüntetem az apák álnokságait a fiakban ezer iziglen», de hogy megbüntesse a nagybátyákat az unokatestvérek bünei miatt, ilyet még a Sionhegye se hallott soha!

Erre már Illavay csak nevetéssel tudott válaszolni.

— Hát jól van. Kegyes Hiób! Jámbor samaritanus! Csak te szedd föl az ellenségeidet a magad szamárhátára mindig. Csak te dugdosd a meleg kebeledbe a fagyva talált viperákat, csak te hordd haza az árván hagyott farkaskölykeket s neveld fel tejes zsemlyén. Elveszed a jutalmát. A falsificatumot neked ajándékozom. Értjük. Ajándékozom! Nem kell érte cserébe semmi. Semmi authenticus útlevél. Majd megjárja a maga útját az én czimborám útlevél nélkül a maga szokott csempészösvényein. Átjön az a határon, úgy, hogy még meg is dobálja kövekkel a felállított határőröket. Legyen a corpus delicti a tied. Hanem már most aztán egyet mondok, fiskális úr! Eddig minden este átjártunk egymáshoz: nekem sem volt más jó pajtásom a kerek földön, mint ön. Önnek sem nálamnál igazabb czimborája. El nem tudtunk egymás nélkül lenni, s azt a tizenkét partie tartlit le kellett játszanunk minden nap. Hát ezentúl majd csak patience játszásra adjuk magunkat, mert a milyen bizonyos, hogy én soha többet az úrnak a házába be nem teszem a lábamat, olyan szent, hogy az úr se talál engemet többet soha idehaza; hanem ha jön, ha megy, még ha jégeső esik is, ki fogja kerülni ezt a házat. Az én házam nem bolondok háza! Az odább van egy faluval: Apátváron. Karsamadiner.

Szegény Illavay! Kicsiny hija, hogy gallérjánál fogva nem lökte ki a házból az ő egyetlen és legkedvesebb barátja.

Hanem a falsificatum a zsebében volt már. Így jutott hozzá.

RABLÁZADÁS.

Nem telt bele tíz nap, midőn Gorombolyi ezzel a köszöntéssel nyitott be Illavayhoz: «Kedves barátom!»

(Ugyan rövid ideig tartott az ellenségeskedés!)

Szétnézett a szobában s miután meggyőződött felőle, hogy egyedül vannak ketten, azt dörmögé Illavay fülébe, hogy:

«Kutya van a kertben.»

— Tudom, szólt Illavay, kezét nyujtva a kibékült haragos társnak, a kinek ilyenkor olyan nagyok voltak a szemei, mint a bagolyé, mintha egyszerre mindent akarna velük figyelemmel tartani. Tudom. Kolokátot elfogták. Az volna a csoda, ha el nem fogták volna, mikor a bolond minden vásárba bejárt s ott fényes nappal mulatott s itatta a népséget a csárdában.

— Hanem az ócska vas nem került kézre.

— Nem ám, mert az nem ment a vásárba tánczolni, mint a kisérője.

— Jó helyt van már. Koczur ott volt nálam.

— És pénzt kért?

— A mennyi a rejtegetésre szükség. Adtam neki, s most minden rendben van.

— Igen, a te fuvaros parasztod, a ki tudja jól, hogy mit szállít, él a maga eszével s félretesz mindent, nem kér érte semmit. A Koczur pedig eltünik egyidőre, s mikor a pénze elfogy, majd ujra eljön hozzád, s besugja, hogy a paraszt nyugtalankodik, az elásott kincseket máshová kell elszállítani s erre megint pénz kell.

— Ez mind mellékes ügy. A fődolog, a mi hozzád hozott (pedig felfogadtam, hogy ha ez lesz az Ararat hegye s köröskörül az özönvíz, még sem teszem be hozzád a lábamat többet, hanem hát «publica præcedunt», a közügy elébbvaló), eljöttem hozzád, mert megtudtam, hogy a Kolokát védő ügyészeül te fogsz hivatalból kineveztetni. Itt vagyok informálni.

— Meg lehetsz felőle győződve, hogy mindent meg fogok tenni lelkiismeretesen, a mit esetleges védenczem javára a kötelesség elém ró.

— No csak ne pedánskodjál! Hagyd el, kérlek. Tudom én, hogy mi az a prókátor-lelkiismeret. Nem is szabad a prókátornak lelkiismeretének lenni! Az egyszeri oláh úgy tudakozódott az ügyvéd után: «hol lakik az az úr, a ki pénzért hazudik?» Az egyszeri fiskális azt mondta a védelmezett zsiványnak: «te csak mondj el nekem mindent igazán, a hogy volt; a mit hozzá kell hazudni, majd megteszem én.»

— Ej de meg vagy töltve prókátorok elleni adomákkal.

— Akár holnap reggelig folytassam. Hát nem azt kivánom én nálad elérni, hogy a cliensedet nagyon szép szinbe öltöztesd, hanem csak azt, hogy ne engedd valami politikai vétségbe belekeverni. Hadd süljön rá ki minden, a mit zsiványészszel tett; lólopás, utonállás, rablógyilkosság, börtönből kitörés. Elég érdem tizenöt esztendei nehéz fogságra. Csak azt ne tedd, hogy valamiképen egy politikai hős nimbuszát ragyogtasd a süvege körül.

— Értem.

— Biz azt nem érted! Te most azt gondolod: hej megszeppent az én Gorombolyi barátom a suskus hirére. Kilencz kovácslegény nem birna pörölylyel egy zabszemet beverni az összeszorított fogai közé, úgy meg van ijedve. Ez most a maga bőrét akarja menteni. Pedig hát «nem oda Buda!» Nem hadvezér az, a kinek, ha az egyik haditervét meghiusították, rögtön másikkal ne álljon készen.

— Hát nem tettél le a terveidről?

— Soha sem is teszek. Ha elfogták a Kolokátomat, annál rosszabb rájuk nézve. Tőled csak azt az egyet kérem, hogy a védelmezésben mellőzz minden politikát.

— Azt úgy is tettem volna.

— De majd a közvádló ellenkező véleményen lesz s mindenképen egy messze elágazó conspiratio fonalait akarja a betyár nyakkendőjéből kihuzogatni; annak pedig mindegy, akárminő fonalbó' fonják számára a kötelet, miután úgy sem akasztják fel rá; kegyelem útján a büntetése átváltozik tíz éven felül terjedő fogsággá: a mit ugyan politikai vétségért is megkaphatna. A külömbség a kettő között csak az, hogy ha perduellióért itélik el, mint lázadót, akkor valamelyik várban, Komáromban vagy Olmützben, fogja leülni a bünhődését; ha azonban, mint közönséges rabló lesz elitélve, — akkor az illavai fegyházba jut.

— S az jobb lesz neki?

— Az jobb lesz nekünk.

— Te! Ember! Mire gondolsz? Egész testem végig borzad, a mint szavaid értelmét kitalálom.

— Azt pedig nagyon jól kitalálhatod. Mit képzelsz? Hatszáz olyan ficzkó egy rakáson, a ki qualifikált gyilkosságon alul nem vállalkozott vendégszerepre; van köztük híres csaló, gyujtogató is: ha az most egy truppban léphetne föl, az volna a sensations-dráma! No, mit meresztesz rám olyan nagy szemeket? Nem csinálják ezt szentelt vizzel. Hát az talán szentelt víz, a mit a mi pofánkba fecskendeznek? A becsületes hazafi mind anyámasszony katonája, azt már látom. Ez mind azt várja, hogy, mint 48-ban, előbb nevezze ki őt a király, a hadügyminiszter ellenjegyzése mellett, «királyi rebellis őrnagynak», határozza meg az országgyűlés, milyen szine legyen az egyenruhájának? Petőfi irjon a számára egy extra lelkesitő verset, s a neve kinyomassék a «Közlöny»-ben. Akkor aztán verekedik, mint egy oroszlán. Hanem addig a pipát sem veszi ki a szájából.

— Hát hisz ezt én mondtam neked.

— A parasztot meg semmi sem jellemzi olyan híven, mint az a nóta, hogy «ha még egyszer azt izeni, mindnyájunknak el kell menni». Ez a legszebb paraphrasisa annak a gyöngymondásnak, hogy «ma pénzért, holnap ingyen». — «Ha még egyszer azt izeni!» De ez a «ha még egyszer» másodszor is, harmadszor is, és harminczharmadszor is itt van. S soha se következik rá az a kadentia, hogy «no hát már most menjünk».

— Hát hisz ezt is én mondtam.

— No ha mondtad, hát huzd le belőle a consequentiákat. A kinek tetszik a czél, tessenek az eszközök is. «Flectere si nequeo superos Acheronta movebo.» No hát mit? Hogy ez egy rablóhad? Kezdő pontnak a legjobb. Hát a kiket az őseink hasonló nagy szorongattatásaikban segitségül hívtak az országba, a jó török basák, nem voltak rablók? Rablók, de még «en gros», míg ezek csak «en detail». Ismered azt az adomát, mikor a parasztot megtámadta a földesúr sinkoránja s a jámbor, védelem közben a vasvillával agyon találta szúrni a kutyát. Szidta érte a földesúr, miért nem védte magát a vasvilla nyelével a kutya ellen? «Igen bizony, ha az is a farkával akart volna megharapni.» Most ez a mi vasvillánk! Hát csak hagyd te úgy lefolyni a dolgot, hogy az én Kolokátom hadd kerüljön be Illavára. Neki már megvannak azután az instructiói. Az egész terv elő van készítve; csak egy merész vezér kell a kiviteléhez. Most az is megkerül. No hát; nem kérem, hogy kezet adj rá. Te puritán! idealista! Nem kivánom, hogy segíts benne. Csak azt hogy el ne rontsd. Mint cliens jöttem hozzád, mint ügyvédemhez beszéltem. Ha van prókátori lelkiismeret a világon, akkor annak kell egy paragraphusának lenni, a mi azt mondja, hogy az ügyvéd a rábizott titkot az ellenfélnek el ne árulja, s védencze terveit, az ellenféllel összejátszva, meg ne hiusítsa. Nos! hát van-e prókátori lelkiismeret, vagy nincs? fiskális úr!

— Igenis van. S azt tapasztalni fogod. Rémtervedet, a mit velem, mint «fél», bizalmasan közöltél, senkinek el nem árulom. Hanem közel maradok, s mikor ki akar törni, akkor ott leszek — és leverem!

Gorombolyi más akárkinek a szeme közé kaczagott volna erre a szóra. De Illavay előtt meghajtotta magát.

— Elismerem, hogy képes vagy rá, hogy szavadat beváltsd. Ilyen nagy hatalmat máskor is éreztettél már ezzel a társasággal. Hanem ezuttal ez véres tréfa lehet.

— Beszéljünk másról.

— Úgy? Igazad van. Hát mit csinál föltalált védenczed, a hazahozott farkasfiók? Megeszi már a tejes zsemlyét? Nem fojtogatja még rendre a pulykákat? Nem lopta még el a feleséged lábáról a czipőt?

— Az én védenczem tanul!

— Tanul? Neki hasal a könyvnek s úgy magol belőle? Fölmondja a leczkét ebéd előtt? addig le nem ül az asztalhoz? Bujja a könyvtárt, s hajnal előtt fölkel pensumot irni, fáraszjta termetét az eminens kalkulusért?

— Valóban azt teszi.

— Kár érte! Milyen szép szerep várt volna rá odabenn Illaván.

★

Ebben az esztendőben márczius tizenötödike épen egy szép vasárnapi napra esett.

Nem lesz fölösleges előrebocsátani, hogy ez még mind nem a «Ma» történetéhez tartozik, ez még abban a korban történt, a mit úgy szeretünk nevezni, hogy «rég mult», a mi el van temetve, kútba dobva, malomkő a tetejében, hogy soha föl ne kelhessen.

Az illavai fogházban is nevezetes nap volt ez a márczius tizenötödike, épen azért, mert vasárnapra esett. Nem azért különös nap a vasárnap, mintha akkor a rabok számára pecsenye kerülne az asztalra, hanem azért, hogy akkor nincs dolog, s minden rabnak misére kell menni; akármiféle vallás szerint tagadja az Istent és a szenteket.

Most már mindez másképen van. A rabok számára műhelyek vannak berendezve, a hol kedvük és hajlamuk szerint kézimunkát folytatnak; üres óráikban rajzolnak, énekelnek, még hangszereik is vannak, bandában muzsikálnak, minden nap jó és elég ételt kapnak, kenyeret épen kitünőt, s vasárnap, a hány vallásfelekezet van közöttük, annyiféle pap osztja a maga aklához tartozóknak a lelki malasztot. Hanem mindez nem úgy volt akkoriban. Az a bölcsesség, a mely egy egész országot rabnak tartott, ugyan miért lett volna az igazi rab iránt kegyelmesebb? kiadta a gonosztevőket haszonbérbe. Egy bécsi vállalkozó volt a főhaszonbérlő, az meg aztán kiadta a gyilkosokat más apróbb vállalkozóknak alhaszonbérbe. — Ki ne tudná, hogy még az infuzoriáknak is vannak parazitái? — Még a rabokat is ki lehet rabolni, még a gyilkosoknak is vannak gyilkosaik.

Az elitélt rabok még akkor békót viseltek a lábukon: tizenöt font vasat, s a mogyoróhajtás sem azért nőtt akkor az erdőn, hogy abból sétapálczákat csináljanak: verték a rabokat. Munka csak egyféle volt, durva pokróczcsinálás;

gyapjút tépni, fonni, megszőni, ebből állt az egész. Nem múlt el egy hét, hogy egyik vagy másik rab, a kenyér rosszasága miatt, a börtönőrök ellen merényletet ne kezdett volna; leütötték őket a nehéz vízhordó rúddal, a függő lámpással, a puttonynyal, a nagy tállal, a mi kezükbe került. Pedig hát a porkolábok nem tehettek arról. Bizony malomporból meg korpából nem lehet jobb kenyeret sütni. Rokomozer pedig a mostani lisztárak szerint a fővállalkozónak nem szolgáltathat másforma kenyéralkatszert, mint a miben egy harmadrész a malompor, kétharmadrész a korpa, hogy pedig az ebédre főzött káposztalevél közé valami húsfélét is főzessen, azt az albérlőnek a hite és vallása tiltja. Egyébiránt nagyon jó az, ha meg van paprikázva. Aztán a kinek nem tetszik, az ne igyekezzék ide jutni. A tisztelt zsivány urak őrizkedjenek a rablástól és a gyilkolástól, s mindjárt nem lesz okuk ezért a korpakenyérért, lélöttyért zúgolódni! — Ez volt a bérlő urak és a börtönőr urak nézete, s valószinüleg azoké is, a kik a magasabb criminális jogbölcsészettel akkoriban foglalkoztak.

De egészen ellenkező nézetben voltak maguk az elitéltek. Azok között voltak többen, a kik tanultak, és sok természetes észszel voltak — nem megáldva, hanem megverve. A zúgolódás a rossz bánásmód, a piszkos, ronda ellátás, az undorító élelem miatt, nőttön-nőtt, a raboknak ugyan nem volt alkalmuk egymás között ádáz sorsuk fölött panaszolhatni: éjjel-nappal őr volt a hátuk mögött korbácscsal, a ki a megszólalót elhallgattatá; hanem volt, a ki mindannyival ékesen beszélt: a penészes kenyér.

Ez a fekete tésztakavarcs olyan nagy szerepet játszik a rabéletben. Ez a mindennapi táplálék volt egyuttal a rabnak az egyedüli mulattatója. Ő ezt összegyúrja az ujjai között valami mintázó anyagnak s aztán csinál belőle szobrászalakot, technikai remekművet. Egyik miniszternél láttam egy rabkészítette revolvert, kenyérbélből, a csalódásig utánozva legkisebb részleteiben, olyan ember által, a ki a revolvert nagyon jól kezelte; az szerzett neki életfogytig tartó rabságot; nálam is van egy rabmunka, a miben a szerző saját magát idomította ki, a mint a gyapjútépő gép kerekét hajtja: — ember, gép kenyérből.

Hatszáz körül járt már a szám. Olyan sok, hogy hetenkint csak egyszer került egy-egy csoportra a sor, félórai sétát tenni a szük várudvaron: a többi idő alatt el voltak zárva a szabad lég elől.

Az illavai fogház valamikor zárda volt, falai másfél méternyi vastagságuak s ablakain kettős vasrostély van.

E rostélyokon át gyönyörű kilátás nyílik a Vág-völgyre s a folyam túlpartján emelkedő bérczekre, miket az oroszlánkői rom koronáz. Sokan vannak, a kiknek élethosszig kell ezt a romot nézni.

Minden rabnak az ágya fölé van akasztva egy tábla, a mire fel van irva a neve és az a czím, a miért idekerült: rabló, gyilkos, gyujtogató. Van közöttük némi arisztokráczia. A régen ittlevők az optimatesek, az újon jött a parvenu. Kivéve, ha fényes hir előzte meg; ha a népdalok hőse volt, mint Bogár Miska, vagy ha épen mint nemesi praedicatumok vannak a neve elé irva a felhasznált álnevek, a mik alatt szerepelt, mint a minők «Zsiborák» alias «Orol Krivanszki» — vagy «Cousin» alias «Ribeaud». Ezek a hallgatag megegyezés szerint a társaság tekintélyei: az egész szoba büszke rájuk, a melyben éjszakára fekhelyük van. Ezek külön őrrel vannak megtisztelve s minden este megmotozzák a ruháikat, nincs-e tolvajkulcs, ráspoly, kés elrejtve bennük s a lánczaikat naponkint kétszer vizsgálat alá veszik.

Valamennyinek a tekintélyét elhomályosítá a Kolokát Marczi, alias «Rosta Péter», alias «Bogár Laczi». Ez utóbbi nevén a leghíresebb. Erről már a verses-könyvek is beszélnek, a miket a ponyvákon árulnak a vásáron. Mikor behozták, azzal köszöntötte fel a börtönigazgatót, hogy «aztán úgy vigyázzon az ur rám, hogy nem maradok én itt esztendeig». Ezért a fegyelmetlenségért rögtön a deresre húzták s kapott ötven botot. A bastonnade alatt folyvást azt danolta, hogy «jaj de furcsa a német», s mikor vége volt, lekapcsolták a vaspántokat róla, felugrott, összeütötte a bokáit, meghajtotta magát az igazgató előtt, azt mondta: «Köszönöm szépen, ezzel épen ki van az ezer»!

A többi raboknak sorakozottan kell nézni az ilyen ekzekucziót.

Ettől fogva aztán valamennyinek eszményképe lett a Kolokát, vagy a hogy legjobban szerette, ha nevezték: a Rosta Péter.

Egy hét mulva a bekerülése után már az egész rabkolonia tudta azt a rabnyelvet, a mire ő tanította meg valamennyit.

Voltak ott a polyglott állam minden nemzetiségének képviselői, a kik egymásnak a nyelvét nem értették. S ha értették volna, sem volt nekik szabad egymáshoz beszélni semmiféle nyelven. A mit nekik meg kellett érteni, az volt a német szó. Az pedig nagyon kevés kifejezésből állt ő rájuk nézve: «auf! marsch! halt!» rövid szók.

Hát ezt a zagyva bábelkeveréket egy hét alatt megtanította az új rab arra a beszédre, a mit valamennyi megértett. A rabok beszéde ez. Szemöldök, szájszeglet, szempilla, homlok, orr, nyelv, az arcz minden részecskéje adja hozzá a hieroglyfokat, a hunyorítás, fintorítás, földuzás, pittyesztés, félrehúzás, csücsörítés, a nyelv kiöltése, szájszeglet bedugása, a hátrakacsintás, a homlokránczolás, az emberi arcznak a majom-grimászokat mimelő száz meg százféle torzulatai, ezek megannyi szavak, kifejezések, mondatok, miknek közlését nem akadályozhatja meg semmi porkoláb, felügyelő. A rabok megértik belőle egymást, közlik általa a terveiket, figyelmeztetik, óvják, biztatják, buzdítják társaikat, ez az ő gondolataiknak a távirója: ez a világnyelv, a min a tudósok hiába törték a fejeiket. A rabok ismerik ezt régen.

Mind a hatszáz rab hetenkint egyszer, vasárnap délelőtt, össze szokott gyűlni isten tiszteletre s akkor szinrőlszinre láthatták egymást, s számba vehették, hányan vannak?

Volt a hatszáz rab között egy, a ki még nem töltötte be a tizenöt esztendőt. (Az életkorát értem, nem a büntetés évét.) Egészen gyermek volt még. A durva darócz-köntös mellett is feltűnt finom mozdulatokra szoktatott karcsú termete, leányi ártatlansággal elpiruló arcza, szelid, elmélázó szemeivel. A hangja csengett még, s ha felelnie kellett, reszketeg lett. Szemei a kemény szótól is könybe lábadtak.

Illavay ismerte ezt a gyermeket. Ő volt a védő ügyvédje a törvényszék előtt. Az ő ékesszólásának köszönheti, hogy az enyhitő körülményeket mérlegbe téve, «csak» tizenkét esztendőre itélték el. Csak azt tette, hogy tizenhárom és fél éves korában bankót hamisított s mikor ezért a saját édes apja feladta, boszúból rágyujtotta a házat, s hogy ki ne menekülhessen az égő házból, kivülről bekötözte sodronynyal az ajtókilincset.

Mikor átadták az eliteltet a fegyházigazgatónak, Illavay megmondta, hogy erre a fiúra nagyon vigyázzanak, mert ez a legnagyobb képmutató.

Mikor Arnold esete tudomására jutott Illavaynak, épen az a gondolat rémíté el legjobban, hogy hátha ez is épen hasonló lenne amahhoz. Bizony csak egy pehely nyomta alá a mérleget, hogy ugyanarra az oldalra nem hajlott félre.

Ennek is volt az a futó gondolatja, mikor utoljára elfujta a gyertyát az apai házban, hogy nem jobb volna-e azzal a kastélyt felgyujtani?

Többször tudakozódott egykori védencze felől Illavay, s mindig azt hallotta felőle, hogy jól viseli magát, engedelmes, alázatos. A fogházi lelkésznek annyira megnyerte a pártfogását, hogy az vasárnaponkint, a szent mise alatt őtet öltözteti fel a minisztrans fersingbe s a kivülről hozott fiúval együtt minisztrálnak szép rendben. A vallásos oktatások termékeny talajra hullanak szivében: töredelmes bűnbánatát igyekszik ájtatoskodásával elevenen kifejezni.

«Akkor vigyázzanak rá legjobban, mikor imádkozik.»

És nagyon jó lett volna, ha mindazok az urak, a kikre a felügyelés volt bízva, ezt a figyelmeztetést komolyan vették volna, mert ez a fiatal, szűzleány arczú gyermek volt az élő telegráf a rabok és a külvilág között, s ez épen az imádkozás alatt és épen az imádkozás segélyével ment végbe.

Tulajdonképeni temploma akkor még a fegyháznak nem volt, mert a hajdani kápolna épen csak magának a szerzetes rendnek, meg a hozzátartozó laikus testvéreknek volt elég; — istenitisztelet helyéül egy hosszú tágas folyosó volt berendezve a második emeleten. A fegyenczek három osztályban gyülekeztek vasárnaponkint erre a folyosóra, fegyveres fegyőröktől kisérve kétfelől, egyetlen nehéz vasajtón keresztül. A folyosó túlsó végén volt felállítva az oltár s annak a háta mögött volt egy kisebb vasajtó, mely a lelkész öltöző-szobájába nyilt; ebből azután egy szűkebb tornáczra lehetett jutni, a honnan egy keskeny kőlépcső vezetett le a főudvarra.

A nyolcz órai harangszóra a raboknak osztályonként kellett fölvonulni a misézö helyre. Nem kérdezték tőlük, hogy milyen valláshoz tartoznak? volt köztük zsidó is. Az volt a nézet, hogy senkinek sem árt az meg, ha egy félórát térdepelget a kövön: hiszen arra nem voltak kényszerítve, hogy énekeljenek. Hanem imádkozniok szabad volt. Ezt fel is használták. Majd mindjárt megtudjuk, hogy mire? Bizony nem a mennyország kapuinak kinyitására. A miatyánknak az első felét a pap szokta elmondani a sekrestyéssel, meg a minisztránsokkal együtt; a másik felénél aztán az egész sokaság kap bele s sietve mormogja el fenhangon az áhitatos könyörgéseket a mindennapi kenyérről, a gonoszról s a kisértetről. Ha valaki ilyenkor odafigyelt volna, hogy az a két minisztráns gyermek ott az oltárzsámolya előtt mit imádkozik? különös dolgokat tudott volna meg. A kivülről jött fiú annak a másiknak, a fiatal gyujtogatónak ilyen imahangon hadarta el az odakünn történteket, ez meg ugyanazokat épen így tovább adta a hozzá legközelebb térdeplő rabnak, az megint odább, úgy, hogy a második imánál már nem arról volt szó, hogy «szabadíts meg a gonosztól!» hanem, hogy hogyan szabadítsák meg magukat a gonoszok ?

Ugyan ki érte volna ezt föl észszel ? Hogy a mikor az a halk, ünnepélyes mormogás végigzümmög hatszáz emberajk csendes dörmögéséből egygyé vegyülve, akkor ez nem Istenhez felemelő bűnbocsánatkérő imádkozás, hanem hatszáz gonosztevő összebeszélése egy újabb gonosztett elkövetésére ! Az összeesküvés hangja ez, oly nagyszerű rémtett elkövetésére, a mihez hasonlót még a krónikák fel nem jegyeztek: a mi ha sikerül, képes lesz egy ország, egy világrész minden álló rendjét felfordítani, nem válogatva benne, hol a zsarnokság, hol az alkotmányos rend? Hadizenés mindennek, a kinek valamije van: legyen az valami pénz, lakház, hivatal vagy becsület; — azok által, a kiknek mindebből semmi sincs! Felülkerekedésük az elitélteknek a biráik fölé !

Mikor az a sima-arczú gyermek a nagy csengetyűt háromszor megkondítja, mikor a pap felemeli a szentséget a két kezével, mikor az a hatszáz rab egyszerre térdre hull, — hatszáz láncz egyszerre megcsördül: (rettentő zsoltárzene!) mikor mindannyian verik öklükkel a melleiket, még a protestánsok is, még a zsidók is, mert ez a börtöni regula; a ki nem teszi: botot kap, hát akkor a helyett, hogy «mea culpa, mea maxima culpa!» azt suttogják egymás fülébe: «mához egyhétre» !

A ministráló fiatal fegyencz megcsókolja a pontifikáló pap kezét s az megdicséri őt ájtatos szolgálatáért s elmondja a börtönkormányzónak, hogy a bűnbánó gyermek könyjeivel nedvesíté a kezeit.

(Épen ilyen alak lett volna Arnoldból, hogyha idekerül!)

Márczius második vasárnapja volt a kitörésre összebeszélt határidő a fegyenczek részéről. Ez épen a végzetes 15-re esett. Arra a nemzeti kegyeletből ünnepelt napra, a mitől a magyar nép felszabadulását számítja.

A terv következetes volt.

Mint a fecskejárás, úgy szállt végtől-végig az egész országon az a monda, hogy ennek az évnek a márcziusában valami nagy dolgok fognak történni.

Mindenki beszélt róla, a nélkül, hogy a hirlapok emlegették volna, a miknek nagyon jó okaik voltak a hallgatásra.

. . . . . Valahányszor erről a korról irok, mindnnnyiszor eszembe jut egy hires magyar bölcs (Márton József) azon goromba mondata, hogy «mind bolond az, a ki az álmait elbeszéli, de még nagyobb bolond, a ki meghallgatja», s sokáig gondolkodóban vagyok a felől, hogy nem vagyok-e én is nagy bolond, a mikor ilyen álmokat leirok? s hogy vajjon találok-e még magamnál nagyobb bolondokat is, a kik azokat elhigyjék?

Mert az csak nem lehetett más, mint őrült álom, hogy volt egy idő, a mikor csendes jámbor emberekre, a kik valami úton az országban hivatalviselésre vállalkoztak, azt mondtuk, hogy «meghalt!» ellenben hirhedett rablókat hősöknek neveztünk? a mikor a sötétség minden munkáját a legfájdalmasabb kegyelet szentesité meg s a puszták futóbetyárját a közrokonszenv kisérte, merényleteiket megénekelte a költő, eltakargatta a közönség. És mikor ennek mind így kellett lenni. Mikor az iszonyú nem volt iszonyú, hanem kivánatos, és a bűn nem volt bűn, hanem erény.

Ez a titokteljes borulat szolgál háttereül annak a képnek, a mit lefesteni készülök.

Az illavai rablók tudták jól, hogy az a szörnytett, a mit ők terveznek, egy óriási hőstett szinét fogja fölvenni az egész nép előtt, ha teljesen sikerül.

És akkor aztán? . . . .

Illavay jól tudta, hogy mi van készülőben? — Hiszen tudták azt többen is. Százezren tudták. Mindenki tudhatta, a kinek az öt érzéke épségben megvolt. A márcziusi előnapokban minden este hét és tíz óra között előjött a Zrinyi vendéglőből (ez akkor egy rozzant spelunka volt a mostani palota helyén) egy fiatal emberekből, munkásokból álló csoport, az országúton és a kerepesi-úton végig kiáltozni a napok jövendő eseményeit (Magyarországon így csinálják az összeesküvést), azokat rendesen üldözőbe vette egy másik csoport fegyveres rendőr és lovaskatona. Egy ilyen csődületnél egyszer egy hajszálon múlt, hogy egy eltévedt puskagolyó meg nem ölte Szigligetit, a drámairót, a ki történetesen az ablakából kinézett. Azután tovább folyt a discursus a Komló-kertben, meg a Beleznaykertben, hogy mi módon, hogyan, merről, kik által fog ekkor meg ekkor, ez meg amaz megindíttatni? Hallgathatta, a ki akarta. Az egykorú hirlapokban mindössze annyit olvashatni ezekről az eseményekről, hogy egy házmestert megszurkáltak, a többit jégre tette a censura.

Hanem Illavay még ennél is többet tudott. Régi jó barátjának Gorombolyinak közleményei egészen fölvilágosították róla, hogy ennek a hűhónak a háta mögött valami komolyabb terv készül. Nem a kétnyúl-utczai gyár munkásai vezetik ezt a dolgot, kiterjed az a Kárpátoktól az Adriáig. És aztán ő azt is tudta jól, hogy nagy nevezetes férfiak, a kiknek az életen kivül még sok elveszteni való drágájuk van, lelkük egész meggyőződésével hisznek a márcziusi nagy nap sikerében. Nem osztotta velük ezt a hitet, nagyon sok kiábránduláson ment már keresztül, de tartozott azelőtt meghajolni.

Neki nem lehetett elárulni a veszélyes kezdő lépést, a mivel legjobb barátjait, sok derék hazafit semmivé tett volna; és mégis meg kellett akadályoznia egy ilyen kezdetet, a minek a következményeit ő látta legjobban előre.

Egy börtönéből kitörő eliteltek légiója nem marad egy seregben: nem sorakozik egy zászló alá, nem viszi az életét feláldozni egy magas szent eszméért, hanem a mint a lánczait leverhette a lábáról, a mint a fegyvert kezébe kaphatta, szétbomlik kósza bandákra s elárasztja az egész országot, hadat üzenve — azoknak, a kiktől van mit elvenni, s a végeredményben megbuktat minden imádott eszmét, szabadságról, nemzetiségről, s oda fogja vinni az országot, hogy az maga könyörgi vissza a vasvesszőt, a mely ha sujtott, de védelmezett is.

E kinos meghasonlás kétfelé tépve tartotta lekét. Nem volt szabad szólnia, és nem volt szabad hallgatnia. Jó, hogy a szólás és a hallgatás között még van egy harmadik is : a tett.

Készült a tettre.

A mostani kor embere mosolyog ezen. Hogy lehet egyes embernek arra gondolni, hogy tegyen valamit? Hatalom nélkül, követők nélkül, dicsőség nélkül?

A márcziusi előnapokban volt a rendes ujonczállítás határideje az egész országban. Egyik ujonczállító középpont volt Illava. Az ilyen országos műtétnél egy helyben lakó ügyvédnek erős feladatai voltak. Lehettek azok a feladatok nemesek, emberbarátiak; lehettek ellenben jövedelmesek is.

Az állambölcsek ezekben az években találták ki azt a nem humánus, de patriotikus tant, hogy nem minden embernek kötelessége a hazát védelmezni, hanem csak azoknak, a kik nem tudnak, vagy nem akarnak egy kerek summát — váltságdijul — egyszer-mindenkorra a közpénztár oltárára letenni. Ennek az elméletnek aztán igen furfangos gyakorlati megoldása támadt. Mert, ha áll az, hogy a ki a miniszternek ezer forintot lefizet, az megszabadul holtig a fegyverviselés kötelessége alól, hát akkor hogy ne állana az is, hogy a ki nem a miniszternek, hanem csak a vizsgáló orvosnak, főtisztnek, szolgabirónak egy sokkal kisebb összeget tesz le a kezébe, az is épen úgy megszabaduljon a teher alól. A morál ugyanaz: a többi a kétszerkettő dolga. Ennek az ellenőrzésére lettek a municipiumok által az ujonczállító bizottságokhoz delegálva olyan független hazafiak, a kik azután, ha akarták, segítettek igen sok szegény emberen — igazságosan; ha máskép akarták, segítettek — saját magukon : — azt is igazságosan. — Ismerünk bizony elég sok, mostanság igen véresszájú hazafit, a ki ezen az úton gazdagodott meg.

Illavay azok közé tartozott, a kik nem magukon, hanem másokon segíteni voltak jelen.

Ez a hivatása tartotta őt már hetek óta Illaván.

Figyelemmel kisért ezalatt mindent, a mi a közelben és a távolban történik. Ő is tudta jól, hogy melyek a klimakterikus napok. A politikai horoskop felállításához is értett.

Az egész országban általános volt az inség. Hét millió embernek nem volt betevő falat kenyere. Minden városban inségbizottságok működtek az óriási mérvű éhhalál leküzdésére.

S azok közül, a kik ebben legkiválóbb szerepet vittek, egy márcziusi éjszakán a rendőrség a legelőkelőbb férfiakat összefogatta. Azzal voltak vádolva, hogy az inség enyhítésének czíme alatt forradalmi összeesküvést terveztek.

Minderről egy szó sem olvasható azokban a közlönyökben, a miknek feladatuk volt ez évek történetét megörökíteni.

De Illavaynak volt róla tudósítása.

Most azután még kevésbbé lehetett szólnia.

Az elfogottak nevezetes nagy hazafiak voltak, többen hajdani jó barátai.

Fenmaradtak — a jók leszálltával — az illavai kétségbeesettek.

Három hónap óta készültek már ehhez a kitöréshez : halogatták egyik vasárnapról a másikra. — Előbb meg kellett nyerni a félénkeket.

A végzetes vasárnapon a szokott nyolcz órai harangszó jelenté a fegyenczeknek, hogy a misére indulás ideje itt van.

Az ajtók megnyíltak s aztán emeletek szerint osztályozva, indult a nép templomba. Egyszerre kétszáz láncz kezdett el csörömpölni — ütenyre.

Az első kétszáz felhaladt a lépcsőkön az imafolyosóra s a vasajtó bezárult utánuk.

Azután jött a másik kétszáz, a ki a második emeleten lakott. Tizennégy fegyőr kisérte mindegyik csoportot, töltött fegyverrel a karján, azonkivül egy őrmester, oldalfegyverrel.

A templommá rögtönzött folyosón a fegyveres foglárok kétoldalt a fal mellett foglaltak helyet; az őrmesterek pedig az oltár elé álltak kétfelől, a vasajtóra ügyelni, melyen keresztül a pap szokott bejárni.

A vasajtó harmadszor is fölnyilt s a földszinten lakó rabok közeledő csörömpölése hangzott a lépcsőkön.

A terv végrehajtásának pillanatra kellett kiszámítva lenni, hogy sikerüljön.

Idebenn négyszázan, harmincz fegyveres ellen, odakünn kétszázan, tizenöttől kisérve. A vasajtó kulcsa a foglár kezében, a ki azt addig nem ereszti el, a míg az utolsó csapat párosával átlépdel a küszöbön. Mikor a legutóbb érkezett rabok tömege megszorul az ajtó között, hogy azt hirtelen nem lehet bezárni s az utolsó kisérő fegyveres csapat künn van rekedve, akkor egyszerre fölugrik térdéről Rosta Péter, alias Kolokát Marczi s elordítja rikács hangon:

«Talpra magyar, hí a haza!»

.... «Talpra magyar, hí a haza!» valóságosan ez volt a jelszó. Az a szent jelszó, mi olyan szájról-szájra adott ereklyéje a magyarnak, mint az angolnak a «Rule Britannia», az észak-amerikainak a «Yankee doodle», a francziának «Allons enfants de la patrie», a németnek a «Sie sollen ihn nicht haben», a lengyelnek az «estye polszke nye zginyéla!» — a nemzeti zsoltár kezdő sora! Az illavai raboknak is ez volt a csataordításuk:

«Talpra magyar!»

Hatszáz lánczcsörömpölés hangzott föl e szóra.

Erre a jelszóra egyszerre megrohanta a fegyencztömeg a folyosóteremben levő fegyőröket.

A rabok ötszázan voltak: de lánczczal a lábaikon, a fegyőrök harminczan: de fegyverrel a kezükben.

Hanem a békót kiegyenlítette az elkeseredett düh. A kétségbeesés harcza kezdődött meg azok részéről, a kiknek nem volt semmi elveszteni valójuk.

A rabok puszta kézzel rohanták meg őreiket, a hányan hozzájuk fértek, annyian ragadva meg karjaikat, ökleikkel fojtogatva, fogaikkal harapva ellenfeleiket, a kik a küzdelemben a földre legázoltattak, átölelték a katonák térdeit, eleven békó gyanánt s mielőtt azok fegyvereiket használhatták volna, le voltak verve s a fegyver a rabok kezében.

Az emberi ordítás ádáz hangját csak a lánczcsörömpölés dörögte túl. A boszúüvöltés s a fojtogatottak kínjajgatása közepett egyszerre egy fülrendítő csattanás hangzott, mely egy pillanatra elnémítá az egész zajt. A nagy vasajtó becsapásának dördülése volt az. Végzetes hang az egész összeesküvő seregre nézve. A porkolábnak sikerült a folyosóra nyiló ajtót becsapni és ráfordítani a kulcsot.

Ez úgy történhetett meg csak, hogy a jelkiáltásra a harmadik osztály kivül maradt része, száz ember, hirtelen visszafordult egész tömegestől fegyveres kisérői ellen. A fegyőrcsapat gyorsabban tudott futni, mint a lánczviselők, az első emeletre lejutva, hirtelen összeszedte magát s ott egyszerre sortüzet adott a megtámadókra, s azzal visszariasztotta őket.

A rabok a lakszobába menekültek, s ott a nyoszolyákat széttörve, azoknak a darabjaival az ökleikben tértek vissza a harczot folytatni az első emelet folyosóján, mialatt a fegyőrök hirtelen padokkal, asztalokkal, műhelyek butoraival torlaszolták el a lépcsőgádort a földszintre. Egynek sem volt több tölténye annál az egynél, a mit a fegyveréből kilőtt.

Hanem a sortüzelés hangjára felriadt az őrtanyán levő tartalékörség, s míg a kapuőr felszaladt a toronyba, félreverni a harangot s megfúni a lármakürtöt, az alatt az a néhány férfi ostromolt társainak segítségére sietett, összetört butordarabok záporától fogadva a támadók részéről.

Ezek között volt a hirhedett Zsiborák.

Most ő vezényelt.

— Fel kell gyújtani a torlaszt! hangzott a rabló parancsszava. A fegyenczek felkapták a tömött szalmazsákokat s azokat hordták oda a torlasz elé, betemetve azokkal a folyosó végébe szorult csapatot, a honnan nem volt semmi kijárás.

— De nincs tüzünk.

— Mindjárt lesz!

Azzal Zsiborák egy másik rabtársával együtt megfogott egy széttört palánkot s azt egy nyoszolya élén sebesen kezdék dörzsölni: ilyen a szigetlakó emberek tűzszerszáma! A kannibálok dörzsgyufája ez! mindenkinek szabadalma van rá.

— Mindjárt lesz itt tűz! Csak várjatok egy kicsit. S aztán majd kezdődik a komédia!

A tartalékcsapat kevesebb volt, mint hogy társait felmenthette volna ott az eltorlaszolt folyosón. Csak egy-egy lövéssel a lépcsőgádorból akadályozta a rablók munkáját, a mit azok megint a sánczul emelt szalmazsákjaikkal tettek ártalmatlanná.

Hanem egyről elfeledkeztek Zsiborák czinkosai az első emeleten, a küzdelem hevében, arról, hogy az összeköttetést fentartsák a második emeleten levő nagyobbik táborral.

Odafenn a kulcsot kezében tartó porkolábnak s a két kivül álló fegyőrnek sikerült a vasajtót a templomfolyosóra összegyült rablókra becsapni és hirtelen rájuk zárni.

Most aztán csak az volt a kérdés, hogy az első emeleten küzdő rablók érkeznek-e vissza hamarább, vagy valami véletlen segítség.

A becsapott ajtó zuhanása egyszerre tudatta a zendülőkkel, hogy tervük meg van hiusítva.

A félénkek rémülten huzódtak a folyosó hátterébe vissza, mint egy megriasztott birkanyáj. Volt köztük sok gyáva, a ki csak alvó embereket tud megölni. Hanem a vakmerők csapatja, a mint az első rémület elmult, annál dühösebben folytatta a harczot. A bestiális arczok, a tajtékzó ajkak, a vérben forgó szemek, a harapásra szétnyitott vadállati fogak egy fellázadt pokol képét tüntették föl. Koronkint egy-egy lövés dördült el, a mint vagy egy fegyőrnek, vagy a vele küzdő rabnak sikerült elsütni a vitatott puskát: a golyó a tömeg közé talált, egy ordítás hangzott fel rá, a mit elnyomott a viharzaj.

És közbe hangzott a vészharangkongás odakünn.

— Be vagyunk zárva! kiáltának rémülten a folyosó végéről előrohanó rabok.

— Se baj! kiálta Kolokát. Van még egy másik ajtó az oltár mögött. Az őrmesternél a kulcsa.

Az őrmester, Vecsera Tamás volt a neve, másodmagával odaszorult az oltáremelvény és a hátulsó ajtó közé. Annak a kulcsa ő nála volt, ő szokta azon beereszteni a papot. Herkulesi alak volt. Ő nála nem volt lőfegyver, csak kard.

A mint a rabok körülfogták, kivágta magát közülök, halálos csapásokat osztogatva megtámadói fejére. El-elbukott, megint felugrott, lerázta magáról ellenfeleit s újra kezdte a tusát. Többször eljutott már a vasajtóig az oltár mögött, elmenekülhetett volna rajta, de nem akarta küzdő társait elhagyni, mindannyiszor visszatért s közé tört a zendülőknek. Társát, a másik őrmestert, már véresre verték, azt is neki kellett megvédelmeznie. Az egész lázadó tömeg nem birta letörni.

— Ereszszetek engem oda! kiálta Kolokát harsány szóval s utat tört magának a tömeg között, egy puskát emelve magasra az öklében, a mit egy agyonfojtott fegyőr kezéből facsart ki. Az a fegyver még meg volt töltve. A vitéz őrmesterig hatolt előre s ott annak a mellére szegezte a fegyvert. «Add ide az ajtó kulcsát, őrmester, vagy meghalsz», rivallt rá.

— Az az én dolgom lesz, Kolokát; mondá rá Vecsera tompa, rekedt hangon.

— Lelőlek, mint a kutyát, ha felakasztanak is érte.

— Az meg a te dolgod lesz, Kolokát!

Kolokát nem volt közönséges rabló.

— Hallod-e, Vecsera, dörmögé mély hangon; én nem szeretnélek megölni. Magad vagy, ellen nem állhatsz. Mi innen minden bizonynyal kitörünk már. Társaink odabenn leverik azt az egynehány katonát, odakinn készen vár bennünket a fegyver. Ha kinn leszünk, nagy hire lesz annak. Minden ember velünk fog jönni. Állj mellénk. Ilyen ember kell nekünk, mint te vagy. Generálissá teszünk. Elfoglaljuk az egész országot, s megosztozunk rajta.

Neked adjuk a temetvényi uradalmat. Add ide azt a kulcsot és gyere velünk.

— «Bolond lyukból bolond szél», felelt rá az őrmester.

«Ne alkudozzál vele olyan sokat», kiáltozák a többi czinkosok türelmetlenül, s nyomták egymást előre. Igazi rabtempo. A hátul jövő, mint eleven bástyát, tolja az ellenség fegyvere elé az előtte álló czimborát.

— Add ide a kulcsot szép szerivel! szólt még egyszer Kolokát, ezalatt folyvást neki szegezve a puska végét s a ravaszán tartva az ujját.

Az őrmester egy futó pillantást vetett körül, s arra a hátulsó zsebéből előhúzta a kis vasajtó kulcsát. De a helyett, hogy azt Kolokátnak nyujtotta volna, a háta mögé dobta, úgy hogy az az oltáron túl esett.

Ebben a pillanatban oda furakodott a tömeg közül Kolokáthoz az az ártatlan arczu gyermek a ministrans zubbonyban, s megrántotta a fegyőrnek szegzett puska ravaszát. A lövés eldördült.

Az őrmester érzé, hogy halálos sebet kapott, — és el tudta titkolni. A golyó az altestébe furódott.

— Vaktöltés volt! mondá gúnyosan, s ezzel a háta mögé tekintett. Másik társa, a kinek egyik karja el volt törve, az oltár háta mögé vánszorgott s ott rejté el magát.

Az tudta, hogy mit kell az odahajított kulcscsal tenni. Felvette azt s csendesen beledugta a zárba és felnyitá az ajtót.

A mint a lázadók azt meglátták, a kétségbeesés dühével rohantak tömegestől az oltár felé, megakadályozni, hogy még ezt az ajtót is rájuk zárja valaki kivülről.

Az őrmester még halálra sebesülten is feltartóztatta kardcsapásaival támadóit; lépésről-lépésre hátrálva az oltár háta mögé, s onnan egy szökéssel beugorva a nyitott ajtón, s becsapva azt az utána tódulók elől, s aztán neki feszítve a vállát s a belülről erőszakolók ellenében csodaerővel tartva azt vissza, hogy azalatt félkézzel a kulcsot elfordíthassa a zárban. Sikerült. A zár nyelve az ütközőben volt már.

Ekkor Vecsera kimerülten rogyott össze. A viadal utolsó perczeiben sebekkel lett elhalmozva, csak úgy patakzott a vére. Még a bőrpamlagig tudott vánszorogni, a hol a pap misemondó ruhái hevertek, ott lefeküdt és nem kelt föl többet.

A lázadók ezzel mind a két oldalon be voltak zárva,

— Ki kell törni a vasajtót! hangzott minden oldalról.

— De mivel?

— Itt van a vaskályha! szedjétek széjjel, parancsolá Kolokát.

Percz mulva darabokra volt döntve a nehéz öntött vaskemencze s akkor hárman-négyen belekapaszkodva annak a vashengereibe, azokkal, mint a faltörő kossal, rohantak neki a vasajtónak. Hanem az nem engedett a döngetésnek, nagyon jól volt csinálva; mind a négy oldalán ütközői voltak, a mik egy kulcsfordításra záródtak s maga az ajtó kovácsolt vasból, erős keresztpántokkal. Hasztalan kisérlette meg Kolokát sámsoni erejét rajta, az egész súlyos kemencze-állványnyal döngetve a vastáblát, az meg sem mozdult.

— Hallgassatok rám! kiáltá ekkor egy rab, előtörve a felbőszült tömeg közül. Ezt a rabot úgy hítták a társai egymás között: «a gróf».

— Halljuk, mit mond a gróf?

Igazi neve «Cousin» volt, alias «Ribeaud». Talán azért hítták grófnak, mert egy grófkisasszonynak az apját akarta megölni s aztán férjévé tenni magát? Vagy talán azért, mert rabtársait lenézte, s hogy együtt ne legyen velük, inkább kihágásokat követett el s rabsága legtöbb idejét a külön kóterben töltötte el: urhatnám volt.

— Eredjetek innen! Ostoba parasztok! Soha sem töritek be azt az ajtót. Hát nincs zárva? Nem tudjátok azt felnyitni? Nincs az egész uri kompániában egy olyan gavallér, a ki a zár felnyitásához értsen?

Felröhögtek rá. «Hogy is ne volna?» Fele a társaságnak ezt az iskolát járta ki.

— Belül van a zárban a kulcs, mondá neki Kolokát, izzadt homlokáról félretörülve a csapzott hajat.

— No, hát ti nem értetek hozzá, hogyan kell a zárba dugott kulcscsal kivül kinyitni az ajtót?

— De ismerjük azt a mesterséget, szólt Kolokát. Ezt a kulcslyukon kijövő végét a kulcsnak megfogni harapófogóval s akkor elforditani vele a kulcsot. Ezt minden kis kapczabetyár tudja. Csakhogy itt nincs harapófogó.

— Dehogy nincs! Hol a «czigány»?

— Itt van! kiáltának a tömeg közül.

— Lökjétek idébb!

Egy kis feketeképü tömsi emberkét hoztak oda nyakánál fogva a többiek. Az eddig nagy bölcsen a félrevonult rabtömeg között huzta meg magát: nem szerette a lövöldözést.

— Ennek a ficzkónak olyan foga van, hogy kettéharapja vele a négykrajczárost.

— Nos aztán?

— Hát itt a harapófogó. A czigány megfogja az agyaraival a kulcs kiálló végét. Megtudod fogni, ugy-e, akár egy csavarszoritó?

— Ha akarjátok, leharapom; mondá a czigány.

— No hát, te csak szoritsd azt a fogad közé erősen.

Aztán mereszd meg a nyakadat, a derekadat, meg a lábaidat; mi ketten megfogunk s elfordítjuk veled szépen a kulcsot a zárban.

Röhögő tetszészsivaj fogadta ezt az indítványt.

A czigány vállalkozott rá, még pedig két lábával fölfelé emeltetve magát, a fejét lefelé fordítva, harapta meg gyönyörű fogaival a kulcs végét, megmeresztve minden tagját. A két czinkos Kolokát és Cousin pedig csendesen fordították őt, mint a kormánykereket, körben a két lábánál fogva.

A műtét remekül kezdett sikerülni. A czigány fogai között a kulcs elfordult, s bár a zár erősen járt, mégis odáig jutott már, hogy a kulcs tolla megkezdé a zár nyelvét az ütközőből kihúzni. Hanem a mint a körfordulat háromnegyed része meg volt téve, a czigány elordítá magát s szétrúgott két kezével-lábával a kulcsmesterek között s leesett a földre. A zár nyelve megint helyre csattant.

— Mi bajod, czigány?

Hát az a baja a czigánynak, hogy neki orra is van, még pedig jókora nagy: s a mint a körfordítás negyedik karélyára kerül a sor, akkor ezzel az orrával neki megy a kőküszöbnek, attól aztán nem tud tovább fordulni.

Ez bizony nagy akadály.

De nem elháríthatlan.

— Eh mit! Le kell vágni a czigánynak az orrát, ha ez áll útban! mondá Ribeaud.

Hanem ebbe meg a czigány nem akart beleegyezni. Neki az orrára szüksége van.

— Nem kell vele sokat alkudni! Itt egy kés! kiáltá egy rab. Volt már kés is, kard is elég a kézben, a miket a megölt fegyőröktől vettek el.

— Dejszen én nem leszek nektek kulcs, ha levágjátok az orromat! Fenyegetődzék a czigány. S fenyegetése alapos volt; mert ha ő nem akarja a kulcs végét a foga közé szorítani, hát senki sem kényszerítheti rá.

— Hát ez mire való? kiáltá Cousin, egy súlyos kályhadarabot a czigány feje fölé emelve. Ha nem fogadsz szót, mindjárt agyoncsaplak!

— Biz a jó lesz. Akkor aztán mindjárt levághatod a fejemet is s csinálhatsz belőle kulcsfordítót.

— Ne bántsátok! szólt közbe a ministráns fiú azzal az ártatlan arczczal. Nem kell agyonijeszteni a szegény czigányt. Hiszen jó ember ez: lehet vele beszélni. No édes Piczi komám, legyen eszed! Látod egyszer volt egy úrnak egy szolgája: mindakettőt elfogták a törökök, a lábaikat egy közös lánczra verték. Aztán a hüséges szolga fogott egy szekerczét, levágta a saját lábát, hogy az ura elszökhessen. Ugy-e milyen derék volt az?

— Könnyű volt neki, maradt még másik lába; de nekem csak egy orrom van, s a nélkül csuf leszek, mint az ördög.

— Most is olyan csuf vagy már. Nézzed csak! Én ismertem egy grófot Németországban. Sokat járt a papám házához. Annak párbajban vágták le az orrát. Ezüst orrot viselt helyette. Ha most te ezt az áldozatot hozod a társaságnak, s mi kiszabadulunk, miénk lesz az ország, mi is gróffá teszünk téged s ezüst orrot csináltatunk.

— Nem kell nekem, ha arany karika lesz is bele húzva. Nekem jó ez a magam kordovány orra.

— Ide hallgass te féleszű! magyarázá neki a gyerkőcz hevesen; ha ki nem tudunk innen törni, elnyomnak bennünket, akkor felakasztanak téged is az oroddal együtt! Hát mit akarsz? Lógni orrostul, vagy futni orr nélkül?

A czigány gondolkozóba kezdett esni. Ez czudar dilemma.

— Még valamit mondok. Itt van közöttünk a tilógus. Tudod, az a ki borbély volt; ez nagy mester abban, hogy ha valakinek az orrát leharapják, azt megint helyreilleszti, oda varrja.

— Igazán? most már kezdett a czigány tétovázni.

— Hozzátok ide a tilógust.

«Hol a tilógus?» hangzott az egész folyosón végig a kiabálás.

Baj volt vele. A tilógus odakinn rekedt a másik rabcsoporttal.

— Majd találkozunk vele, ha innen kiszabadulunk. Addig is a levágott orrt elteszszük. No Piczi! Tedd meg a czimboraságért! Ezer aranyat adunk érte!

Most egyszerre új zsivaj támadt a faajtó előtt.

Az oda huzódott félénkebb csoport kezdett ordítozni.

— Tűz van! Végünk van! Felgyujtották a tömlöczöt.

Az első emeleten sikerült a vad embereknek az izzóvá dörzsölt két darab fával meggyujtani a szalmazsáktorlaszt, a mi a szegletbe szorított fegyőröket rejtve tartá. Annak a füstje huzódott fel a második emeletre: a templomfolyosón is kellett azt érezni.

De egyidejüleg a nehéz füstszaggal jött a megujult lármahang is: az első emeleti lázadók őrületes diadalordítása.

— Halljátok Zsiborák szavát? kiáltá Cousin a templomfolyosón bezárt csoportnak. Ők ki tudtak törni! Felgyujtották a börtönajtókat. Jönnek már minket is felszabadítani!

Mikor egyszerre száz láncz csörömpöl rohamlépésben fel a lépcsőn, az csak lelkesítő hangot ad egyszer!

— Jönnek a czimborák bennünket kiszabadítani.

Erre a szóra aztán ismét felszaporodott a vakmerők száma. A sarokba buvók tábora rajt eresztett. Kiki igyekezett a széttört kályhadarabokból fegyverül felkapni valamit. A levert foglyárok fegyverein már megosztoztak: egynek jutott a puska, másiknak a szurony, harmadiknak a kard, véres volt valamennyi.

Az volt a nagy szerencse (a mi külömben más esetnél megbocsáthatlan hanyagság lett volna) hogy a fegyőröknél nem volt több töltény annál az egynél, a mi fegyvereikben volt. Azt pedig a tusakodás közben ellövöldözték, némely golyó embert talált, a legtöbb a falba furódott.

A legbátrabbak most ott hagyták az oltár mögötti oldalajtót s odatódultak a főajtóhoz.

A rémséges lánczcsörömpölés rohamosan közeledett fel a lépcsőkön.

A vasajtón volt egy kicsiny kerek nyilás, a mi arra való, hogy az őr kívülről végig láthasson az egész folyosón. Ennek a nyilásnak az ajtócskáját könnyű volt egy puskacsővel felpattantani, s akkor belülről is ki lehetett rajta nézni. Az ugyan koczkáztatott valamit, aki azt megtette. Cousinnak volt bátorsága hozzá.

Kivülről a vasajtó előtt állt a porkoláb, meg két fegyőr.

Cousin mind a két őrt ismerte, olaszok voltak.

Odaillesztette a száját a nyilásra s kikiáltott hozzájuk.

— Evviva Itália! Verjétek le a porkolábot. Nyissátok ki az ajtót. Mi jóbarátok vagyunk.

Az volt rá a felelet, hogy kiütötték egy fogát.

Cousin nagyot ordított.

— Maledetto cane! Verjétek őket agyon, czimborák!

— Itt jönnek már!

— A két őr szuronyszegezve várja őket, a porkoláb kardot rántva.

— Fél fogukra is kevesek lesztek.

Három ember száznak! Igazán a fogaikkal fogják őket széttépni!

Hanem aztán még sem ez történt meg, hanem valami más.

Kinn a városházán épen ez órában kezdődött meg az ujonczozási bizottság ülése. Az udvar tele volt fiatal legényekkel, a kik mind beváltak.

Mikor a hivatalszobában meghallották az első vészharangszót, az ujonczozó őrnagy azt mondá: «tűz van a városban».

— Nem uram, szólt a nép ügyvédje, Illavay. Ez lázadás a várban!

Az első sortüzelés roppanása, amit a lépcsőn leüzött fegyőrök intéztek megtámadóik ellen, igazat adott neki. Azután is folytonosan hangzottak egyes lövések odabenn a fegyházban. Az igazgató, szobája ablakából kürtriadóval jelezte a vészt.

«A rabok fellázadtak!» hangzott egyszerre az udvaron s az ujoncznépség közt nagy lárma kerekedett.

— Akkor nekünk végünk van, mondá halkan az őrnagy, Illavayhoz fordulva. Ezek az ujonczok egyetértenek a lázadókkal, mindez összefügg a titkos fegyverszállítmányokkal, ez nem lázadás, ez forradalom.

— Bizony csak lázadás ez, mondá Illavay. Alacsony rablóbanda kitörése. Legyen ön nyugodt. Le fogjuk azt verni.

— Mivel? Nekem nincs több ennél a négy csendőrömnél, és ennél a hat darab katonámnál.

— Majd mindjárt lesz.

Azzal Illavay kilépett a folyosóra. A mint őt meglátta a lármázó legénysereg, elcsendesült a zaj.

Rövid szó volt, a mit hozzájok intézett.

— Fegyverre fiuk! Aztán jöttök, a hová én vezetlek.

- «Megyünk!» hangzott a felriadó válasz.

— De hol vesznek ezek fegyvert? aggóskodék az őrnagy.

Azt ők tudják.

— Holmi fejszével, kaszával nem igen lehet ám hatszáz ilyen kétségbeesett ficzkót leverni.

— Magam is azt hiszem.

Mintha tündérvarázslat volna, oly gyorsan, oly kimagyarázhatlanul történt mindez.

Mikor az őrnagy visszatért a szobába s kinézett az ablakon, már akkor az ujoncz-csapat fel volt fegyverezve, ujdonatuj idegen szerkezetű Minié-puskákkal: egész század sorakozott katonát látott maga előtt elvonulni (vagy talán honvédet? nem lehetett tudni), élükön Illavayval; hanem azután egészen megnyugtatá az, hogy Illavay barátságosan kezet szorít a bizottság másik tagjával, az alhadnagygyal, ki tíz fegyveres katonájával a tömeghez csatlakozik.

«Lázadás-e ez hát, vagy forradalom?»

A választ az fogja megadni, a mit ez a hirtelen fegyverre kapott ujoncz-szakasz fog tenni.

A mint a csapat rohamlépésben megérkezett a vár alá, a kapus felnyitá előtte az ajtót.

Az első emeleti udvarra nyiló ablakokon már tódult ki a felgyujtott szalmazsákok füstje.

A kis tartalékcsapat fegyőr még védte a lépcső lejáratát a lázadók ellen, kik az első emeleten beszorított fegyőrök torlaszát felgyujtva, zárkáikból kiszabadulhattak; de ezeknek is fogytán voltak a töltényeik.

A fölmentő csapat a legválságosabb perczben érkezett meg.

De vajon «kinek» lesz felmentő?

Fenn az első emeleti lépcsőn áll a lázadók tömege. Elől valamennyi közt Zsiborák. Kezében egy széttört vasrácsajtó rudja.

A mint Zsiborák meglátja a felrohanó csapatot, az ujonczokon levő népviselet, a felbokrétázott kalapok, elárulják előtte, hogy ezek még nem katonák.

— Jó napot, czimborák! kiált recsegő hangon eléjük. Éljen a szabadság! Halljátok a jelszót! Talpra magyar, hí a haza! Egyesüljünk a szabadság kivivására. Halál az ellenségre! Itt a boszu órája!

Veszedelmes egy szó volt ez azokban az időkben!

Illavay csak annyit vetett ellenébe:

— Én vagyok Illavay; — az meg ott Zsiborák!

Azzal «szuronyt szegezz és előre!»

A válasz meg lett adva: a sors eldőlt. Az ujonczok a csendőrökkel vegyest rohantak fel a lépcsőkön; Zsiborák három szuronydöféstől találva rogyott össze, azzal a többiek rémülten tódultak a második emeleti lépcső felé.

A felmentők egyszerre széthányták az égő szalmazsáktorlaszt a folyosón, s elfojtották a vésztüzet, a kiszabadított fegyőr-csapat is csatlakozott most már hozzájok, s üldözőbe vette a menekülő fegyenczeket. Ez volt az a nagy lánczcsörömpölés, a miről a templomfolyosóra bezártak azt hitték, hogy az szabaditóik közeledését jelenti. Ezek már akkor csak a bőrük megmentéséről gondoskodtak s menekültek a szuronyok elől a második emeleti nyitott zárkákba, a hol azután rájok csapták s belakatolták az ajtókat.

Ezzel a kisebbik banda le volt küzdve.

Hátra volt a nagyobbik, a templomfolyosóra bezárt sereg.

Ezek már vért kóstoltak, tizennégy fegyőr hevert halálos sebekben lábaik alatt s azoknak a fegyvereik kezeikben voltak. S itt volt az egész kitörés vezére Kolokát, s a fenevad Cousin. Lehetett rájuk számítani. Ezek védni fogják magukat.

Az ajtón kívül álló porkoláb elmondta Illavaynak, hogy mi történt odabenn. A fegyőröket leverték. Lehet, hogy némelyik még életben van. A keresztfolyosó vasajtaját ki akarják törni. Ha arra kimenekülhetnek az udvarra, lábtókon eljuthatnak a sánczárokba s aztán közel az erdő.

Nincs tanakodni való idő! Fel kell nyitni a templomfolyosó ajtaját.

Mikor a zendülők a kulcsnyikorgást hallották a zárban, még azt hitték, hogy a czimboráik érkeztek meg. Mikor aztán felnyilt a nehéz vasajtó, akkor látták, hogy mi vár rájok.

A támadók, a hogy össze voltak keveredve, csendőr, fegyőr, katona, parasztujoncz, szuronyszegezve tódultak be az ajtón, s erre a nem várt rohamra egyszerre szétzavarodott a fegyenczek tömege. A félénkek hátravonultak a folyosó mélyébe s azzal fejezték ki semlegességüket, hogy lekuporodtak a földre. A vakmerők csoportja azonban a folyosó közepéig hátrálva, ott tömegre verte magát s marokra fogta a fegyvert. A tömeg élén állt Kolokát és Cousin. Amannál szuronyos puska volt, emennél kard.

Illavay és a vezénylő tiszt előre léptek.

Illavay kérte a vezénylő tisztet, hogy maradjon hátrább s engedje őt szólni a rabokhoz. Azzal a két szemben álló csoport közé lépve, szólni akart a rabokhoz. De Cousin megelőzte.

— Ne hagyjátok beszélni e fiskálist; orditsatok, hogy ne hallja senki, mit akar mondani!

Úgy tettek. A vadállati üvöltéstől nem lehetett Illavay szavát meghallani.

Hanem azt meg lehetett látni, hogy kardjával mit mutat? «Fegyvert letenni, különben lőni fognak!»

— No lőjjetek! ha van lelketek hozzá. Kiáltá Kolokát. S azzal hirtelen megragadva nyakánál fogva azt a háta mögé bujt ártatlan gyermekarczu rabot, előre rántá azt, s fölkapva a levegőbe, mint egy eleven paizst, tartá maga elé. «No hát fiskális úr! Tessék ránk lövetni!»

A kétségbeesettek ordító röhögése fogadta szavait.

Illavay megdöbbenve lépett hátra s kezével visszatartólag intett a mögötte levő fegyveresek felé.

Ez a szelidképű gyermek az ő védencze volt egykor. És ennek az egész alakja úgy hasonlít ama másik gyermekéhez. Egészen arra emlékeztet. És ez is lehetne így, ennek a helyén. Paizsul emelve egy elvetemedett gonosztevő elé rászegezett puskák csöve előtt.

A Brontes-termetű Kolokát úgy tartá bal kezével nyakánál fogva felemelve a rabgyermeket, mint a vadász a nyulat.

Az meg volt rémülve, a mint a ráirányzott puskacsövek elé tartották. Rémülete közben egy kétségbeesett ötlete támadt. Ráismert egykori hivatalos védőjére, Illavayra. Elkezdett hozzá beszélni angolul. — Valaha igen szép nevelést kapott; három európai nyelvre tanitották. A mit ott az óriás vasmarkában rázva, angolul beszélt, az mind igen veszedelmes szó volt.

— Uram! Szabadítson ön meg! Ne öljenek meg. Én mindent tudok. Rettentő titkokat. A rablók összeköttetését a külvilággal. Nevezetes emberekkel. Felfedezek mindent. Kegyelem! Ezer embert, tizezeret kézbeadok.

Az egész complottot ismerem. Vallani fogok borzasztó dolgokat.

Illavay idegeit a rémület zsibbadása állta el e szavakra. Gondolatait érzé megbénulni. Ha ez a fiatal gonosztevő csakugyan tudja mindazt és el fogja árulni!

Nem volt ideje gondolkozni rajta.

Még volt ott valaki más is, a ki értette, a mit a gyermek hadart; Cousin tudott jól angolul.

— Ez a kölyök el akar mindent árulni! ordítá hirtelen közbe, Kolokátot oldalba taszítva.

— Ugy-e. — Ezt a szót mondta rá Kolokát. Azzal eldobta a jobb kezében tartott puskát s mind a két kezével megragadta az áruló nyakát.

Olyan gyors volt a mozdulat, mint a villám. A kik látták, még rá sem értek arra gondolni, hogy mit tesz ez most? Megölte azt a fiut. Jó hóhér lett volna belőle; egy percz alatt ki tudta végezni az áldozatát. El is itélte, ki is végezte.

A másik perczben már odahajítá az élettelen alakot egykori védője lábaihoz. Meg sem rándult az már.

— Most már elmondhatod, mit tudsz.

Az álomsebességgel végbement rémtett után az elszörnyedés lázdidergő hangja morajlott végig az egész termen. Katonák és rabok, a kikben csak emberi szív volt, nem birtak e borzadály elől menekülni.

A rákövetkező perczben a lázadó rabok egyszerre elhajigálták fegyvereiket, az iszonyat, az elrémülés erőt vett durva kedélyeiken. Futottak valamennyien az oltár mellé, s cserben hagyták a vezéreiket.

Kolokát, az elkövetett gyilkosság után összefonta két izmos karját a mellén, s oly büszke tekintettel nézett végig a szemben álló fegyveres csoporton, mely egy Spartacus mintájának bevált volna. Nem volt szándéka védelmezni magát.

Hanem czinkosa, Cousin, kannibáli vérszomjjal emelte föl kardját feje fölé. Az az ember, a kit életében legtöbb oka volt gyűlölni, a ki vakmerő terveit összedúlta, a ki ezt a rabköntöst, meg ezeket a lánczokat megszerezte a számára, most ott volt előtte, egy kardcsapásnyi távolban, védelemre képtelenül; ott térdelt Illavay a megölt rabgyermek hullája előtt, s annak a visszanyakló fejét emelgette ölébe, minden másról megfeledkezve. Most egy csapás azzal a karddal kiegyenlítene mindent! Még egyszer szétnézett maga körül; tekintetében szilaj, vadállati kétségbeesés volt. . . . Azzal hátravetette a fejét s a felemelt kard élét végig rántva a saját torkán, hanyattbukott. — Ezzel bevégezte számadásait ezen a földön.

Kolokát ellenállás nélkül hagyta magát megkötöztetni. Semmi emberi hatalom nem volt képes tőle e percztől fogva egy szót kicsikarni.

A többi lázadók mind egyre megadták magukat kényrekegyre.

S ezzel a nagy katasztrófa be volt fejezve, mely sikerülte esetén oly végzetessé lehetett volna.

A templom-folyosó egy csatatér képét mutatta. Tizennégy fegyőr és hatvan fegyencz hevert vérében a padolaton, nagyrésze halálra sebesülten.

Az elfogott czinkosok mind Kolokátra vallottak, mint a kitörési terv intézőjére. De Kolokát maga nem vallott semmit.

Sokan a lázadók közül el lettek itélve hosszú fogságra. Kettő közülök még most is bent ül az illavai fegyházban. Kettő később kegyelmet kapott; a többi lassankint megadta magát a férgeknek.

Csak Kolokát egyedül lett halálra itélve.

Az illavai fegyház terraceán, a hol az őr felvont fegyverrel jár alá s fel, van a többi kövezetkoczkák között egy, melyre egy kereszt van vésve s és alá e két kezdő betű R. P. Ott porladozik Kolokát Marczi (igaz nevén Rosta Péter).

Minden nap száz meg száz fegyenczutód lépi át (most már nem lánczcsörömpölő lábaival) azt a helyet, s mindannyinak elmond a kő annyit, a mennyit «tud» és elhallgat annyit, a mennyit «kell».

A két megye (Pozsony és Trencsén) törvényszékeiből összeállított vizsgálóbiróság azt a talányt is iparkodott megoldani, hogy a felmentésre vezetett ujonczok honnan vették azokat a Minié-puskákat oly hirtelen? De többet semmi emberi tudománynyal nem lehetett kideriteni, mint hogy a városház pinczéjében volt letéve egy hosszú láda, abban voltak a fegyverek. Ki vitte azt oda? azt senki sem tudta megmondani. A válságos perczben egy tót gyerek vezette rá a ládára az ujonczokat. Azt meg nem lehetett előkeríteni. Egyik szemtanu azt mondta: barna volt, a másik, veres volt, kinek nyurga volt, kinek tömzsi, senki sem ismerte se azelőtt, se azután.

Mikor Illavay az esemény után késő este haza felé hajtatott, útközben a szomszéd falu postaháza előtt ott látta Gorombolyit, a kőpadon ülve pipázva.

Meg sem állt vele diskurálni. Az sem állt föl, hogy hozzá közelebb jőjjön. Csak a mint egymást futtában üdvözölték, mondott annyit Gorombolyi a pipacsutora mögül:

«A mit mondtam, megmondtam.»

S arra Illavay azt válaszolta:

«A mit mondtam, megtettem.»

Hazatértekor Illavay, mielőtt feleségét, leányát megcsókolta volna, bement a hivatalszobájába, s behívta magához Arnoldot.

Odahuzta a fiút a térdei közé, ket kezével annak a fejét és vállát markolva át és nézett az arczába addig, a míg a szemei megteltek könynyel.

S aztán azt dörmögé a fülébe:

— Épen ilyen volt, mint te vagy!

És akkor elmondta neki mindazt, a mi történt — és a mi történhetett volna!

Babonás hite volt benne, hogy az a másik áldozat, az a vesztébe dobott gyermek e helyett a másik helyett halt meg s ennek a fátumát vitte el magával a dicstelen sirba.

A DRÁGA BARÁTOM.

.... Tökéletes fiasco volt biz ez.

De hát hogy is ne lett volna az? — Mikor olyan ember volt beleavatva, mint Koczur. A ki arról volt nevezetes, hogy állandóan volt ötvenezer forint adóssága. De az nem úgy volt, mint más rendes észjárású embernél, hogy darabonkint ötven külömböző uzsorásnak tartozik problematicus ezer forintokkal, hanem úgy volt, hogy tartott magának tizezer olyan embert, a kinek fejenkint tartozott öt forinttal. A kivel valaha együtt utazott vasúton, gőzhajón, a kinek valaha egy vidám anekdótát elmondott, a ki valaha ezt a veszedelmes kérdést intézte hozzá, hogy: «hogy mint szolgál az egészsége? az mind eo ipso öt forintig terjedő hitelezőjévé lett azonnal besorozva. Ki tagadhatna meg egy jó pajtástól öt forintot? Egy rongyos öt forintost? S ki ne felejtené el azt már holnap? S ha eszébe jutna, hogyne zsenirozná erre a kölcsönkérőt figyelmeztetni? Ez a legéletrevalóbb financziális művelet. Kapcsolatban van vele az a másik, hogy az ember bagatell ügyekben kerülje a kész fizetést. «Aufschreiben»! Ez a legnépszerűbb indigena a magyar nyelvszótárban. Daczára Ballaginak és Fogarassynak, a kik ezt irigyen eltitkolják. Pinczérnek az ebéddel, játszótársnak a kártyaveszteséggel, mosónénak a szappan árával, csizmadiának a talpalásért adósnak maradni, ez az igazi kedélyesség. Ennél a kényszerített barátságnál fogva Koczur barátunk lassankint oda vitte a maga hitelét, hogy a nemzeti kaszinóban senki sem akart vele leülni kártyázni. (Egyébiránt a tagsági díjjal is tartozásban volt ősidők óta, a princzipálisával együtt, s hátralékát az ügyvéd a behajthatlanok rovatába sorozta.) S egyszerre csakugyan az a Kuczor, a ki minden időkben csak mint rettegett Pechvogel, mint kiállhatatlan «Bibicz» volt ismeretes a társaságban, elkezdett «negyediknek» leülögetni a «nagy partiek»-nál s csak úgy szórta a százasokat, mint a kinek bankjegygyára van dugaszban, és a mellett viselt akkora arany óralánczokat a nyakában, mint egy kerékkötő s gyémántos melltűket a nyakravalójában. Nagyon természetes, hogy minden ember azt kérdezte egymástól, vajjon kit ölt meg Koczur, hogy most egyszerre olyan sok pénze van?

Ez iránt pedig Koczur maga adott kellő felvilágosítást mindenkinek, a kit csak érdekelt. Esténkint a Komlókertben, a Beleznai-kertben traktált boldogot, boldogtalant és vacsora végeztével közzététte az egész haditervet, s a convivákat kinevezte generálisoknak és commissáriusoknak.

Az is ezer csoda, hogy békében kihuzhatta a lábát a sárból. Ezt annak köszönheti, hogy kimeríthetetlen mennyiségű nagy ostobasága mellett birt egy bizonyos természeti ösztönnel, a mivel a kutyák, macskák vannak felruházva, hogy a földrengést előre megérzik. Megugrott szerencsésen a politikai krach előtt. Más okos emberek benne maradtak. Ő szárazon menekült.

Másnap a katasztrófa után már ott volt Gorombolyinál.

A hajdani nagy hadvezér ellenben, a kinek a tűz legjobban sütögette a bőrét, meg sem mozdult a helyéből. Úgy tűrte azt, mint egy Mucius Scaevola.

Ő most is postamester volt, mint tizenhárom év óta, s egyébre nem volt gondja, mint hogy a beérkezett levelek mentül későbben menjenek el rendeltetésük helyére, s hogy a pipája jól szeleljen.

Korán reggel volt, mikor egy beponyvázott tót szekérből, a mi üvegszállitmánynyal járt oda alá Pestre, előkeczmelgett Koczur barátunk a postaház udvarán s kérdezősködés nélkül sietett be Gorombolyi irodájába.

A sors különös kedvezményekép akkor épen senki sem volt más jelen, mint maga a postamester.

— Barrátom! kezdé Koczur, egész tekintetével előre jelezve a rémhírt, a mit mondani akar. — Mindennek vége van!

Gorombolyi azzal felelt rá, hogy a szája jobb szegletéből a másikba tette át a pipáját.

— Igazán?

— Becsületemre mondom! El van árulva minden! Gyalázat az ilyen nemzetre! Eltagadom, hogy magyar vagyok! Gyáva az egész világ.

— Minket kettőnket kivéve.

— No, az igaz. Hanem hát mit érünk mi ketten?

— Talán valamit mégis érünk.

— Igazad van. Most az egész ország sorsa egyedül a mi kettőnk vállára nehezedik. Most a mi kötelességünk intézkedni, hogy a fegyverszállítmányok simán eltakaríttassanak az útból. Mert ha egyet megkapnak közülök, akkor ezernyi ezer derék honfitársunk élete, szabadsága van koczkára téve.

— A biz úgy van. Hát mit gondolsz, drága barátom?

— Egyedül vagyunk-e? szólt Koczur, aggodalmasan körültekintve a szobában. Nézz ide barrrátom!

Azzal szétsrófolta a magával hozott pipaszárat, annak a szűk kaliberű odujából előhúzott egy vékony összepedert papirlevélkét.

— Itt van a sógoromnak a levele, melyben tudósít, hogy ha rögtön, azonnal hatszáz forintot nem küldünk a raktártulajdonosnak, a hol ládáink el vannak rejtve, ő semmiért sem áll jót. Itt van a másik levél. Ezt egy dióhéjba becsomagolva hozta hozzám egy borsos tót; a miben a másik sógorom tudósít, hogy a galicziai ládáink útban vannak. De ha a fuvarosnak rögtön nem küldünk hatszáz forintot, az feljelenti az egészet a rendőrségnek. Barrátom! nekem ezt az ezerkétszáz forintot még ma estig, a föld alól is, kiteremted, ellenkező esetben a legnagyobb katasztrófától lehet és kell remegnünk.

Gorombolyinak eszébe jutott, hogy mit mondott neki Illavay. Ezt a barátunkat ő nem fogja győzni pénzzel.

Hanem hát Gorombolyi rég kipróbált hadvezér volt.

Szokott ő gondoskodni a vesztett ütközet esetére a visszavonulási kijárókról is.

— Hát én még ennél is többet tudok, drága barátom.

Azzal kikeresett egyet a félretett levelek közül.

— Látod ezt a levelet itt? — Ismered az irást a czímen?

— Ez Diadém irása.

— Látod, hogy kinek szól?

— A magyar udvari kanczellárnak Bécsben.

— Szeretnéd tudni, úgy-e, hogy mi lehet benne?

— Igazán, barrátom.

— No hát, drága barátom: én tudom, hogy mi van benne.

— Hogyan?

— Hát hiszen azért postamester az ember. Az egész levél tartalmát tudom. Az van benne tudatva, hogy bizonyos Koczur odakinn járt Garibaldinál s ő van beküldve az országba a fölkelést szervezni s a fegyvereket szétosztani.

Koczurnak az arcza egészen elsápadt, csak a sűrű szeplők maradtak rajta vörhenyegesek. Ezt nagyon soknak találta a dicsőségből a maga részére nézve.

— De kérlek, barrátom! Ez tiszta rágalom.

— Tudom, hogy rágalom. Ne előttem mentsd magadat. Hanem hát Diadém így írja, s Diadémnek lehetnek erre jó okai.

Koczur nagyon meg volt rémítve e felfedezés által.

Azért volt különösen megrémülve, mert erről az oldalról nem várt veszedelmet. Hisz ő maga tudta legjobban, hogy az, amit Diadém és Atalanta megnyeréséről beszélt Gorombolyinak, az épen csak a «kedves barátom» elámítására volt kifundálva. Nem tudtak azok meg ő tőle semmit a fegyverszállítmányról, mert azoknak az volt mondva, hogy a pénzt a bécsi Baubank izzadta ki. S ha azok mégis megtudtak valamit, akkor egy harmadiknak kellett az árulónak lenni.

— Egyenesen én vagyok megnevezve ebben a levélben? rebegé összeszorult hangon.

— Csupán te magad és senki más.

— De hiszen ők nem is . . . (most majd kivakkantotta Gorombolyi előtt, hogy nem is tudhatnak semmit) . . . de hát ha mégis? Nem ment a napokban itten keresztül Soma barátunk?

— Ugyancsak ment. Még az orrával is turta a földet. Felfordult egynéhányszor. S hogy pénzt nem hordott magával, onnan tudom, mert nekem is váltóval akarta kifizetni az előfogatot.

Akkor valószinü, hogy ő fecsegett valamit az olaszországi campagneról.

— Campagneról? (Gorombolyi majd elnevette magát.) Az bizony valószinű.

Koczur homlokon üté magát s keserves páthosszal hörgé:

— Ki hinné, hogy ilyen árulás verhessen gyökeret az emberek szivében? Barátom!

— Nem árulás ez, drága barátom, hanem csak egy kis spekuláczió. Az Opatovszky-birtok semmivé lesz a miatt, hogy az országutat másfelé vitték, s az ő országutjából dülő ut lett, a szó teljes értelmében. Ez pedig meg nem változik, a míg Temetvényi gróf itt a basa. — De igen jó eszköz lenne azt kiütni a sakktábláról, ha az ellenfelei fel tudnának fedezni egy veszedelmes complotot, a mit a gróf kiszalasztott a kezéből. Hogy ez a felfedezés egy olyan régi jó barátnak a fejébe kerül, mint te, drága barátom, az nem okozhat kétséget; hisz jó barátok között apró ajándékokat szoktunk igénybevenni: már pedig te a fejednél apróbb ajándékkal aligha szolgálhatsz. Ez a buksi lesz az ára az apátvári vicinális utnak. Valamit megtudtak az apátvári uraságok. Annyit legalább, hogy ti künn jártatok Olaszországban az öregnél. Az öreg pedig, ahogy az egész világ tudja, olyan ember, aki minden magyart, aki az ő szeme elé kerül, a «névtelen félistenek» egyikének tart. — A te gazdád ugyan nem névtelen, mert két neve is van, hanem félistennek elég félisten ; mert veled tesz ki másodmagával egy emberszámot. Ti persze elmondtátok, hogy honvédek voltatok «anno kukoriczafosztáskor», hanem azt elhallgattátok, hogy megszöktetek s beálltatok «Jézusmária huszárnak». No hát ezt már Diadém mind tudja. Itt van e levélben, amit a cancelláriához intéz. Persze, te vagy benne a diabolus rotæ, a szegény Opatovszky csak egy gyámoltalan Telemach. — Dictum, factum. «Amice pendebis!» Barrátom lógni fogsz !

— Barrátom! Ezt a levelet meg kell semmisitenünk.
— Micsoda ? te !
— Tűzbe dobjuk.
— Ezt a levelet, ami az én becsületemre van bizva, mint postamesterére, hogy küldjem tovább?
— Hisz a te nyakadról is van. . . .
— Természetesen. Hát hogy ne? Csak nem bolond a vármegye, hogy a te nyomodon rám ne találjon. Hanem azért ez a levél elmegy.
— Te csak tréfálsz, barrátom.
— De nem tréfálok.
— Akkor elfelejted a kötelességedet!
— Miféle kötelességemet ?
— Mely szerint semmiféle eszköztől sem riadsz vissza, ami által igaz ügyünket diadalra juttatni lehet. Ha kell, szövetkezni gonosztevőkkel, börtöneikből kitörő rabokkal ; — ha kell, postakocsikat elfogni az országuton ; — ha kell, vasuti vonatokat feltartóztatni; ha kell, hamis útleveleket készíteni.
— Ez mind meglehet; kész vagyok mindenre, a mihez erőszak vagy fortély kell. De, hogy elsikkaszszak egy levelet, amit a feladó a becsületemre bizott, arra nem vállalkozom soha.
— Akkor nem vagy igazi forradalmár.
— Hogy mi vagyok én? azt majd mindjárt megtudod,

csak várj egy szempillantást. Ez a levél menni fog Bécsbe. De mire odaér, már akkor, amit abban irnak, az meghaladott álláspont lesz. Te tudod jól, hogy hol vannak a fegyverszállítmányok ? — Tudnod kell, hiszen pénzt kértél tőlem a máshová elrejtésükre.

— Oh igen.

— No, hát akkor vezess engem oda. Az én tervem meg van érve. Nem várok vele tovább. Hiveim készen állnak, csak a jeladásra várnak. Nem várjuk be, míg minden kipattan: magunk sütjük el előbb. Még ma, holnap már későn lehet. Hol van a legközelebbi szállítmány ?

— A temetvényi vár romjai közt van eldugva.

— Vezess rá.

— Fel fog tünni, ha a közönség meglát bennünket együtt menni.

— Itt minden ember jó barát; azután az erdőt közelérjük; a grófi vadászok mind az én hiveim. — Vége a diskurálásnak. «Lássuk a medvét!» Nem dugdossuk el tovább fegyvereinket az öreg anyánk pestesébe, hanem megmutatjuk annak, aki látni akarja, itt van. Gyerünk, drága barátom. Két óra alatt ott vagyunk a temetvényi romban. Megfujom ezt a kürtöt s estére táborunk van együtt. Andiamo !

S azzal megfogta Gorombolyi a drága barátom karját s anélkül, hogy egy pohár szilvóriummal megkinálta volna, vitte magával a kerten keresztül be az erdőbe, ahol minden bokor ismerőse volt már.

Koczurnak nem sikerült az erdőben eltévedni; pedig nagyon meg volt nála az erre való igyekezet. Mindenképen kényelmetlenül érezte magát ennél a vállalatnál s ezt az érzését annál jobban elárulta, mentül inkább igyekezett azt elpalástolni. Mikor egyedül voltak, ő fenekedett legjobban a bekövetkező nagy eseményekre. Azokból ő az oroszlánrészt veszi ki magának. Hagyott is nem is Gorombolyinak valami tenni valót a hadműködésben.

Följutottak szerencsésen a várromhoz. Az a legelhagyatottabb helye a vidéknek. Senkinek semmi keresete ottan.

Koczur nagy óvatossággal vezetgeté Gorombolyit a romváros tömkelege között sok ideig alá s föl, míg végre rátalált arra az odura, a hol hajdan a várurak a rabul ejtett kalmárokat tartották zárva. Sűrű bokrok takarták be annak a bejáratát.

— Itt vannak.

Gorombolyi letekintett a sötét boltüregbe, s láthatá a deszkaládákat, amik ott egymás fölé rakva hevernek.

— Hány darab lehet itt? kérdé Gorombolyi.

— Kilencz láda. Mindegyikben százhusz fegyvernek kell lenni. Csak ember legyen hozzá elég.

— Az lesz. Mondá Gorombolyi, s azzal fölmászva a legmagasabb bástyaoromra, megfútta teljes hatalommal a vadászkürtöt.

Nagy viszhangot adott a kürtszó az erdős hegyhátakról. Csak a hegyhátak feleltek rá, senki más. Fujta azt teljes órahosszat Gorombolyi, de nem jött föl arra egy lélek sem a várromokhoz.

Egyszer aztán csak leszállt a bástyafokról Koczurhoz, a ki nem látta szükségét, hogy utána fölmászszon.

— Látod barátom, nem jön senki.

— Tudom már az okát, hogy miért nem jönnek? A legénység mind odabenn van Illaván az ujonczállításon.

— Az öregek pedig nem vállalkoznak.

— Megpróbálok még egyszer kürtölni.

— De pedig jó lesz, ha nem kürtölsz olyan sokat, mert még ide csődited a zsandárokat. Úgy is nagyon sokan tudják már ezt a rejtekhelyet. Legfőbb idő, hogy innen máshová szállíttassuk a féltő portékáinkat, minden haladék nélkül, biztos embereink által, a kiknek a hallgatását jól meg kell fizetnünk.

— Ejh! Nem azt teszszük! A legénység egy része estére visszakerül. A lavina megindítására egy hólapda is elég. Nem várunk tovább. Fölnyitunk egy ládát; mindegyikünk

11*

a vállára vesz tíz-tizenkét puskát, levisszük magunkkal; ott lesz, a ki azon megosztozik, s húsz ember elég kezdetnek, holnap lesz belőle kétszáz, holnapután kétezer. Előre!

A drága barátom szepegni kezdett.

— Csak nem gondolsz ilyen bolondot?

— Micsoda bolondot? Megválogasd a szót, mert a nyelvedbe találsz harapni.

— Hogy mi innen egy csomó szuronyos puskát vigyünk be ketten a városba s ott kiosztogassuk?

— Hát nem arra valók ezek?

— Vigye kiki a maga puskáját a vállán, én nem czepelem.

— No hát czepelem én! A ki fél a következményektől, nagy az erdő, tovább mehet!

— Barátom! szólt Koczur, egész elérzékenyülten ragadva meg Gorombolyi karját. Gondold meg, mit kezdesz. Mi lesz ennek a vége? Egy szent ügyet koczkáztatsz vele.

— Ejh, hagyj nekem békét! Én nem szoktam arra gondolni, hogy mi lesz a vége annak, a mit elkezdek.

— Azt látod, hogy én lelkiismeretesen teljesítettem, a mi kötelességem volt. Itt az ezer puska. De azt is látod, hogy egy magad vagy hozzá. Magad csak nem harczolhatsz ezer puskával. Nincs még megérve rá a publikum. Nincs kellően előkészítve, átgyurva, felpaprikázva. Tegyük ezt félre alkalmasabb időkre. Majd mikor minden elcsendesedik. Én mindent elteszek az útból. Ezerkétszáz forinttal elsimítok mindent. Egy fegyvert sem kapnak meg nálunk.

— De, engemucscse, azt megfogják kapni, a mit én a kezembe veszek! kiálta Gorombolyi, félrelökve Koczurt az útjából s berohant a boltüregbe, a hol a ládák álltak s mielőtt a drága barátom megakadályozhatta volna, a fejszéje fokával leütötte az egyik ládáról a lakatot, s aztán felrugta annak a tetejét.

A felnyilt ládatető alatt ott ragyogtak szépen egymásra

rakva, a legderekabb mészkövek, a miket csak ezen a környéken lehetett kapni. Nagy birkafőnyi mészkövek, és semmi egyéb.

Mikor azt meglátta Gorombolyi, egyszerre, hangos hahotára fakadt. Úgy kaczagott, két kézzel a ládába fogózva, hogy az egész teste apróra rázódott bele.

A kedves barátomat megcsalta ez a nevetés. Azt hitte, hogy az igen természetes válasz erre a felfedezésre. Hogy ezt a «tréfát» is csak a mendikás csinyek közé fogják számítani neki, olyan forma ez csak, mint mikor a bennlakó diákok egymásnak névnapi ajándékba nagyszerűen lepecsételt katulyákat küldenek s aztán a nagy várakozást jutalmazza egy darab papirba takart tégla. Röhöghet azon az egész contubernium. Hisz az ilyen imposzturákat már megszokták a Koczurtól. Mikor kisül, megkergetik, meg is agyalják, hanem azért csak mégis sokáig elnevetnek rajt. Hát ez is csak olyan kóficz. Rábízzák a Koczurra, hogy hozasson be a határon csempész-utakon több rendbeli ládákat, tele ócska vassal. Ő előre tudja, hogy nagy gaudium lesz ennek a vége. Azokba a ládákba, a mik az ő közvetlen gondoskodására vannak bízva, a veszedelmes puskák helyett rakat ártatlan köveket. Hiszen mindegy azoknak a ládáknak, hogy Minié-puskákkal, vagy mészkövekkel megterhelve vándoroljanak-e az apátvári granáriumból a temetvényi romok boltjaiba, s onnan megint tovább? míg egyszer valaki csakugyan rájuk akad, a kinek a felsülésén aztán nagyot lehet majd nevetni! A nevetés ideje megjött. Gorombolyi kezdte. A nevetés pedig ragadós. A kedves barátom kontrázott neki teljes erejével; egész vörösre röhögte a pofáját.

Pedig jobb lett volna neki az ordító oroszlán szeme közé nevetni ebben az órában.

Mert ez a kaczagás, a mi Gorombolyit meglepte, olyan volt, mint a kínpadon sütögetett embernek a nevetése. Mint a kinek valami ördög csiklandozza belül a szíve táját. Egyszer csak felugrott a feltört láda mellől s markába kapva egyet azokból a perduellis nagy kövekből, odarohant Koczurhoz és megragadta a torkát. Aztán csak úgy az összeszorított fogai közül beszélgetett hozzá:

— Te kutyalélek! Most micsoda halál nemével végezzelek én ki téged? Mondd meg! Mert ha mindannak a pereputynak, a ki miatt a nemzetemet elkezdem meggyűlölni, egy nyaka volna, hogy azt most egyszerre kitekerhetném... ha azt az egész utálatos, szájra nagy, szivre lágy csőcseléket, a kit ez a te koponyád képvisel, ezzel a kőcsapással egyszerre összezúzhatnám, úgy összetörnélek, úgy szétszaggatnálak, hogy valamennyi ördög nem rakna többet össze emberi formába! Tudod, hogy mit tettél? Megölted a «magyarok Istenét!» Nincs többé a magyarnak külön Istene! Eredj, szaladj, ugorj, czudar! Be ne fertőzze kigyóvéred a kezemet. Az Isten világának minden népe késsel számolna le veled az ilyen árulásért, én a csizmám sarkával végzem a leszámolást.

S úgy tett. A drága barátom hat lépést kalimpázott orrán, száján, két tenyerén előre, e leszámolás után.

— És most hordd az irhát, a hogy a csánkjaid birják! mert azt nem mondhatom, hogy kővel agyon nem hajigállak.

Koczur szaladt, még pedig úgy, hogy a fejét hátra fordította, hogy az utána repülő kövek elől félre ugrálhasson. Mint az ágyugolyók, úgy zúgtak el azok a füle mellett, ha egy megtalálja, bizony a fübe harap. A sűrű bokrok aztán menedékbe fogadták.

Gorombolyi pedig visszament az oduba, s mind felnyitogatta a deszkaládákat. Mindegyik kővel volt megrakva.

Gorombolyi egy más világ lakójának érezte magát. Egy idegen planétába esett bele, a hol az embereknek a lábaik helyett földbe vert gyökereik vannak, mint a fáknak; s nem hallanak és nem látnak; úgy élnek, úgy tenyésznek, úgy regnálnak, mint a tengerben a csigák. Az ő lába alatt meg nem akar megállni ez a föld, mintha eltaszítaná magától, mintha elvesztette volna a vonzerejét, a mit a földlakókra gyakorol, a kik az ő porából vették a testüket. Úgy tetszett neki, mintha nem is járna, hanem csak repülne, mintha egy percz alatt csak egy gondolatra jutott volna fel a mély pinczeoduból oda a legmagasabb toronynak az ormára, a honnan eléje tárul az egész nagy világ.

Az «ismeretlen» nagy világ. Ez nem az a világ, a mit ő hazájának nevezett. Abban az ő kürtszavára más viszhang felelt, mint az erdőké. Hol van az a tábor, a kit ezek az erdők az ő hivására előadtak? Hol vannak a hősök, a kik úgy vágytak a sebek után, mint a vőlegény a menyasszony csókja után? Hol vannak az óriások? A fanyövők, a sziklamorzsolók, a kik várakat döntöttek le vállaikkal? Hol vannak a csodatevő tündérek, a kik a papirost aranynyá, a követ kenyérré, s a lágy emberi szivet kemény aczéllá tudták változtatni? Elmultak a «Tegnap»-pal? Mi van itt most köröskörül? Egy új nap? Hát csakugyan igaz volna az, a mit az a völgylakó bölcs mondott, hogy a «Tegnap» olyan halott, a mit fel nem lehet támasztani? A ki erre vár, vagy csal, vagy csalódik. Ime, senki sem jelen meg a hivásra. Pedig hallják azt jól, értesítve vannak. És hogyha mindazok, a kikre várt, csakugyan összegyültek volna, most mit kezdene velük? Fegyver helyett követ adna a kezükbe? A félsiker milyen kudarcz lehetett volna. Milyen nagy csendesség van köröskörül. Ki van meghalva ebben a nagy csendességben? A hit, egy hajdani választott Istenben. Nincs hit a próféták jóslataiban, nincs hit a zászlók szineiben, nincs hit a hűségben; minden ember fél, számít, kétkedik, panaszkodik tür, nem bízik másban, nem bízik magában. A kit megcsalt más, visszacsal egy harmadikat. Az új nemzedék fázik a tettektől s ki van fáradva a tétlenségtől.

A mélázó feje fölött kóválygott egy nagy kőszáli sas. Tág karélyokban uszta körül a felhőtlen kék eget. Prédára les ilyenkor. Egyszer aztán leszállt az átelleni oromra. Megtalálta talán?

... A szédítő mélységbe alábámuló ember tovább beszélgetett a zúgó erdővel.

... Milyen jó szerencse, hogy a kétségbeesett emberek kitörése nem sikerült. Okos ember volt, a ki azt elnyomta. Hisz nem lehetett volna ahhoz olyan világraszóló nagy eseményeket kötni, a milyenek tervben voltak. Egy utálatos rablókaland lett volna belőle rém-nagyságban.

Nem jó már ez az élet!

Gorombolyi eltakarta az arczát s valami szót rebegett, ki kellett annak törnie az ajkán:

«Nem szeretem a hazámat!»

Van-e emberi érzés, a mi ezt a gondolatot végigérje?

A könyei csorogtak végig az arczán.

Egyszer csak valami kaczagás hangzott föl a völgyből.

A megkergetett Koczur kijutott a romok közül s ott haladt el az ösvényen, a magas bástyatorony alatt, a melynek az ormán Gorombolyi állt.

A veszedelmen túl jutva, ismét birtokában találta magát egész cynismusának.

— No, pan bratye generál! kiálta föl Gorombolyihoz, nem kürtölnénk még egyet a tótoknak?

A mélázó egyszerre fölriadt, s az észvesztő düh, a mit a gúnyhahotázó pofa fellobbantott szivében, elszédíté. Felordított embergyűlölő haragjában s onnan a tíz öles magasságból levetette magát boszantójára.

Az, a mint az arkangyali alakot repülni látta maga felé az égből, a rémülettől hanyatt esett, s a lejtőn nagyot henteregve, mozdulatlanul maradt, szemeit maga elé meresztve, mindaddig, a míg ijedtéből felocsudva, meg nem győződött róla, hogy az égen át repülő alak nem kel fel többet a földről, hogy őt megölje.

Egy ideális emberrel kevesebb a világon.

Egy olyan ember szünt meg élni, a kinek a létezését már mai nap nem is hiszi el senki, a ki minden psychologia, metaphysica, ethica és logica ellenére olyan utakon járta végig az életet, a minőket a mai szürke világban meg nem tapos utána senki.

S ugyan jól tette, hogy meghalt; így legalább nem tud róla semmit, hogy halott; mert ha élve maradt volna, mai nap sokan szemébe mondanák azt neki.

... A mint Koczur felocsudva rémülete merevségéből, lassankint megtalálta azt a gondolatot, hogy a földönfekvő ember csakugyan halott, az önzés józan gondolatjai megtalálták a nála szokott helyüket.

Odasompolygott a földön fekvőhöz.

Az arczczal feküdt a sziklán.

Megfordította és kikereste a zsebeit.

Megtalálta, a mit keresett. Diadémnak a levelét az udvari kanczelláriához.

De biz a tárczáját is kivette onnan. Abban pénz volt.

Ezt nem lehetett ott hagyni, nehogy a kik rátalálnak a holttestre, eltulajdonítsák. Ő nála jó helyen lesz az, mint felmondhatatlan kölcsön.

Még a halott óráját is jó lett volna biztosabb helyre eltenni, de már akkor egy harmadik beavatkozott.

A hatalmas kőszáli sas szétterpesztett szárnyaival nagy suhogva szállt alá a bástyaoromról s félszárnyával kegyetlenül pofon üté a halottrablót, elkergetve őt onnan.

«Ő az enyim!»

HÁNY PERCZIG ÁLLJA KI A VÍZ ALATT.

— Három lépésre a testemtől! Kiálta felugorva karszékéből Atalanta báróné, mikor báró Opatovszky Kornél útiöltözetében betoppant a társalgóterembe, s azzal a két tenyerét az arcza elé tartva, hogy még ne is lássa a férjét, beszaladt a hálószobájába, magára zárta az ajtót s otthagyta a bámuló urat Diadém úr társaságában.

Diadém úr a reggelinél ült a bárónéval s nem hagyta

magát e jelenet által megzavartatni; épen vajat kent a kenyérszeletkére.

— Hát? Hát most mit vétettem én? hebegé, hosszúra nyúlt képén egész gyámoltalan belsejét elárulva, Kornél báró.

Diadém úr csendesen, csak úgy becsukott szájjal nevetett s aztán egyet szürcsölt a theájából.

— Épen jókor tetszett megérkezni. Nem méltóztatott még reggelizni? (Hol a kányában?) Tessék mindjárt elfoglalni a báróné csészéjét. (De hátha kijön még?) Ne tessék félni, nem jön az ki a szobájából, a míg ön itt van.

— De hát már mit vétettem én megint? szepegett Kornél báró, hanem azért csak leült a felesége helyére s maga elé huzta annak a theás findzsáját.

— Hja, jah! Kedves báró! Mikor ön úgy sporadice felfeltünik ennél a háznál, mint valami keletindiai utazó, hát olyankor ön maga sem tudja, hogy a sok közül melyik elkövetett vétkére emlékezzék, a miért önt idehaza görbe szemmel fogadják? Ezuttal azonban soha se tegye ön magát, mintha nem jutna eszébe, mit vétett a többieknél szokatlanul nagyobbat? Önt most kergették?

— No hát?

— Ez persze rendes dolog. Rendesen olyankor szokott hazakerülni, a mikor kergetik. Ezuttal azonban nem a hitelezők kergetik, a személyfogsági parancscsal a kezükben, nem is elcsábított ártatlanságok vérszomjazó rokonai, hanem sokkal nagyobb urak.

— Én nem tudok semmiről.

— Nem tud semmiről? Hát nem hallott valamit arról az esetről, hogy az illayai fegyenczek fellázadtak, majd csaknem sikerült nekik kitörni a börtönükből; jó szerencse, hogy ott volt akkor Illavay, a kire a népség hallgat, annak a segélyével sikerült leverni a lázadókat.

— Úgy kellett nekik, a gazembereknek.

Diadém úr elnézte, hogy a báró hogy tölt a theájába rhum helyett olajat, s megiszogatja, azt sem tudja, mit iszik.

— Hanem hát ugyanez alkalommal az történt, hogy a rablók ellen forduló népség valami titokteljes úton fegyverekhez jutott, s ezek a fegyverek legújabb szerkezetű franczia puskák voltak.

De már erre a szóra csakugyan a torkán akadt Kornél bárónak a thea. Még több olajat töltött hozzá.

— Hát aztán?

— Aztán akadtak kiváncsi emberek, a kik szerettek volna a nyomára jutni, hogy mi módon kerültek ide azok a puskák?

— Hát mit bánom én?

— De bánja Koczur. Mert ő okos észszel odafenn Pesten kifecsegett mindent, a mit önmagukra vállaltak Olaszországban.

— Én? Olaszországban? mondá Kornél báró, felfelé forgatva a szemeit s kezét keblére szorongatva ártatlansága érzetében. Én semmiről sem tudok semmit.

— Jó lesz azt is eltagadni, hogy ott volt. Késő már. A terv el van árulva. Önök tömérdek ládát hozattak be a határon ez alatt a czím alatt: «ócska vas», s felhasználták az én általam itt felállított Bessemer-aczélgyárt ürügynek. A ládák után kutat a hatóság mindenütt. A komplott fejét már ismerik, csak azért halogatják az elfogatását, hogy a további szálakat is megtalálják általa. Koczur már ki van péczézve, s a legnagyobb baj, hogy e veszedelmes háló egyes fonalai egész mi hozzánk elérnek s némelyikünknek a lábán csombókra is vannak szorulva.

Kornél báró már most jónak látta egy pohár vizet felhajtani, olyan melege volt.

— Én nem tettem semmit.

— Csalódik, ha azt hiszi. Ön nagyon sokat tett, ön hordta magával Koczurt mindenüvé. Mikor mi kérve kértük önt, hogy bocsássa el magától ezt a veszedelmes embert, s ezt ön nekem és a nejének ünnepélyesen meg is fogadta, akkor ön a helyett, hogy adott szavát beváltsa, maga futott el a háztól s itt hagyta minekünk Koczurt, a kinek azután szabad keze volt az egész veszedelmes tervet előkészíthetni. S a mi ebben az egész szomorú történetben a legszomorúbb, az, hogy mi is bele vagyunk keveredve mind a hárman, azon nyugták által, a miket a Koczurtól fölvett pénzről neki átadtunk. Az nem volt igaz, hogy ő e pénzt egy bécsi épitőtársaságtól kapta volna, kiegyezés díjában.

— Persze, hogy nem onnan kapta. Hanem... (Kornél báró majd kivakkantotta a pozsonyi csendes ház jótevő halottjának a titkát.)

— Hanem honnan? Ön jobban tudja tán?

— Nem. Én nem tudok semmit.

— Ez a legjobb felelet minden vallatásnál, «nem tudok semmit!» Signore Nonmiricordo. De azt csak tudja ön, hogy Koczurnak soha életében nem volt elajándékozni való pénze, s ha az egyszer elkezd ezereket osztogatni, azoknak kellett valami eredetének és valami czéljának lenni.

— Azt én tudom, de nem mondhatom meg.

— Talán ha nekem nem, a bárónénak felfedezhetné ön.

— No, hisz az kellene még! (Szép tréfa lenne belőle, ha Kornél báró elmondaná Atalantának azt, a mit ő «tud» annak a pénznek az eredetéről, Temetvényi Pálma grófnőről, még a tervbe vett válóperről! Ez volna a drága mulatság.)

— Akkor majd valami más helyen kell önnek ezt a tudomását napfényre hozni.

— Miféle más helyen?

Diadém úr szép tulipánformára hámozta a piroshéjú hónaposretket e vallatás közben, s nem kinálta meg vele a házigazdát.

— Úgy gondolom, hogy a haditörvényszék előtt.

— Hogy jövök én a haditörvényszék elé?

— A hogy más ember szokott: kedve ellenére.

— De hát mit tud rólam a haditörvényszék?

— Csak annyit, hogy ön pénzt vett föl Koczurtól, megnevezetlen czélra.

— Hát azt hogy tudja?

— Úgy, hogy én megírtam ezt a bécsi udvari kanczelláriának.

A báró ijedtében felugrott a székről.

— Ön megírta? Hát minek írta meg?

— A legsürgősebb elővigyázatból. Ha egy napot késedelmezem, a mi nyakunkra kerül a hurok, így a Koczur marad benne. Ha Koczurt elcsípik s nála találják a nyugtáinkat, soha tisztára nem mossuk magunkat a komplicitás vádja alól. De a midőn mi jelentjük fel elébb a veszedelmes titkot, nemcsak a bajtól tesszük magunkat mentessé, hanem még érdemeket is szerzünk általa odafenn. És elvégre is nekem kötelességem nem annyira a magam érdekében, mint a gondjaimra bízott gyermekek védelmére, minden törvényes eszközt mozgásba hozni, a mi által őket az apjuk könnyelműségéből származó végveszélytől megmentsem. Ön védheti magát majdan, a hogy akarja, én védni fogom a nejét és gyermekeit, a hogy én tudom.

Kornél báró e lesujtó indokolásra azzal felelt, hogy végigvágta magát a díványon, mint a ki a deresen végignyúl önként, s várja a megérdemelt olvasatlan huszonötöt.

Diadém úr készen volt a reggelivel s a szájmosással foglalta el magát; átengedve ez idő alatt a nemes bárót lelkiismerete mardosó férgeinek.

Az megint felugrott a díványról, s nagy lépésekkel járta végig az étkezőt, mintha távgyaloglásra fogadott volna.

Egyszer aztán csak staciót tartott, s nagyon vékony hangon kérdezé:

— Hát igazán nagy baj lehetne abból, ha azt gondolnák, hogy azt a pénzt a Koczur az «Izé»-től hozta, és nem attól a másik «Hogyhiják»-tól?

— Azt igen könnyen meg lehet jövendölni előrement példák nyomán, felelt Diadém úr, gondosan megtörülgetve az ujjai hegyét a szalvétában. A birtok konfiskálva lesz. A báró úr a maga személyére nézve Josefstadtba vándorol, nehéz fogságba, tíz-tizenkét esztendőre, és a mi fődolog, elveszíti a báróságát, még a nemességét is.

— Micsoda? Hát hogy fognak híni, ha nem bárónak?

— Úgy, hogy «hallja kend paraszt!»

Erre megint végig kellett heveredni a diványon. Ilyen csapást állva nem lehet elviselni.

— Egyébiránt tegyen a báró bölcs belátása szerint, mondá Diadém úr s magára hagyta Kornélt az étteremben.

— Bölcs belátás? De hát hol vegye azt az ember, mikor senki sincs idebenn, a ki jó tanácsot adjon.

Senki sincs? Dehogy nincs! Hát ez a «karthausi» mit vétett?

Nem az a karthausi, a melyik csak egyet tud mondani: «memento mori!» hanem az a másik karthausi, a melyik szintén csak egyet tud mondani, azt, hogy «memento vivere!» Az a szép arany fényben csillogó chartreuse a palaczkban.

Kornél azon különcz természetek közé tartozott, a kiknek akkor jön meg az étvágyuk, a mikor egyedül maradnak. Akkor aztán beszédessé is lesznek, mikor senki sem hallja.

Fölkelt s odaveté magát egy karszékbe s azt az asztalhoz gördítette. Első dolog volt egy pohár chartreueset felhörpinteni. Az első pohár pálinka is mindjárt bátorságot önt a szivbe. «Ej mit? Nem eszik a levest olyan forrón, a hogy főzték... Ha az embernek világos igazsága van, akkor senkitől se féljen».

A nagy szelet sajt és puha kenyér bizonyítá, hogy az ember el van szánva az önvédelemre. A második pohár chartreuse világosságot terjesztett az agy homályában. Hiszen igen könnyű a védelem, csak elő kell vele állani, hogy a Koczur osztogatta pénz honnan támadt elő? a pozsonyi élő halottól s azzal minden ki van magyarázva.

De hát ha nem akarják majd elhinni? Hol vegye az ember a bizonyítékot? Megszerzi az ember magától az eltemetett grófnétól, a hajdani jegyesétől. De hogy jut annak a szine elé az ember? mikor az senkit sem bocsát be a kapuján, a ki élő teremtés, se embert, se állatot? A harmadik pohár abból a jó gondolatokat keltő arany nedvből mozgásba hozta az ötletek villanyszikráinak elektrika masináját.

Abban az agyban lakik valami! Nem üres az. Csakhogy nagyon összevissza vannak benne hányva a bútorok. Megtalálta már, a mit keresett. Maga is nevetett rajta. Az nagyon jó lesz! Olyan simán fog menni, mint az a kenyérre kent vaj. De hát aztán mi lesz, ha ezt Atalanta báróné megtudja? Az sárkánynyá fog változni legottan! A negyedik pohár chartreuse aztán hősi bátorságot önt a szivbe. Hát ha haragszik, haragudjék, tessék neki elválni! Jól van asszonyom! Ha azt mondtuk, hogy «három lépésre a testemtől!» hát legyen ebből a három lépésből harminczhárom ezer! Az Opatovszky névnek akad más viselője. Tessék hozzámenni Diadém úrhoz! Úgy is nagyon értik egymást. Majd meg fogják látni, hogy mi lakik ebben a kebelben? Ők fogják megbánni. Hát ők elárulták Koczurt? bevádoltak engem? No majd visszaárulja őket Koczur; majd visszaárulom én! Majd megmutatom én kendteknek, hogy ki itt az úr Apátváron? Még azt mondta nekem, hogy én leszek a «kend!» Ti lesztek a kendtek! Halljátok kendtek! Elmehetnek kendtek!

Ezt mind fenhangon mondogatta el Kornél báró az ő tanácsadó jó barátjának, a karthausinak; a ki úgy látszik, nagyon helyeselte ezt az elhatározását, mert még egy ötödik pohárral is megkinálta, a mire azért van szükség, hogy e nemes elhatározások mind jó emlékezetben maradjanak. Egy nagy darab sonka bánta meg e merész megállapodást.

Akkor aztán fölkélt a báró, átment a szobájába, lefeküdt, elaludt s mire fölébredt, úgy kiment a fejéből az ijedtség is, meg a bátorság is, hogy egy kis kényelmetlen ványódásnál egyéb nem maradt fenn utána, a mi ellen ismét a legjobb szer az, hogy az ember a vállára veti a puskát s elmegy az erdőre szalonkázni. A szalonkák ugyan ilyenkor nem húznak s azokat röptiben nem is lőné le Kornél báró, mert ahhoz nagyon szeleskedő; hanem a helyett tönkre srétezett egynehány őzsutát, a kik elég naivok voltak a vadászati óvóidőszak tilalmában bízva, a báró lőtávolába vetődni. A mint megéhezett, betért a patakmolnárhoz s megvendégeltette magát, udvarolt a molnár leányának s igért neki egy pár arany függőt; azután megint ment az erdőre vadakat űzni. Véletlenül összetalálkozott egy vakmerő borzzal, attól megijedt, elfelejtette, hogy puska van a kezében, neki lódult, otthagyta az erdőt. Mire hazaért, a borzból medve lett. Otthon Diadém úrnak, meg az inasnak azt mesélte, hogy medvét látott. Az egy medvéből utóbb két medve lett, utoljára egész medvefalka s másnap, harmadnap semmi olyan közel fenyegető veszély nem volt Kornél báróra nézve, mint az erdőit nyugtalanító maczkók serege és komolyabb feladatot nem ismert, mint azok ellen hajtóvadászatot indítani. Az egész összeesküvést, fegyverládákat, haditörvényszéket csőstül mind elfelejtette.

Gondoskodtak azonban róla, hogy az emlékezete felfrissíttessék.

Egy szép reggel, mikor megint a vállára vette a puskáját s neki indult az erdőnek, hogy fajdkakast lőjjön, Diadém úr megállította az útban s azt súgta a fülébe:

— Jó lesz azt a puskát eldugni valami rejtekbe!

— Miért?

— Azért, mert rögtön itt lesznek a zsandárok házmotozást intézni a kastélyban fegyverek után. S ha ezt megkapják, ezt is elviszik.

— Ne mondja!

— Hát nem hallott még a báró semmit a tegnapi eseményekről?

— Egész nap feküdtem. Rosszul voltam.

— No hát az történt, hogy az egész komplottot fölfedezték, a minek a vezetője Gorombolyi, egyik eszköze pedig Koczur volt.

— Lehetetlen az.

— Annyira bizonyos az, hogy e fölfedezés következtében Gorombolyi már halva is fekszik. Hogyan halt meg? kik ölték meg? azt senki sem tudja. Csak gyanítani lehet. Korán reggel látták őt Koczurral a temetvényi vadas erdők felé sétálni, mind a kettőt fegyver nélkül s az nap délben a napszámosok, a kik a mészégető számára követ törnek, már ott találták őt összezúzva a temetvényi várrom glacisján. Bizonyos, hogy úgy dobták őt le a bástyatorony magaslatáról. S minthogy Gorombolyi herkulesi termetű és gyakorlott merész férfi volt, az is kétségtelen, hogy ezt Koczur nem egyedül hajtotta végre, hanem ehhez nagyszámú czinkosának kellett lenni.

— De hát miért ölték meg Gorombolyit?

— Ez épen a talány. A rendőrség előtt régen tudva volt az, hogy Gorombolyi, a hajdani guerilla-tábornok, valami fegyveres fölkelést készit elő ezen a vidéken. Csak azért nem fogták el, hogy a terv továbbfejlődését figyelemmel kisérhessék, s azokat az embereket, a kik vele érintkeznek, a kik hozzájárnak, megjegyezhessék, s azoknak az utait nyomozhassák. Ennek a tervnek összefüggése van kétségtelenül az illavai fegyenczlázadással, de egyúttal annak a leveretésével is. A rejtélyt a beavatott körökben így vélik megoldani. Az illavai kitörésnek kellett volna gyújtó szikráúl szolgálni az egész földalatti tűzakna fölrobbantásához. Hogy ez a kanócz el lett taposva, azért a czinkosok Gorombolyit vádolják árulással. Illavay csak ő tőle tudhatta meg a kitörési tervet, ennek a napját, különben hogy lehetett volna ott készen, mint valami szinész a szinfalak között, a csatszóra (Schlagwort) várva, s hogy kaphatta volna meg a dugaszban levő fegyvereket, a mik egészen más czélra voltak rendelve? Ezért Gorombolyit, a fővezért, halálra itélte a titkos vértörvényszék. Koczur kicsalta őt magával a romok közé, s ott az összeesküvők megfogták, ledobták a bástyáról. A nála volt kompromittáló iratokat azonban valószinüleg Koczur elvitte magával, a mit onnan gyaníthatni, hogy az üres tárczáját, a miből a jegyzetek ki voltak tépve, ott találták meg a bokrok közé eldobva. A gyilkosság indokára végleg rávezetett azután az a körülmény, hogy a várrom felkutatása után a csendőrök megtalálták a sokat keresett ládákat a temetvényi várrom egyik boltüregében.

— Megtalálták! No hát akkor nagyon jó, hogy ott találták.

— Helyesen tetszett az észrevételt tenni. Csakhogy ezekben a ládákban nem volt egyéb, mint mészkő. A fegyvereket már eltakarították belőlük. Hogy azokat ily hirtelen félretehették, az arra a gyanura vezet, hogy nem vitték messze.

— Bizonyosan belehányták az ó-kútba, a mit a török herczeg ásott.

— Nem hányták bele. A kút meg lett vizsgálva, egy embert leeresztettek kötélen a fenekéig; semmi fegyvert sem talált ott. És így bizonyos, hogy azokat abból a czélból rejtették máshová, hogy kéznél legyenek. Mindenki meg van felőle győződve, hogy azok itt vannak eldugva valahol az apátvári uradalomban. Koczurt minden irányban üldözik. Nagy csoda volna, ha el nem fognák, miután minden nyelvet rosszul beszél. Akkor azután az egész veszedelem önnek a nyakában marad.

— Kinek?

— Opatovszky Kornél bárónak.

— Miért?

— Mert Koczur az ön embere. Mert Koczurt ön hordta magával. Mert Koczur az ön birtokán rejtette el a csempészett fegyvereket, mert önnek a nyugtája Koczur kezében van, és mert Koczurnak van annyi esze, hogy ha hurokra kerül, ne magát vallja a fővétkesnek, hanem önt.

Opatovszky Kornél csak most érezte egyszerre a lába alatt azt a jeget beszakadni, a min addig olyan nagy biztossággal korcsolyázott: hátha nem is igaz az, a mit Koczur annak a pénznek az eredetéről neki beszélt? Szokott ám a Koczur néha nem igazat is mondani. Hogy is lehetett volna az igaz? Ugyan miért küldene Temetvényi Pálma grófnő az ő számára, meg Atalanta és a gyermekei számára pénzt? még sokat is? s ha már küldeni akar, és Illavay által, ugyan miért bizná annak az átadását Illavay épen Koczur barátunkra? Olasz pénz volt ez bizonynyal! Most már arra is emlékezett, hogy czitromszaga volt a bankóknak. S a nyugtatványok csak arra valók, hogy az Opatovszky bárók belesodortassanak az összeesküvésbe. Egészen jég alá került embernek érezte magát, a kinek a víz a feje fölött átcsapott már. Vízbehalódó kétségbeesésével kapott a legközelebbi szalmaszálhoz, Diadém úr kezéhez.

— Kedves barátom, ebből valami nagy baj lehet?

— Már nem lehet; hanem megvan. A terv explodált. A főintéző meghalt, a legközelebbi eszköz megszökött. Most Temetvényi Ferdinánd grófnak okvetlenül meg kell fogni valakit a harmad-, negyedrangú résztvevőkből, hogy azt a nagy kudarczot eltakarja, a mi ő rá az illavai lázadásból háramlik, különben meg van bukva. A gróf okvetlenül a báró úrral fogja magát kármentesíteni. Ez az alkalom Temetvényire nézve az utolsó menedék, önre nézve pedig a végső csapás. A grófról úgy is régen beszélik már Bécsben, hogy annyit sem ért az administratióhoz, mint a holdbeli ember. Azonban, ha esze nincs is a grófnak, de fantásiája sok van. Önre fogja kideríteni az egész lázadási tervet.

— Mit csináljak kedves barátom?

— Legelébb is tegye le azt a vadászpuskát, mert még meg talál vele lőni valamelyikünket.

— Legjobb volna magamat.

— Az igazán legokosabb volna.

— Azt hiszi, hogy nem merem megtenni? kiálta elvörösödve Kornél báró, s azzal a duplapuska csővégét a szájába kapta.

Hasonló mozdulatra más esetben az elszörnyedés hangja következett volna; Diadém úr azonban nagyot kaczagott ezen. Ő is az az ember volt, a ki az ilyen jeleneten tudott kaczagni, aztán meg Opatovszky is az az ember volt, a kin lehetett kaczagni.

— Ugyan hagyja abba, édes báró! Úgy néz ön ki most, mint az egyszeri rátóti ember, a ki puskával furulyázott.

Akkor aztán Kornél lecsapta a puskát az asztalra.

— Te csak nevetni tudsz, mikor nagy baj van, adj hát jó tanácsot, ha igaz barátom vagy.

(Mikor nagy bajban volt, akkor tegezett mindenkit.)

— Édes Kornél. Nagyon szeretem, hogy a baráti érzelmeimre hivatkoztál. Tudnék is neked igen jó tanácscsal szolgálni, de nem teszem azt. Nem azért, mintha sajnálnám tőled, hanem azért, mivel meg vagyok róla győződve, hogy te nemcsak hogy nem fogod követni az én jó tanácsomat, hanem annak épen az ellenkezőjét fogod megtenni. Ne jőjj tűzbe, kérlek. Van teneked valakid, a ki válságos pillanatokban a legjobb tanácsot tudja adni. Fordulj ő hozzá.

— Kicsoda? Illavay?

Diadém úr vállat vont. Ez az ember még csupa ostobaságból rájön arra, a mi legokosabb lenne. Nem kell őt tovább reszkettetni.

— No hiszen csak ott volnál most a legjobban befésülve! Hiszen gondold meg a helyzetet! Te rossz fát tettél a tűzre. Illavay ellenben a zendülés elnyomásánál erősen «felcsapta az égót». Ha te nota infidelitatisban találtatol, az egész apátvári birtokot elveszi tőled a fiskus s odaadja a legközelebbi rokonodnak, a ki Illavay Ferencz. Így csak a nyúl szokott az agár elől bemenekülni a rókalyukba.

— De hát, én Istenem! kihez forduljak akkor? Micsoda szerencsétlen ember vagyok én! A ki teljes életemben mindig csak jót tettem mindenkivel s most nincs egy igaz jó barátom

— Kedves Kornél, szólt Diadém úr kenetteljes hangon s aztán úgy prédikált neki, mint egy methodista concionator. Emlékezzél reá, hogy van az embernek egy igazi, utolsó és egyedüli jó barátja, a kihez, ha a kerek világon mindenki elhagyja és üldözi is, legbiztosabban menekülhet. Ez a jó barát — a hű hitvestárs. Beszélj Atalanta bárónővel.

— Hogyan beszéljek vele, mikor azt mondja, hogy három lépésre maradjak a testétől?

— Ezt csak első haragjában mondta. Egyébiránt beszélhetsz vele három lépésről is. A házaséletben gyakran fordulnak elő izetlenkedések. Olyankor mindig az előidéző fél kötelessége a kiengesztelést kezdeményezni. Ha elidegenítetted a feleségedet, most hódítsd vissza. Meg kell hódolnod előtte. Ő rendkívüli nő. Hiszen tudod, mire képes? A ki a becsületeért képes volt magát a vízbe ölni. Ezt is te okoztad. Bánj vele töredelmesen. Hallgasd ki a jó tanácsát és cselekedjél a szerint. Keresd'fel a nődet, kedves Kornél.

— Nem jönnél te is velem?

— Nem, barátom. Egyedül kell vele beszélned. Vannak dolgok, a miket hat szem között nem lehet elmondani. Mélyen rejtegetett családi titkok. Légy róla meggyőződve, hogy megszabadulásodnak az egyedüli módját a nődtől fogod megtudni. Gondolj rá, hogy ő gyermekeinek az anyja!

Ez az utolsó mondás egészen elérzékenyíté Opatovszky Kornélt. Ez ragadt meg a fejében.

Elébb megölelte Diadém urat keservesen; aztán rendbeszedte az öltözetét, s elszántan nekiindult a neje szobáját fölkeresni. Elébb bekoczogtatott az ajtón, s csak a «szabad» kimondása után nyitott be.

Atalantát egyedül találta a szobájában, hátratett kezekkel sétálva a kopott szőnyegen végig, s hosszan húzva maga után gyűrődött uszályát.

Kornél báró szinpadi megállással plántálta magát eléje, s elérzékenyült hangon rebegé a belekötő megszólítást:

— Nőm! Gyermekeimnek anyja!

Atalanta izetlenkedve csettentett a nyelvével.

— Jól van jól, édes Kornél. Hagyjuk el a jeleneteket. Magam is komédiásné voltam s nem szeretem, ha visszaemlékeztetnek rá. Beszéljünk egymással okosan.

— Ön megbocsát nekem?

— Százegyedikszer is, ha már százszor.

Kornél báró ezt a legkedvezőbb alkalomnak találta, hogy Atalantát keblére ölelje s a fülét megcsókolja, egyúttal érzékenyen suttogva:

— Hiszen tudja ön, hogy ön gyermekeimnek az anyja?

— Ugyan, hogy ne tudnám? De ne hozza most nekem a gyermekeket elő. Tudja ön, hogy a fia megszökött a háztól?

— Nem tudom én! Hová?

— Azt meg én nem tudom. Beállt zsiványnak. Az illavai rablázadásnál egy tizennégy esztendős kölyket is megöltek, nem bámulnék rajta, ha ő lett volna az. Azt hiszem, hogy elment Koczurral, az apja lázadó bandájában szolgálni.

— Az Istenért! Atalanta! Hát ön is azt hiszi felőlem?

— Azt nem hiszem, hogy ön vakmerő bátorságból állt volna az élére egy ilyen koczkáztatott mozgalomnak; hanem hogy esztelen hóbortból bele hagyta magát vitetni, azt elhiszem.

— Esküszöm, hogy mindenben ártatlan vagyok.

— És mégis mindenben vétkes. Mivé tett ön bennünket? Földönfutókká leszünk! Én ugyan tudom, hogy mit cselekszem? Visszamegyek a czirkuszba, s folytatom, a hol elhagytam; a leányomból meg csinálok kötéltánczosnőt, s visszaveszem a leánykori tisztességes nevemet; mert azt elhiheti ön, hogy én és leányom egy kivégzett embernek a nevét viselni nem fogjuk.

— Ki—vég—zett? hebegé Kornél s szédelegve támaszkodott egy karszék támlányához.

Atalanta az asszonyi indulat egész erejével támadt most ellene s megragadva a két karját, azt kiáltá az arczába:

— De mi jutott önnek az eszébe, hogy odamenjen Koczurral Garibaldihoz?

Kornél csak bámult a levegőbe s hülye mosolygással rebegé:

— Hát akkor én — én — bolond voltam.

Ha ezt a maniacus tekintetet láthatta volna akkor egy tükörből, maga is elhitte volna, hogy igazat mondott.

Atalanta szemei észrevették e holdkóros vigyorgást s nagyot villantak rá, odatette a kezét férje vállára s azt sugá fülébe:

— Jó angyala mondta önnek ezt az eszmét!

S azzal karját Kornél karja alá fűzve, bizalmasan suttogva járatta őt magával végig a szobáján.

— Ez az ön egyedüli menekülési módja, Kornél. Ennek az eszmének a fonalán kimenekülhet ön a veszélyek labyrinthjából, a mibe beletévedt. Ez elvezeti önt ahhoz a kijárathoz, a hol önre olyan biztos menedék vár, a mely előtt minden világi hatalom megszünik.

Kornél még nem találta ki, hogy miről van szó?

— Hogyan? Kolostorba menjek?

— Nem. Nem. Arról nincs szó. Nem kell önnek szerzetessé lenni. Csupán egy kis időre félrevonulni csendes contemplativ magányba, a hol kedélye fel fog üdülni, a hol önt semmi gond, semmi rosszakarat nem háborgathatja.

Kornélnak kezdett a szeme felnyilni.

— Döblingbe akartok küldeni, kedvesem?

E szónál ideges rángatózás fintorgatta el arczvonásait.

Atalanta olyan figyelemmel nézte azt a galvanizált arczjátékot, mint egy kórházi orvos, a ki gyógyszere hatását észlelgeti.

— Küldeni senki sem akar oda, kedves Kornél. Légy e felől nyugodt. Hanem ha magad, saját kivánatodra akarnál az üldöző hatalom keze alól oda menekülni.

— A bolondok házába?

— Nem bolondok háza az. Az elnevezés hibás. Egy körülvett paradicsom ebben a siralomvölgyében. A minek kapuján minden világi rossz kívül marad, benn csak szeretet és nyugalom honol. A kedélyek gyógyhelye.

— De köszönöm, oda nem megyek. Csak mégis bolondok azok mind, a kik odabenn vannak.

— Nagyon tévedsz. Hát nem emlékezel már rá, hogy ennek az országnak egy igen nagy államférfia, a kit a nemzet a «legnagyobb magyar» névvel tisztelt meg; szintén ezt a helyet választá menedékül? Egy szellemóriás volt! És még sem rettegett lángeszével oda vonulni félre, a hol a világ befolyása megszünik. Úgy megszerette ezt az önkereste szigetet, hogy tizenkét évig el nem hagyta azt. Nem váltotta föl, csak egy jobb világgal. Ugyanazokat a szobákat foglalhatod el, a mikben a legnagyobb magyar lakott, s a milyen kegyelettel körülvette őt az egész nemzet ebben a sérthetlen menedékében, olyannal fog emlékezni rólad is, s nemzeti ügye martyrjának fog nevezni; pedig tulajdonképen semmiféle martyrságot nem szenvedsz ottan. Mert mindannyiunk között, a kik családodat alkotjuk, egyedül neked fog ott kijutni kényelem, nyugalom; egyedül tégedet nem háborgat ottan semmi gond, még a pénznyomoruság sem.

— Tudom. Tudom. Elmondta azt nekem egyszer Koczur. Az apám, a ki maga is meglehetős excentricus ember volt, a végrendeletében csinált ilyen furcsaságot. Negyvenezer forint készpénzt tett le hitbizományul a bécsi takarékpénztárnál, hogy az ott kamatozzon mindaddig, mig egyszer vagy a fia, vagy valamelyik unokája olyan állapotba nem jut, hogy önként maga a bolondok házába kivánkozik, akkor kapja meg ezt az összeget a döblingi Lunatic-Asyl s ezért tartsa el az ő családja sarjadékát holtig, rangjához illő módon. Ez igen szép gondoskodás volt apámuramtól s én örök hálára érzem magamat lekötelezve érte; hanem én azért oda be nem megyek, mert ott én igazán megbolondulok.

— Hiszen nem fogsz ott maradni. Csak félrehúzódol oda, a míg a vihar elvonul fejünk fölül. Csak nem tart örökké ez a mostani kormány! Lesz ismét szabad világ Magyarországon s akkor neked is szabad lesz eljönnöd.

— De, kérlek, addig én olyan tökéletes bolond leszek odabenn, a milyen csak valaha papiroskoronát hordott. Én, ott, egyedül: csupa idegen pofák között, háromszáz igazi bolonddal együtt. Egy hét mulva megláncolnak. Hisz attól az egy gondolattól megőrülök, hogy én, ha nyár, ha tél, soha egy asszonyi arczot ne lássak.

Atalanta elmosolyodott.

— S hátha én is veled megyek oda? Ha megosztom veled csendes magányodat? Hűséges ápolód leszek. El nem hagylak, a míg csak ki nem hozhatlak magammal együtt a világba. Kétségbeesnél-e, ha velem kellene egyedül bezárva lenned?

Opatovszky Kornél úgy érezte, hogy ez az észvesztő mosoly most mindjárt le fogja venni a lábáról. Nincs nagyobb veszedelem, mint mikor az embernek a saját felesége ily csábító mosolylyal tekint a szemébe. Akármi asszonyi bűbáj és varázslat ellen lehet ellenbűvszert használni; de mivel védje meg magát a halandó saját neje csábító hizelgései ellen? S Atalanta még most is igen szép volt. Kivált ezek a tűzokádó szemek!

Még kaczagni is tudott.

— Nos? hát? Nem voltunk mi már egymás bolondjai valaha? És aztán, hogy egybehangozzék velünk, nem csináltuk-e bolondok házává a házunkat, a hol minden embernek olyan őrültnek kellett lenni, a milyenek mi voltunk?

Ez az emlék még egy kissé fölmelegítette Kornél vérét. Az őrjöngés mézes hetei!

Nagyon ingadozott.

— De hát csakugyan képes volnál te elhagyni az egész világot az én kedvemért, s bezárkózni velem egy körülfalazott házba, a honnan senkit sem eresztenek ki? kérdezé a feleségétöl.

Most aztán a nő arcza elkomorult, bánatos borulatot vett föl.

— Hát van én nekem valami örömöm ebben a nagy világban? Van nekem még valakim te rajtad kívül?

Ez a hang érzékeny húrokra talált a hóbortos keblében. Elkezdett könyezni.

Atalanta zsebkendőjével törülgeté le e drága könyeket s az izzadó homlok verítékét. Azután meg is csókolta Kornél arczát.

— De hát a leányoddal mi lenne akkor? (Ez jutott Kornélnak hirtelen eszébe.) Hová tennéd Czenczit? Az csak nem lehet ott — Döblingben?

— Ő róla igen jól gondoskodtam.

— Nevelőbe küldöd?

— Ah dehogy. Hiszen tudod, hogy sehol sem tartják meg egy hétig. Vagy hazaküldték, vagy maga szökött el. Ő férjhez fog menni.

— Micsoda? Hiszen még nincs tizennégy esztendős.

— Nálunk spanyoloknál a leányok korán szoktak férjhez menni, s jobb is nekik. Egyébiránt nem lesz az oly rögtön. Egy évig vagy másfélig egy magánnevelőné és Diadém felügyelete alatt fog nevelkedni, míg kifejlődik.

— Hogyan van? kérdé Kornél elámulva. Diadém felügyele alatt? Te! Diadém fog Czenczire felügyelni? Hát csakugyan bolond vagyok már?

— Hát ebben semmi baj sincs; miután Diadémhez fogjuk férjhez adni.

Kornél báró felfortyant.

— Mit? Én? Opatovszky báró, adjam a leányomat Diadémnak?

— Az meg finánczbáró. S az ő bárósága még valamivel régibb, mint a tied, kedvesem.

— De hát a leány mit szól hozzá?

— Bele van bolondulva Diadémba.

— Hiszen apja lehetne az!

— Bízd ezt ő rá. Diadém jó partie. Birtokunkat ő fogja ismét jó karba helyezni, s ha szabad keze lesz, az alatt, a míg mi ketten félrevonulva élünk atyád hitbizományának jövedelméből, ő az apátvári uradalmat egészen tisztázni fogja. Erre legjobb biztosíték lesz nekünk az, ha leányunkat hozzá adjuk. Így minden érdeke azonosítva lesz a mienkkel, s meglátod, hogy a mikor ismét együtt visszajövünk ide, egy paradicsomot fogunk itt találni. Ez megmásíthatatlan. Diadém már nyilatkozott s a leánynak tele van vele a feje. Ez már nem játszik babával. Beleegyezésedet minél elébb irásban kell tudatnod Diadémmal, hogy jogait érvényesíthesse.

Kornél báró nagyon csóválta a fejét. Egy makulányi lélekereje sem volt, hogy ennek a tervnek ellene tudjon mondani. Hanem a félig-meddig való beleegyezését nagyon furcsán formulázta.

— Már hiszen, ha én egyszer az én igen kedves barátomra, Diadém úrra nagyon megharagszom, hát akkor annál nagyobb rosszat nem kivánhatok neki, mint hogy vegye el magának feleségül az én Czenczi leányomat, s ha egyszer úgy kerül, hogy a Czenczi leányom annyira megboszant, hogy megátkozzam, hát nem mondhatnék neki egyebet, mint, hogy «vigyen el a Diadém feleségül!» de ez mégis csak meggondolandó ostobaság.

Atalanta kedélyesen fölkaczagott erre a szóra s aztán keze közé kapva Kornél fejét, összecsókolta annak az okos homlokát.

— No hát eredj! Járj most egyet! Gondold végig, a mit mondtam. Akarod-e, hogy még egyszer legyünk egymás bolondjai, a hogy valahanapján voltunk? Eredj! Aztán gyere vissza. Akkor beszéljünk róla többet.

Kornél elment, nagyot járt, vissza is jött, elgondolta magában, hogy a döblingi háznak a kapuján a hogy be lehet menni, úgy ki is lehet jönni s azt mondta Atalantának, hogy «no nem bánom»!

Atalanta tudta ezt előre, s készen várta őt két irattal, a miket iróasztala fiókjából eléje tett.

— Mit kell ezekkel csinálni?

— Le kell önnek irni!

— Soha se tudnék én annyi betűt egymásba ragasztani.

— Biz ez egy kissé terhelő munka, enyelgett Atalanta; de még sem olyan nehéz, mint ha Olmüczben tolja az ember a talyigát a sánczépitéshez.

— Hát ki tolja a talyigát Olmüczben a sánczépitéshez?

— Hát az olyan urak és úrfiak, a kik holmi államellenes összeesküvésben találtattak s aztán tíz-tizenkétesztendei sánczfogságra lettek megkegyelmezve.

Mindjárt tudott Kornél báró betűket egymáshoz ragasztani.

Az igaz, hogy csinos munka vált belőle. A hány sor annyiféle karakter. Egyiknél hasra esnek a betűk, másiknál hanyatt. Mikor megunja a gömbölyű babszembetűket, akkor neki ereszti a tollát a hórihorgas irásjegyeknek, mintha sövényt fonna füzgalyakból, olyan a documentuma, mintha hét külömböző iró-diák cselekedte volna, ki mind rabszakmányban dolgozott, a míg ki nem dőlt belőle.

Mind a mellett is van némi fogalma magáról a tartalmáról a leirt soroknak.

Az egyik irás megteszi Diadém urat Czenczi baronesse jövendőbeli jegyesének, s olyanforma, mintha móringlevél volna, felhatalmazással vegyest.

A másik firka pedig elismerése és bevallása annak, hogy az Opatovszky családnak egyik férfitagja, a kinek ehhez igénye van, megsokalta az Isten adományát, a mit józan észnek neveznek, s annálfogva eljöttnek látja az időt, a midőn érvényre emelje a jogait ama bizonyos negyvenezer forint és járadékai iránt, a mik Opatovszky Ubald által lettek letéve a bécsi takarékpénztárba azon rendeltetéssel, hogy kamatot kamathoz agglomerálva, egy olyan Opatovszkynak kiadassanak, a ki maga magáról elismeri, hogy ő már nem ebből a világból való ember, hogy ő már szeretne elevenen a halottak közé menni, a kik abban a közös temetőben laknak, a minek «tébolyodottak háza» a neve.

A ki ezt a végrendeletet csinálta, nagy próféta volt. Előre látta jól, hogy vagy a fia, vagy az unokája, az öröklött bolondságai folytán, egyszer okvetlenül odajut, hogy nem lesz a fejét hová lehajtania. Tehát előre gondoskodott róla. Ez az összeg elkölthetlen pénz marad. És az, a ki fel akarja azt venni, előbb kénytelen lesz magát föltétlenül megadni olyan gondviselőnek, a ki nem hágy magával alkudni: a döblingi Lunatic-Asyl igazgatóságának. El lesz látva egész életére úri kényelemmel, meg lesz szabadítva mindenféle alkalmatlan világi kínzóktól, nem szipolyozzák ki se uzsorások, se jó pajtások, se olcsó szépségek, hanem egyúttal lemond minden saját akaratáról.

Hanem azért mégis, mikor ezt az eleibe tett formulárét lemásolta Kornél báró, odacsapta a tollat az asztalhoz, s azt mondá kedves élete párjának:

— Hát már most miért kellett nekem ezzel a bolondsággal így kiszenvednem? Nem irhatta volna ezt le más is?

— Nem. Mert ennek az ön saját kézvonásával kell beadva lenni.

— No, hisz a ki ebben az én saját kézvonásaimra ráismer! Egy esztendő múlva magam sem hiszem el, hogy én irtam. Hát most mi kell még?

— Semmi. Csak az, hogy irja ön alá a nevét.

— A saját nevemet?

— Természetesen, hogy azt.

— Melyik nevemet? Azt-e, hogy «Apátváry Soma báró» vagy azt, hogy «báró Opatovszky Kornél?»

— Akármelyiket.

— Nem jobb volna, hogy ha az «Apátváry»-t prædicatummal tenném, így: «Apátváry Opatovszky Kornél»?

— De úgy is jó lesz.

— Aztán azt, hogy «Soma» parenthesisbe?

— Az meg még jobb lesz.

— Vagy a hogy mostanság divat, a keresztnevekből csak az első betűket, a többit meg diákul és németül, így: «Baron C. S. von Opatovszky, de Apátvár.» Én így is szoktam.

— Hát irja ön, a hogy legjobban tetszik.

Kornél ezt a legutóbbi aláirást választotta.

Választhatott volna ugyan akármi manupropriát, mert az úgy oda volt vakarintva, hogy azt senki meg nem ismerte, hogy az vajjon a török szultán «thagu»-ja-e, vagy a japáni mikádó névaláirása.

Maga is elnevette rá magát.

— Ezt, úgy-e bizony, hogy senki sem fogja elolvasni?

— Nem tesz semmit. Hitelesiteni fogja önnek a pecsétje.

Az az authentikus pecsét, a miről már hallottunk Czenczi baronessetől valamit beszélni. A nélkül Opatovszky Kornél semmi aláirását el nem fogadják.

— Hát a pecsétet is rá kell nyomni?

— Nagyon természetes. Egy ilyen okiratra.

A gyűrű azonban nem volt lehúzható az újjáról.

A bolondoknak sok ravaszságuk van. Kornél, előre tudva, hogy erre a gyűrűre szükség lesz, a kis ujjáról, a hol azt rendesen hordani szokta, áthúzta azt a «növendék» ujjára. Az meg nagyon vastag volt hozzá. Nem lehetett róla többet leimádkozni.

Atalanta kicsinyben múlt, hogy el nem árúlta türelmetlenségét.

Egész a küszöbig elcsalogatta a bolondot s az most itt

bikacsolja meg magát s nem akar az esztrengán átugrani.

— Ejh. Hát olajozza én meg az ujját, akkor lejön róla a gyűrű.

Kornél kapott rajta, hogy most innen megszökhetik. Atalanta hiába mondta neki, hogy itt a toilette-szobában talál elég olajat, arczkenőcsöt, a mi megteszi azt a kivánt szolgálatot, nem, ő neki egyenesen az olajütő sutúba kell beledugni az ujját. Kimenekül a neje szobájából. Azt ott hagyta a leirt okiratok előtt, a mik pecsét nélkül nem értek semmit.

A mint kiszabadult a friss levegőbe, abból a mámorító gőzkörből, a mi úgy elkábítá rendesen a fejét, kezdett abból az állati ösztönből valami visszatérni az idegeibe, a mi tovább hive marad a lelkes állatnak, mint az emberi ész. Érezte a ludbőrző epidermise, hogy ő most valami hallatlan nagy veszedelemben forog. Úgy hivogatta a zöld gyep, a kavicsos országút, hogy induljon neki a szaladásnak és fusson addig, míg utoléri azt a felhőt, a mi a láthatáron épen alámegy.

Mikor nem nézett azokba a fekete szemekbe, tudta, hogy megcsalják.

Azt is tudta már, hogy őtet bolondnak tartja minden ember.

Hogy vigyorognak a gyermekek az utczaszélen, mikor meglátják!

S most még azt kivánják, hogy ő maga is ismerje el magáról, hogy bolond.

Ez épen annyi, mintha egy eleven embertől azt kivánják, hogy ismerje el magáról, hogy halott.

Halott, vagy bolond, hisz az mindegy.

Maga sem vette észre, hogy kikerült a parkból a faluba, az utczáról a piaczra, a piaczról egy bolt eleibe, a hol a boltajtó előtt egy ismerős hang megszólítá:

— Alázatos szolgája méltóságos báró úr!

Szinte jól esett a felrezzentés. Még a czimezés is. «Méltóságos báró úr!» A helyett, hogy «ni a bolond!» vagy a helyett, hogy «szelim alejkum a marokkói császárnak!» (a bolond álma császárnak lenni) az a tisztességes megszólítás.

Rokomozer volt, a ki megszólítá.

Rokomozer volt a legrégibb ismerőse Kornél bárónak. A kegyeletes emlék még ott kezdődik, mikor az apjának a tajtékpipáit elhordta hozzá és elcsaklizta neki. Ő tőle szedte fel a legelső kölcsönöket diák korában. De sokszor megcsalták egymást! Hol ő Rokomozert, hol az őtet. Hanem az mindig a legnagyobb kedélyességgel ment. Mindig kriminális processus küszöbén álltak egymással; de azért eligazították a dolgukat szépen. Mind a kettő a másikat nevezte a maga pióczájának, vampyrjának, a ki az ő vérét szijja és mind a kettőnek igaza volt. Hanem azért Rokomozer, a ki Kornél bárót szipolyozta, ép olyan szegény maradt és épen úgy elnyomorodott, mint az, s hogy éhen nem halt, csak annak köszönheté, hogy hozzá szoktatta magát a koplaláshoz egész familiájával együtt. Az adós is tönkre jut «itt», meg a hitelező is.

Opatovszky Kornél olyan magárahagyottnak érezte magát e pillanatokban, hogy valósággal jól esett neki a szatócs üdvözlése.

— Nem méltóztatik besétálni szegény boltomba a méltóságos úrnak?

Kornél báró azt kérdezte, hogy vannak-e jó havanna szivarai?

— Van. Jó friss. Most készült; az ember az ujja körül tekerheti.

— Kóstoljuk meg.

Bement a szatócsboltba szivart vásárolni s kiválasztott egy csomót azokból a drágalátos patkányfarkakból, a miknek az a szokásuk, hogy a féloldaluk végig ég, a másik megmarad.

— Hanem a tárczámat otthon felejtettem ám, most nem fizethetek érte.

— Nem tesz semmit. Majd odairjuk a többihez. Inkább még adok valamit a méltóságos úrnak, a mit a zsebébe dughat.

— Mi lehet az, Sámsi?

— Én bizony nem tudom. Valami levélforma.

Kornél arcza örömre derült, a mint a szatócs a takarékpapirok alól előhúzott levelet a kezébe adta s ő megismerte rajta az irást.

— Ezt Koczur irta!

— Én bizony nem tudom, hogy ki irta? Azt sem tudom, hogy ki az a Herr von Koczur? soha életemben sem láttam, se a nevét nem hallottam. Itt sülyedjek el — a pinczébe!

— S hogy jött ide a levél?

— Hát én tudom? A mint egy pillanatra kimentem a boltból, senki sem volt idebenn; mire visszajöttem, már itt feküdt az asztalon. Úgy éljek — száz esztendeig. Nem akartam oda küldeni a gyerektől, mert az van ráirva, hogy «a saját kezébe adandó». Vártam, míg a méltóságos úr erre sétál, vagy a kertben megláthatom.

De még egyéb is volt a levél borítékjára irva kívülről, de latinul. Hogy a czímzett ezt a levelet a legnagyobb titokban bontsa fel.

Ezt ugyan a maga eszétől is kitalálta volna Kornél.

— Nincs senki itt a mellékszobában? kérdé a szatócstól.

— Senki, egy lélek sem. Csak tessék besétálni. Majd én vigyázok az alatt idekünn a boltajtóban. Én a báró urat el nem árulom, de az utolsó csepp véremmel is megoltalmazom, a milyen igaz, hogy van valaki oda fenn — a padláson.

Kornél a benyilóba ment s annak is bereteszelte az ajtaját, felbontá a Koczur levelét. Terjedelmes iromány volt az, teljes, sűrűn megtömött négy oldal.

«Kedves gazdám!

Dátumot azért nem irhatok a levelemre, mert azt egy

födeles társzekéren irom az útban, azért is olyan kuszáltak a betűk. Nekem semmi bajom, nem is lesz semmi, egy szót sem vesztegetek a magam dolgairól; hanem egyenesen a te dolgaidra térek. Te a legnagyobb veszedelemben forogsz, a mi csak az életed fonalát csomóra kötni képes lehet. A feleséged, meg a te kedves teljhatalmazottad be akarnak téged csukatni az őrültek házába. Nem ám azért, mintha útjokban volnál, hanem puszta spekulátióból. Az asszonynak a pazarlása, szenvedélyei, Diadémnak pedig a szédelgő vállalatai odajuttattak mindnyájatokat, hogy a legszorgosabb kiadásokra sem teremthető elő a számotokra, egyesült erővel sem a mulhatlanul szükséges összeg. Minden egyenes és görbe út el van már zárva előttetek. Csupán egy nevezetes összeg fekszik még valahol csorbítatlanul, a mi húsz év óta fel is szaporodott már több mint a kétszeresére; de azt fel nem vehetik ők, a nélkül, hogy te saját magad alá ne ird, és gyűrűddel meg ne pecsételd azt a kívánatot, hogy vegyenek be a döblingi «menedékbe». Akkor ők felvehetik ezt a kincset. Csakhogy azt ők nem fogják a lunatic-asylnak adni, hanem megtartják maguknak, s ők csak az évi tartásdíjt fizetik meg érted az igazgatóságnak; eleinte nagy összeget, úgy, hogy úri módon fogsz ellátva lenni, később aztán, a mint a tehetségök lejebb száll, mindig kevesebbet, s ha mindenből kikopnak, végre semmit; a mikor aztán te igazán őrültté nyomorítva, az ingyen osztály beteglevesére szorulsz. Ezt az ő tervüket én igen egyszerüen egy elfogott levelükből tudtam meg, a mihez épen azon az úton jutottam, a melyen egy másikat is szerencsém volt megkapni; a miben meg én rólam lett volna egy kis biztos ellátásról gondoskodva. Igen természetes. Hogy te veled könnyen elbánhassanak, elébb engem kellett tőled teljesen elszakítani. Ez egy időre hát sikerült nekik; csakhogy nem úgy, a hogy ők képzelték. A denuntiáló levél az én csizmámszárában fülel; tehát engemet még most senki e földön nem is üldöz, s mire ráduplázhatnának az árulásra, akkorra már én rég biztos helyen vagyok, s fittye hányok nekik. De nincsen is tárgyuk, a miért bevádolhassanak. Légy e felől egészen nyugodt. Sem én magam, sem mi ketten együtt semmiféle kompromittáló tényt el nem követtünk. A temetvényi várromban, meg az apátvárt gyárépületekben felfedezett és felfedezendő ládákban sehol egy puskát nem fog találni senki, a mi nem is volt bennük soha. A más helyeken megkapott fegyverszállítmányokról én nem tudok semmit. A te «hiveid» följelentik a röptiben elfogott levelükben, hogy én pénzeket adtam át neked és nekik. E felől is légy nyugodt. Az elismervények is nálam vannak, s azokból a német nem eszik. De ha megtalálná is valaki azokat nálam, én ismételve szavamra és hitemre mondom, hogy annak a pénznek az eredete ott van, a hová ujjal mutattam, a pozsonyi bezárt házban. A ki azt számotokra küldte, végveszedelemben kész lesz azt elismerésével igazolni. Az a te őrangyalod volt, senki más. A pénzt nem Garibaldi küldte, hanem Pálma. Ezt a mesét azonban a te kedveseidnek azért volt szükségük kigondolni, hogy ha engemet föladnak, akkor engem a hatóság befogat. Ez most napirenden van. Egy esztendeig fogva tartanak, összevissza vallatnak, meghurczolnak, confrontálnak, akkor aztán, ha semmi sem sül ki rám, szabadon bocsátanak. Hanem ez alatt téged majd ők agyonijesztgetnek azzal, hogy magad is belé vagy keveredve az összeesküvésbe, most már fejedet veszik, vagy legalább is elitélnek tizenkét esztendei sánczfogságra s tolhatod a talyigát Olmüczben. Hogy ettől a veszedelemtől megmenekülj, rá mutatnak a bolondok házának a kapujára, menekülj be azon. Ismerd el magad, hogy odakivánkozol. Töltsd be vele apád végrendeletének a föltételét. Hagyd itt nekik mindenedet. Ez az ő tervük. Légy eszeden, kedves gazdám, édes barátom! Ha nem lehetek is ott melletted, nem engedem, hogy megrontsanak. Óvlak, figyelmeztetlek, felbuzdítalak. Ne légy nekik bolondjuk, hanem verd el őket magadtól és állj a két sarkadra! Jogod van hozzá, megteheted. Megfogadtam valamennyi szentekre, hogy mikor elmarnak tőled, akkor én is harapok rajtuk egyet olyat, a mitől ők is tovább futnak, mint a veszett eb. Szavamnak állok. Mondtam ugy-e, hogy teneked jogod és módod van rá, hogy Atalanta aszszonytól, akár tizenöt évi házasság után is, törvényesen elválhass; hát most elmondom neked ezt a titkot és a jogalapot a válóperhez. Ez a jogalap a csalás. (Dolus.) Impedimentum dirimens. Te nőül vetted jóhiszemüleg Donna Atalanta di Pelargonios spanyol herczegasszonyt, mint ártatlan, erényeire büszke hajadont, a ki egy, tőled kapott megszégyenítő csók miatt a Dunába vetette magát, s onnan félig megfulladtan húzatta ki szép testét; így könyörögted vissza az életre s ebbeli rémületedben otthagytad érte előkelő menyasszonyodat, fényes életpályádat, egész sorsodat. Hát ebben a mondatban, a hány szó van, annyi az infámis, raffinált, istentelen csalárdság.

A miket most neked el fogok mondani, édes Kornél, azokból megitélheted a magad gyönge fejével is, hogy én azért a jó szolgálatért, a mit most neked teszek, nem szándékozom fizetést kérni. Ellenkezőleg, én fizetek most. Neked is, meg a te kedveseidnek is. Nem bánom azután, süssétek, főzzétek meg egymást. Nekem ebben az ó-világban semmi keresetem többé. De meg akarom az emlékezetemet örökíteni.

Tehát legelőször is tudd meg azt, hogy a te állítólagos feleséged nem valami spanyol marquisnő, nem donna Atalanta Pelargonios, hanem valóságos Leutomischlben született parasztleány; az ottani matrikula szerint «Muskatlinek Katalin». S nem Montezuma kérte kölcsön az ő Pizarró idejében elhirhedett családnevét a kedvencz virágja számára, hanem inkább ő kölcsönözte a muskátlitól a Pelargonios nevet. A büszke hidalgó pedig, a kit te apjának ismersz, egy württembergi akrobata, valami Limuschnigg Henrik, a ki valamikor lovartársulat-tulajdonos volt, de abba belebukott. Ő vette meg Katalint a szüleitől öt éves korában, s ő képezte ki tökéletes művésznőnek. Mindezeket pedig én nem az ujjamból szoptam. Ha utána akarsz járni, megtalálhatod az öreg hidalgót, az apósodat, nem Estremadurában, az ősi lovag-kastélyában, hanem Darmstadtban, a hétválasztó-kávéházban, ott pikétezik minden délután s veszti — nem a maga durosait, hanem a te piczuláidat. Mert a nemes urat ott tartják internálva a te kedveseid, megtiltva neki a világban való ögyelgést s természetesen ellátva őt annyi pénzzel, a mennyire csak szüksége van. Mert az az egyik veszedelmes ember, a ki az ő titkaikat birja, a másik meg én vagyok. Annak a száját aranynyal tömik be, hogy hallgasson; az enyémet be akarták tömni földdel. Attól természetesen még jobban elhallgat az ember.

Meg voltál te bizony csalva eleitől fogva, kedves Kornél, mint egy lúd! S én azt tudtam, többet mondok, magam sütöttem nyélbe.

Hogy miért tettem ezt? azt is elmondom. Mikor te el akartad venni Temetvényi Pálma grófnőt, az öreg gróf valami olyat szalasztott ki a száján, hogy a mint az a házasság meglesz, akkor a Koczurt is majd félretegyük valami csendes kis hivatalba. Értsd: utilaput kössünk a talpára. Mert én se dolgozni, se nagy uraknak hizelkedni nem tanultam s egyik a kettő közül megkivántatik minden hivatalhoz. Ugyanugy-e? mondám én; hát ti most már ki akartok engem dobni, mint az almából a kukaczot? No hát nem esztek abból az almából! Tettem róla. Én fedeztem fel Diadémot a számodra. Mondhatom, hogy mind a két familia számára. Már akkor láttam, hogy milyen sok fából faragott ember. Ez kell neked. Felvittünk Bécsbe. Belelovaltunk minden bolondságba. Utoljára megismertettünk Atalantával. De sok bolondot elkövettél miatta, hogy megkaphasd, pedig neked volt az szánva mindenképen. Csak azt a robotot sajnálom leginkább, a mit az angol meg a spanyol grammatika-kapálásban együtt izzadtam át veled. Hiszen jobban értett a mamzell, meg a hidalgó németül, mint te magad. S te azt hitted, hogy a te kedvedért tanult meg németül a kisasszony két hét alatt tökéletesen. Persze, lóháton tanult. Ki volt az számítva szépen, hogyan fogjanak el ennek az állatszelidítő amazonnak a pányvájával tégedet a grófi menyasszonyod oldala mellől. S ha néha magadnak is jött közbe egy ötleted, a mivel a számítást megzavartad, azért volt ott Koczur, hogy azt helyresegítse. Emlékezel még arra a híres párbajra Diadémmal? diachilon-flastromból voltak a golyók, a mikkel lőttetek. A véletlen az ellenfeled golyóját az arczodra plántálta, s te feküdtél bele két hétig.

A donna pedig meglátogatott s igen boldoggá tett ezáltal. Látod, ehhez az örömhöz is az én eszem révén jutottál. De legszebb volt azután az a vízbeugrási komédia. Erről már csak szentül meg lehettél győződve, hogy nagyon komoly dolog volt. Bizony együtt csináltuk ki mi ezt is jó előre a donnával, meg a hidalgóval. De hát, hogy lehetett volna ez? Hiszen Atalanta csakugyan a víz alatt volt legalább három perczig; a mi elég arra, hogy valaki a vízbefulladás tetszhalálát megszerezze. Nem is minden bolond ember csinálná ezt neked utána, hanem hát egy dolgot nem tudtál a csodanő életéből. Ő eleinte «Loreley» név alatt produkálta magát a czirkuszokban, a hol egy nagy üvegmedenczében alábukva, mint valami tengeri tündér csinált mindenféle gymnastikai productiókat, evett, ivott a víz alatt s kitartotta lélekzetvétel nélkül három—negyedfél perczig is. Hanem a német és osztrák erkölcsös hatóság betiltotta ezeket a vízi mutatványokat s akkor lett Loreleyból Atalanta. Tehát a te amazonod csak a megszokott mesterségéből tartott neked egy ingyen-productiót. Ez az ingyen neked sokba került. Mikor a vízből kihúzták élettelenül, s aztán felvitték a lakására, a míg a két orvos mentőszerekért lótott-futott, a szegény halott azt sugta a fülembe: «hozza ide most Opatovszkyt!» Odamentél s visszahíttad őt az életre. Ő lehagyta magát imádkozni a paradicsomból s feleségeddé lett. A másik menyasszonyodat, azt szépen eltemetted élve.

Hát már most azt mondom neked, édes Kornél, hogy vedd elő valahára a jobbik eszedet, s ha nem akarsz a bolondok házába bemenni, legelébb is bizonyítsd be azt, hogy helyes eszed van, azok előtt, a kik bizonyosra veszik, hogy te bolond vagy, mert ők tettek azzá. A legvilágosabb ok kezedben van, a miért Atalantától a szentszék elválaszt. Csalás volt a házasságban. A kit elvettél, nem Atalanta di Pelargonios marquisnő, hanem Muskatlinek Katalin. Ez megsemmisíti a házasságot. Akkor azután ott a másik lépés, visszatérni előbbi jegyesedhez, a ki téged most is szeret, a ki most is te reád vár, s a ki menyasszonyi hozományul nagy vagyont zsugorgatott össze. Két lépéssel az egész életed folyását megfordíthatod. Teszed-e? nem teszed-e? Azt én már nem tudom meg; mert én már akkor, mikor te ezt a levelet olvasod, a tengeren vagyok. Hanem ha el akarod rá szánni magadat, s jó csattanós, eltagadhatatlan, monumentális skandalummal akarod az első lépést megkezdeni, akkor — még egy második levelem is van annál a mi közös jó barátunknál, a ki neked ezt a levelet kézbesíti. Ha tenni akarod azt, a mit tanácsoltam, kérd el tőle azt a második levelet is. Ha nem kéred, nem adja oda. Ebben a második levélben elmondom neked az egész stratagémát. Határozz tetszésed szerint. Légy okos ember, ha akarsz, s kergesd ki a megcsúfolóidat a házadból; vidd helyükbe azt, a kivel szerencsés lehetsz; vagy légy bolond, s csukasd be magadat Döblingbe, s adasd fel a kényszerzubbonyt a hátadra: mert egyéb válogatásod nincs. Én mind a két esetben azt mondom, hogy «pálczaló alád: gyalog ne járj!» magamnak pedig «mind a vízig szárazon!» Mi egymással ez életben soha többet nem találkozunk. Ezzel a mostani levelemmel, úgy hiszem, hogy mind neked, mint a te drágalátosaidnak bőségesen visszafizettem minden jót és rosszat vegyest, a mit tőled és ő tőlük ez életben elfogadni szerencsém volt vegyest. Nem tartozunk egymásnak semmivel. «Fertig!»

Utolsó és legkomiszabb barátod Koczur.»

Mire végigolvasta Kornél báró ezt a levelet, olyan sárga volt az arcza, mint a viasz.

Hátha a hétfejü sárkány ült volna azon a másik levélen!

Rosszul ismeri a bolondot, a ki azt hiszi, hogy annak az a kedélyállapotja, a mikor őt egy cachirozott oroszlánnal be lehet kergetni a kályhalyukba, örökké tart; ugyanazt a bolondot egy másik mérgező olyan indulatba hozza, hogy egy fapuskával neki megy az igazi oroszlánnak.

— Hol van az a másik levél? kiálta Rokomozerre. Nem kiáltott, de ordított.

— Jézus Mária! förmedt föl a szatócs, ijedtében még azt is elfelejtve, hogy ez nem az ő vallásától diktált invocátio! Hiszen elő adom, csak ne tessék azért a torkomat szorítani!

De addig nem eresztették el a nyakát, a míg a levél elő nem került.

Azt azután ismét bevitte a benyilóba Kornél báró, hogy megismerje belőle a titkos stratagémát.

Rokomozer az ajtónál fülelt kívülről s nagyon csóválta a fejét, mikor azt hallotta, hogy Kornél báró milyen nagyokat kaczag egymagában odabenn. Erre pedig annyira ráért a nevetésvágy, hogy még mikor kijött a szobából, akkor is nevetett, nem tudta visszatartani. Belekötött a szatócsnak a szakállába: «ejnye, de furcsán reszket ez a maga szakálla; hahhahha!» Azután meg a bőrsipkájába. «Hogyan hátra áll ez a maga bőrsapkája, hihhahu!»

— De hiszen harmincz esztendő óta látja a méltóságos úr ezt az én szakállamat ide elől, a sipkámat meg odahátul, és csak ma jut eszébe rajta nevetni. Talán valami nagyon nevettető dolgok voltak abban a levélben?

— Levélben? Most egyszerre észrejött Kornél; azt nem szabad még csak sejtetni sem a világon senkivel, hogy mi lehet a Koczur második levelében. Annálfogva egyszerre úrias komolyságba ránczolta az arczát. Jó lesz másról beszélni. Apropos! Én egy igen komoly tárgyban jöttem ide magához. Maga tud bizonyosan valami mesterséget, a mivel egy gyűrűt le lehet az embernek az ujjáról húzni, a mi rászorúlt?

— Hogyne tudnék? Adja ide a méltóságos úr a kezét.

Egy percz alatt le volt húzva a gyűrű.

Most megint kitört a nevetés a báróból.

— Hát kérem, most megint mit tetszik rajtam nevetni?

— Nem magán; de megcsiklandozta a tenyeremet.

— No hát már most húzza fel a kis ujjára a gyűrűt. Arra meg nagyon tág. Könnyen leeshetik róla. Még elveszti egyszer. Kár is ezt a drága reliquiát úgy koszpitolni, nem kellene azt mindig a kezén hordani. Kiesik a köve s aztán nincs manupropria.

Most meg már gyanakodva nézett Kornél báró Rokomozer szemébe. Nem tud ez valamit abból, a mit Koczur a levélben irt?

— Én bizony tudnék a méltóságos bárónak egy épen ilyen köves gyűrűvel szolgálni, mint ez. Szakasztott olyan.

Kornél még jobban belenézett az emberbe. Tud ez valamit! Ki akarta próbálni.

— Hol az a gyürü? hadd lássam!

Szép tokba volt téve, megbecsülték.

— Igazi kő ez benne?

— Igazi, — sötétben.

— De a gyűrű nem arany?

— Ha a méltóságos úr felhúzza az ujjára, mindjárt arany lesz.

— De ez is nagyon tág a kis ujjamra.

— Hisz az a jó benne.

Ennél a szónál aztán mérgesen ragadta mellbe a szatócsot Kornél báró s majd kirázta a kaftánjából.

— Miért mondta maga azt, hogy «az a jó benne?»

— Azért, hogy könnyen el lehet veszteni, s olyankor a becsületes megtaláló mindig kap érte egy kis jutalmat.

Kornél báró megfenyegette az öklével a szatócsot, s aztán eltette a zsebébe a gyűrűt, a tokját visszaajándékozta neki.

— De nekem most nincs ám pénzem.

— Nem tesz semmit. Majd felírjuk a többihez. Ha csak annyi veszett volna el Apátvára alatt!

— Hát talán több kontóm is van itt?

— A Vágot lehetne vele elrekeszteni.

— No, ne féljen, Sámsi, ki lesz az fizetve mind. Csak most erről a másik gyűrűről ne szóljon senkinek a világon.

— Dehogy szólok.

Opatovszky Kornél a milyen lecsüggesztett fővel jött idáig, olyan büszkén fenhordta az orrát, mikor innen kilépett. Hangosan kezdett fütyörészni. Ritka jó oka volt rá, hogy ilyen jó kedve szotytyanjon.

Rokomozer pedig benyitva a felesége szobájának az ajtaját, valami keleti nyelven mondott neki valamit, aztán kiállt a boltajtóba. Meglátta messziről a báróné inasát. Az ide tart. Bement előle a boltba.

— Adjon csak frissen a bárónénak egy font kávét, Sámsi!

— Hozott pénzt?

— Ma nem.

Erre aztán Rokomozer megint kilépett a boltajtón s felnézett az égre.

— Már nem adhatok, mert feljött a csillag.

— Ejnye! Hátha pénzt hoztam volna, akkor nem jött volna fel a csillag?

— Akkor nem néztem volna ki az ajtón.

Dejszen alighanem tudja a Rokomozer, mi van abban a levélben mind a kettőben? S mától fogva nem ad ő már a bárónénak, de csak egy font kávét sem hitelbe.

Kornél báró tehát nagy füttyszóval érkezett vissza a kastélyba. S nevetett hozzá magában. Azt természetesen nem tudta, hogy ő most nevet és fütyöl. Másutt jártak a gondolatjai. Azon törte a fejét, hogy mivel odázza el most azt a pecsét odanyomást a saját kezealkotta okiratokra? A fenntisztelt inas kisegitette a töprengéséből, az is épen akkor érkezett a báróné szeme elé üres kézzel, mikor Kornél báró, sőt valamivel hamarább, hogy kinyithatta előtte az ajtót. Kornél hallhatá a rapportot: «A Sámsi nem ad ma kávét, mert már feljött a csillag, sábesz van!» «No, hát akkor ma az urak nem kapnak ebéd után fekete kávét.»

Hanem ez egy kész ötletet adott Kornélnak. Ha Rokomozernek sábeszestéje van, akkor keresztyén embernek péntek van.

— Nos, kedvesem, szólt hozzá Atalanta. Hát le tudta már az ujjáról huzni a gyűrűt?

— Igenis, angyalom. Nézze, itt van már a kis ujjamon.

— No, hát menjünk be a szobámba s végezzük el a dolgot.

— Ne ma, drága bálványom. Csak ma ne! Tudja, hogy én péntekes vagyok. Péntek napon semmit se kezdek, semmit sem végzek. Holnap inkább.

— De az ön érdekében kell a sietés. Hátha még ma fogják önt keresni?

— Majd ti elbujtattok engem. Eltagadjátok, hogy itthon vagyok. Vagy hát legrosszabb esetben tartjátok discursussal az elfogásomra kiküldött csendőrhadnagyot. Én azután csak azt várom, hogy az óra elüsse az egy fertályt egyre; abban a pillanatban ráütöm a pecsétet a két okiratra, s akkor aztán előjövök, bemutatom magam s majd meglátod, annyi bolondot csinálok én azzal a csendőrtiszttel, hogy az egyenesen elvisz Döblingbe.

Itt azután elkezdett féktelenül kaczagni. Eszébe jutott neki mind az, a mit Koczur irt Atalanta felől, azután meg a többi minden egyéb. Atalanta azt hitte, hogy most már közel van a tökéletes megbolonduláshoz. Pedig ellenkezőleg, épen a megokosodás útján járt most, de hát ezt nem sejthette senki.

Az ebéd ideje elkövetkezett, nagy urasan, a csillag feljövetele után, Kornél roppant jó étvágygyal evett és ivott. És minden apróság nagy vigalomra adott nála okot. Minden poháremelésnél koczczintani akart valakivel, s tréfásan emlegette, hogy ez most az ő «utolsó vacsorája».

Különösen mikor az átellenében ülő Diadém úr szemeivel találkoztak az övéi, olyankor mindig elnevette magát; mintha valami pompás, eltitkolni való tréfa volna közöttük, a mit csak ők ketten tudnak. Mikor a csokoládéval leöntött riskása-fölfujtat fölhozták, s azzál legelőször is őtet kinálta meg az inas, ez a gondolat szökött ki az agyából, Diadém úrra néztében: «mit gondolsz, kedves barátom; ha én most ezt az egész csokoládés kókot így egy gömbben a képedhez vágnám?» — Mi volt ez? — Revanche a diachillon-flastrom golyóért!

Hahhahha!

Hanem aztán csak okosabb hasznát tudta venni a csokoládés kóknak. Atalantának kellett őt figyelmeztetni, hogy ne szedje ki mind a tányérjára a fölfujtat, mert azt a lánya is szereti. Azt észre se vette, hogy az asztalnál ül.

Ez a szó aztán ketté vágta a kedvét, s elérzékenyíté. Köny szökött a szemébe. Talán nem is ettől a szótól, hanem attól a hevenyében bekapott csokoládés falattól, a mi forró lévén, megégette a száját. Akkor aztán az egészet, a mit magának kiszedett, oda akarta adni Czenczinek.

— Kedves leánykám te! Drága gyermekem! Fogadd el tőlem. Úgy sem adok már neked többet soha semmit.

Komédiázott! Szándéka volt mindenkivel komédiázni. Visszakomédiázni mindazokat, kik őtet annyi időn keresztül megkomédiázták.

És bámulatosan jól játszott. Kapott egy thémát, a mit egészen megértett, megszeretett. Mint a hogy vannak olyan rossz szinészek, a kikre rátalál egy szerep s azt eljátszák remekül; többet aztán nem tudnak, hanem ebben az egyben nagyszerüek.

Kornél báró a délesti órákat csupa érzékeny elbúcsúzási jelenetekre használta fel, Czenczi baronesset a térdére ültette és adott neki atyai tanácsokat. Hogyan viselje magát az életben? Mik a kötelességei egy serdülő hajadonnak? Időjártával egy családanyának? Minden időben egy magas rangjáról soha meg nem feledkező úrhölgynek. Felszólította, hogy neki minden héten irjon levelet Döblingbe és tudósítsa különösen a kedves jó mama hogylétéről. Azután Diadém úrnak esett neki; annak elkezdett bölcs értekezéseket tartani, hogyan hozzon rendet a háztartásba? miféle hitelműveletekkel állítsa helyre a megzilált gazdasági viszonyokat? és hogy mindenekfelett azt a nagy és nemes hivatást, mely most már ezentul az ő vállaira nehezülend, hogy egy családapjától megfosztott főúri nemzedéknek ezentul ő leend a gondviselésadta feje, mily lelkiismerettel viselje.

Utoljára Atalantára került a sor.

— Hát te, angyalom, mindenem, földi mennyországom! Hogy kell te tőled majd örökre elválnom! Nem, azt nem engedem, hogy te is velem jőjj szomorú siromba. Odáig elkisér engemet Diadém barátom, meg az orvosunk; neked itthon kell maradnod. A leányt anyjától megfosztani nem lehet. A fiatal leánynak mindig maga előtt kell látni a jó példát az édes anyában. Légy te ezentul is gyermekeimnek anyja! Kerestesd fel azt a rossz fiút is és mondd meg neki, hogy én megbocsátottam neki minden bűneit, a miket ellenem elkövetett. És most, még egyszer utoljára, jer velem ki a kertbe; hadd sétáljunk még egyszer karöltve a suttogó fák alatt, hadd emlékezzünk viszsza a hajdani boldog időkre, a mik örökre eltüntek.

- Atalanta nem talált rá semmi okot, a miért azt a kivánságát megtagadja. Szép tavaszi idő volt (talán azóta sem volt több), april elején már szóltak a fülemülék; a telehold olyan szépen sütött, hogy az ember szinte azt hitte, hogy melegít. Lementek együtt sétálni a kertbe. Gyönyörű park terült el a kastély mellett, most ugyan már elhanyagolt állapotban; az utakat még az őszi falevél takarta; hanem azért minden körülmény meg volt, mely az idylli hangulatot felköltse az arra oly igen fogékony szivekben.

«Emlékezel-e erre? emlékezel-e arra? Oh azok boldog idők voltak!»

Ez andalgó visszaemlékezések közben eljutott a sétáló pár a tóhoz. Az is halastó volt valamikor; de biz abból a potykákat mind eladták mázsaszámra, mikor rájuk került a sor s most nem lakik benne más, mint béka. Az is idylli állat. Hanem vadkacsák szoktak ellátogatni bele s azoknak a kedvéért állított fel valaki a tóparton egy leskunyhót fenyőgalyakból. Valaha még hattyui is voltak e tónak, benn a víz közepén áll czölöpökre rakva a hattyuház, csak hogy a hozzávezető gyaloghíd már elpusztult.

— Vajjon nincsenek-e most is hattyuk a házikóban? mondá Kornél.

— Nincsenek kedvesem. Elrepültek, mert nem etette őket senki.

— A hattyu vándormadár; tavaszszal vissza szokott jönni a régi helyére.

— Ha volnának, látnók őket.

— Ilyenkor költenek s bennülnek a házikóban. Nézzük meg.

— Látod, hogy a híd összedőlt.

— De itt egy csónak. Emlékezel rá, hányszor csónakáztunk együtt kettecskén e sima tó tükrén, a mit épen úgy ezüstözött meg a hold, a hogy most... (No még utoljára poéta lesz Kornél báróból.) Úgy is utoljára csónakázom ebben az életben. Tedd meg a kedvemért. Én evezek, te kormányozol.

Mit meg ne tenne az ember egy kedves hitvestársért, a kit holnap a bolondok házába akar becsukatni?

Atalanta ráhagyta magát venni a kéjcsónakázásra.

— Aztán majd dalolni fogunk a vizen, mondá Kornél. Mit? Azt-e, hogy «Eljött az esti szellő, ringatva csolnakom?» tudod, az a szép barcarole a «Velenczei nő»-ből, vagy azt, hogy «Hajlong sajkám, verdesi a hullám!»

— Mind a kettőt.

— Te énekeld a discantot, én meg a bassust. (Kappanhangja volt, de ő azt hitte, hogy azzal bassust tud énekelni.)

— Az nagyon szép lesz.

Az evezőlapát csapkodta a hullámot, aztán egy pár semmiképen egymással össze nem illő hang zavarta meg az est ünnepélyes csendjét, két külön mélódiára énekelve ugyanazt a nótát, a minek utoljára is nagy nevetés lett a vége. A nevetés jó kedélyt árult el.

— Kormányozd a csónakot a hattyuházhoz, kedvesem.

Atalanta megtette a kivánságát.

Mikor közel értek, hogy be lehetett a házikóba látni, azt mondá Kornélnak:

— No, látod, nincsenek benne a hattyuk.

— Én szeretnék egészen közel menni, hátha el vannak bujva. S azzal, a mint a csónak orra a kunyhóhoz közelített, behúzta az egyik evezőt s a kezével belekapaszkodott a kunyhó palánkjába. A palánk rozzant volt, a kezébe szakadt.

«Jézus Mária!» kiálta fel Kornél ijedten.

— No, mi történt? Megsértetted a kezedet a deszkával?

— Nem. Hanem a gyűrűm.

— Micsoda gyűrű?

— A pecsétnyomó gyűrűm beleesett a vizbe.

— Szent Isten.

— Én utána ugrom.

— Dehogy ugrol. Hisz nem tudsz uszni!

— Aztán pedig te sem tudsz.

— Én sem tudok.

— De nekem azt a gyűrűt minden áron vissza kell kapnom. Tudod, hogy az milyen nagy fontossággal bir rám nézve.

— Hát hiszen majd visszakapjuk, a tó vizét le lehet ereszteni s ekkor a lecsapolt mederből kihalászszuk a gyűrüdet.

— De hátha addig elnyeli valami hal?

— Nincs itten hal.

— Vagy valami béka.

— Az meg nem él vele.

— De reggelig elsülyedhet az iszapban s nem akadunk rá.

— Hiszen tudod jól a helyet, a hol az ujjadról lecsuszott.

— Igen, itt az innenső czölöpnél mindjárt. Csak a hinár közé ne keveredett volna.

— Ott is rá fogunk találni reggel. Most már ne aggódjál miatta, vedd az evezőt; térjünk vissza a partra.

— Bárcsak le ne húztam volna soha a növendékujjamról! Hisz így is lehetett volna vele pecsételni visszakézzel.

— No már megvan. Ezen ne lamentáljunk. Megkerül holnap. Légy egészen nyugodt.

Dehogy tudott Kornél nyugodt lenni. De e percztől fogva egészen elkeseredett kedélybe talált jönni. Mikor kiszálltak a partra, összefonta karjait s úgy nézett vissza merően a tóra.

— Vajjon nem a sors intése volt-e ez most, hogy én ezt a gyűrűt a tóba ejtettem? Tudod, királyném! mint a hogy a velenczei dózsé szokta a Bucentoróról eljegyezni magának az Adriát egy gyűrüvel. Úgy én is tán eljegyeztem magamnak ezt a tavat.

— De mi a gutának jegyeznéd el te magadnak ezt a békalencsés posványt?

— Azért, hogy ott feküdjem a fenekén a sima kavicsok között, rebegé Kornél báró tragikus arczkifejezéssel.

És Atalanta még most sem jött rá, hogy ez most ő neki komédiát játszik! Ő, a raffinált művésznő ráhagyta magát szedetni egy ilyen improvisator által.

Sietteté, hogy menjenek vissza a kastélyba.

Mikor a veranda lépcsőjén felhaladtak, Kornél báró még egy elegiakus kitörésre határozta el magát. Végignézett az elhagyott parkon. S aztán megrázta a fejét s egyik kezével a homlokához kapott, a másikat a szivére nyomta:

— Nem jobb volna-e egy ilyen pillanatban azonnal meghalni?

Aztán lenézett onnan a szédítő magasból. (A veranda legalább is nyolcz láb magas volt.)

— Ha én most innen leugranám.

(Bizonyosan kificzamitaná a lábát.)

Atalantának eszébe jutott, hogy ennél nagyon hamar meg van a kiugrás s beránczigálta őt magával.

— Jőjj kedvesem, jőjj be innen.

— Nem! Nem hagyhatom el ezt a helyet. Bevárom, hogy értem jőjjenek! Verjenek lánczokra, úgy vigyenek el.

Atalanta komolyan vette a dolgot. Ez az ember még majd csupa merő bolondságból nem hagyja magát bolonddá felavatni.

— Jer, theázni. Ma nem kávéztál ebéd után, pedig hozzá vagy szokva. Most pótold ki theával. A tavaszi est levegője hűs, még megárt az egészségednek.

— Oh bár lehetnék halálos beteggé, hogy a te karjaid közt halhatnék meg. (Lehetetlen volt e szónál egymás karjaiba nem omlaniok.)

(És hogy nevettek azon mindketten! Kornél még jobban, mint Atalanta.)

Diadém úr lejött eléjök s az ilyen okos, éleseszű férfiúnak egy szó, egy tekintet is elég, hogy átértse rögtön a helyzetet. Odahajolt Atalantához s a fülébe sugta, de olyan hangosan, hogy Kornél is meghallja.

— Koczurt elfogták Pesten. Minden compromittáló iratot nála találtak. Most irja az ügynököm.

— Szt! Lassabban sugja ön! inté Atalanta.

Késő volt már, megütötte ez már a fülét Kornélnak.

— Mit? Mit mondasz? Koczurt elfogták Pesten? Kiálta s oly jól tudta adni az ijedtséget, hogy Diadémot is rászedte vele.

— Nem! Nem! mondá a bankár. Én nem beszéltem Koczurról.

— De igen, igen! Én jól hallottam. Mindennek vége van. (Még reszketni is tudott s a fogait összevaczogtatta.) Pedig hisz a zsebében volt Koczur levele, a miben azt tudatja, hogy jó helyen van s nincs nála semmi ok, a miért elfogják s nincs nála semmi irat, a mivel valakit bajba keverjen.

— Hogy tud ön ilyen vigyázatlan lenni! förmedt látszólagos haraggal Atalanta Diadém úrra. Tudja, hogy ő milyen ideges! Szegény Kornél. No, ne aggódjék ön azért! Elég időnk van az intézkedésre.

— Igen! csak a gyűrüm bele ne ejtettem volna a vízbe!

— Reggelre le lesz csapolva a tó s megkerül a gyűrű. Most jerünk theázni, ön meghűtötte magát, átfázott, reszket. Legjobb lenne, ha lefeküdnék. Én odaviszem önnek a theáját a szobájába.

— De hát ha az éjjel értem jönnek? rebegé Kornél.

— Arról én felelek, mondá Diadém úr, hogy ma nem fogja önt háborgatni senki. Légy nyugton kedves barátom.

Nem vették észre, hogy Kornél maga is ott van már a szinpadon s a szinfalak közé lát; megtudta már, hogy mivel csinálják a villámlást és mennydörgést.

Lefektették az árvát.

Atalanta maga vitte be aztán az ágyban didergőnek a jól megrumozott theát, s azt belediktálta az utolsó cseppig, a miért az nagyon háladatos szemeket vetett a feleségére s megcsókolta neki a kezét, magában mondva: «Servus mamsell Muskátlinek!»

— És most mondjunk el együtt egy imádságot.

Még ez a szinjátszás is kellett.

A férj és nő egymáséba kulcsolták kezeiket s úgy rebegték végig az úr imáját. Annál a szónál, hogy «szabadítsál meg a gonosztól» egymásra gondoltak. Amen!

Vajjon lesz-e sikere az imádságuknak?

— Most már nyugodjál csendesen angyalom; szólt Atalanta, megcsókolva Kornél ajkait, s maga sietett az ablakredőnyöket lezárni s az ágyfüggönyöket összehúzni.

Nem háborgat senki.

Alig távozott el az ifjasszony, Kornél felkelt az ágyból, felöltözött egészen s a csizmáit a kezébe fogva, hogy léptei alatt ne csikorogjanak, mezítláb szökött ki a hátulsó ajtón a kastélyból.

Megjövendölte ezt neki egy bölcs férfi régen, hogy «mezítláb fogja ön elhagyni ősei kastélyát valamikor!» Csakhogy erre a jóslatra ő most nem gondolt, mert nem azzal a szándékkal szökött ki a lakából, hogy oda többet vissza ne térjen, hanem ellenkezőleg, hogy más valakit abból örökre kiűzzön.

Nagyon tetszett neki az az egész vigjáték-terv, a minek kidolgozását Koczur az ő talentumára bizta.

Arra a gyűrűre mulhatatlanul szüksége van Atalantának és Diadémnak. Olyan irást, a milyen Kornélé, akárki tud csinálni, de a gyűrűt nem lehet utánozni, mert azon a sok százados használat miatt annyi kopás, karczolás van, hogy azt vésnök utána nem tudja csinálni. Ha tehát ez a gyűrű a tó vizébe esett, Atalanta szeme láttára, ez a nő nem fog reggelig várakozni, a míg a tavat lecsapolják, nem fogja ezt a gyűrűt többé Kornél rendelkezésére bizni s koczkáztatni azt, hogy hátha meggondolja magát s azt mondja, én bizony nem pecsételem meg azt az irást, egyiket sem, «én nem megyek Döblingbe bolondnak, itt künn maradok okos embernek!» Atalanta, a ki valaha Loreley kisasszony is volt, előveszi még az éjjel vízi tündéri tudományát; s a szép fényes holdvilágnál megkeresi a víz fenekén a leejtett gyűrűt.

Ennek a tündéri productiónak kell, hogy tanuja legyen Kornél.

Akkor aztán meg fog győződni felőle, hogy Atalanta vízbeugrása, tetszhalála, életretérése, a mi az ő egész élete pályáját összezilálta, mind betanult művészi alakoskodás volt. Ezért akkor nagy belépti díjat fizettettek ő vele. Hátha a másodszori előadásnál vissza lehetne kapni az entréet?

Sietett, hogy el ne késsék az érdekes előadás elejéről.

A parkban nem jár már ilyenkor senki.

Koczur csak a vázlatot közölte vele a bohózathoz; ő neki még saját ötletei is támadtak a kivitel közben.

A tóparthoz érve, még azt a furfangot is kigondolta, hogy a pálczatőrével kifúrta a csónak fenekét; hadd teljen meg egészen vízzel. Legyen kénytelen a vízitündér mindjárt a partnál elkezdeni az uszást.

Mikor azzal készen volt, akkor elrejtőzött a vadászles kalyibába. Annak a fenyőág falain keresztül mindenfelé ki lehet látni szépen. Az ember láthatja a közelben a holdvilág aranyozta tavat, távolban a rengeteg nagy kastélyt, melynek most tömérdek ablakai közül csak kettő van kivilágítva az első emeleten. Azok Atalanta hálószobájának ablakai. Rövid idő multán ez a két ablak elsötétül s azután a két szöglet-ablak világosodik meg. Az meg ott Diadém úr lakása. Ez is jól van. Az egyik ablakot kinyitja valaki s látni az éj homályában, hogy szivarra gyújt. Ez a páholyközönség. Onnan is nézik hát az előadást.

Soká kezdődik ez! A földszinti közönség ott a leskunyhóban már kezd türelmetlen lenni. Ámbár az ügyes clownok, az utánozhatatlan szellemdus kecskebékák minden művészetüket előveszik, hogy a hosszú időközt a «diva» megjelenéseig, gymnastikai productióikkal kitöltsék.

Hátha felsülés lesz belőle?

Az pedig nagyon könnyen meglehet.

Ugyan már minek ugranék bele ilyenkor éjszaka a hideg vízbe Atalanta, mikor holnap reggel egy gereblyével is kihalászhatja az ő gyűrűjét.

A várakozás kellemetlenségeit növelte még az, hogy a hűs tavaszi éjszakában fázott az ember. Kornél ezt a hideg tólevegőnek tulajdonítá, de meglehet, hogy az állati ösztönnek is volt benne valami része. Meglehet, hogy ez a lúdbőrző test aggódott valamin, a mire a káprázatok közt élő lélek nem gondolt. Meglehet, hogy annak volt valami sejtelme arról a veszedelemről, a mibe őt most idehozták. Hátha az a mesebeli tündér, a ki egy időben Sámsoni alakokat vert a földhöz, s vadállatokat fékezett meg puszta kézzel, ha megtudja, hogy rálestek, felcsufolták, dühbe jön és boszut áll a leskelődőn. Hiszen annak csak játék lesz ezt nyalábra kapni, beledobni a vízbe, sőt, ha igaz, a mit Loreleyről irt a czimbora, leviheti őt magával a tó fenekére s ott tarthatja három perczig, az pedig rá nézve halál lesz.

Hanem a lúdbőrző irha gondolatjai nem hatottak le a bolondos szívig s azt csak a tréfa rendkívülisége csiklandozta. Kornélnak volt gondja magával hozni a rhumospalaczkot, s azt hitte, hogy ha abból szorgalmasan kortyogat, attól elmulik a fázása. El is mult. Aztán meg az is egyik sajátsága a hóbortosnak, hogy az Herkulesnek képzeli magát, azt hiszi, hogy dobálózni tud az emberekkel. Ez az előleges félelmet nem ismeri, csak a páni rémület lepi meg, mikor már a veszély előtte áll. Aztán meg az a tudat, hogy ő az «úr», amaz meg az «asszony!» Ő a hatalom bizományosa, ez meg a gyengeségé. A férj az úr és a biró, az asszony a vádlott és elitélt! És mindenekfölött az egyik egy Apátváry Opatovszky Kornél báró, a másik meg egy mamsell Muskatlinek, egy cseh muzsikus szemétén szedett porontya! Kit illet itt a félelem?

Az útféli száraz haraszt zörögni kezd.

Mégis igaz hát!

Ott közelít valaki a széles út felől, melynek perspektivájában a kastély látszik. Fekete burnusz takarja a termetét, a csuklya a fejére húzva. Azért rá lehet ismerni a járásáról, az a csipőin ringó termet minden burok alatt elárulja magát.

Ő van itt!

Oda siet a csónakhoz. Mozdulatán látszik a boszus meglepetés, mikor észreveszi, hogy a csónak tele van vízzel. Ezalatt a fekete burok alatt épen olyan, mint azok a boszorkányok otthon — a «Szerelmes ördög»-ben.

Ugyan mit forral most magában, hogy úgy lehúzza a fejét, leguggolva a földre, s a fekete burkony szárnyait maga elé húzza?

Valami tűz lobbanik fel s egyszerre csak egy égő fáklyát tart kezében. Épen úgy, mint azok a pokolbeli fekete tündérek, a kik «Uriellát» körültánczolják, vagy épen maga «Uriella».

A fáklyát aztán megcsóválja és messze behajítja a tóba, egészen a hattyú-kalyibáig.

De az is megint valami ördöngös fáklya lehet, mert nem alszik el azzal, hogy a vízbe elmerül, újra felveti magát magasra, fityfirékelve a sziporkákat s aztán ott úszik a víz szinén tovább, bevilágítva maga alatt a víz fenekét.

Hát a fekete rémalak mit csinál?

Oda lép a leomlott híd megmaradt dobogójára, olyan közel a vadász leskalyibához, hogy az ott leskelődő a sietéstől felszított heves lélekzetvételét hallhatja.

Aztán egyszerre leveti magáról a burnuszt, épen úgy, mint abban a balletben s ott áll egyfelől a holdsugártól, másfelől a fáklyatűztől megvilágítva, a hogy Uriella szokott állni, ballethez öltözötten. Csak a vékony patyolat éji öltöny van rajta.

Onnan egy ugrással beszökik a vízbe.

Kornél lélekzetét visszafojtja, néz utána.

Úgy úszik, mint egy hableány. Vállai és fél keble kiállnak a vízből, alig mozdítja a karjait, azért mégis sebesen halad.

Mikor oda ér a hattyuházhoz, akkor egyszerre alámerül; de vele együtt a fáklya is. Ez a pokoli szövétnek még a víz alatt sem alszik el. Azt kezébe ragadja a nyelénél fogva s leviszi a vízfenékre. A fáklya most bevilágítja az egész víztömeget s a partról bámuló előtt egy csodavilág elevenül meg, mely felcsufolja a hagymázok minden álomlátását. A fáklya előtt eleviczkélő békák, kigyók, vízibogarak óriásivá nagyított árnyképei az özönvíz előtti Saurusok világát mimelik eléje. A tófenék növényei egyenesen álló erdőt képeznek, a víz szinéig emelkedve, s ez emberölő bozótban, a milyen halála szokott lenni a leggyakorlottabb úszónak is, ha belekeveredett, jár lobogó fáklyával a kezében egy zöldfényű alak. Arcza, öltönye, minden tagja zöld, mint a tengeri isteneké, csak a haja fekete. Két szeme, mint két karbunkulus világít a fáklyafénytől. Nyitva tudja azokat tartani. Nem fél...

Háttal úszó rákok kapkodnak oda gömbölyű karjaihoz, oda csődülve a tűzfényre, a piócza kacskaringós eviczkeléssel rajozza körül, százlábú úszószalagok tekergőznek körüle s lábai elől lomha tekenősbékák menekülnek az iszapból. Nem fél.

Lehajol keresgélve, mint a hogy az eprészlányka keresi a szamóczát a fű között, úgy keresgél ő a maga drágasága után a zöld rojtos, úszószakállas, serteborzas vízfenéki bozótban. A szemei olyan mereven néznek, mint a halé, alig pislant egyet.

Ezernyi bámulója van. Azok a homályvédte lények, a mik soha napvilágra nem kerülnek. Egy egész hidegvérű állatország. A holt tavak népsége. A fáklyafény körítette aureolában hemzseg zsibongó rajzatuk. Majd a szemeit verik ki. A hinár, a lócsagaz belekapaszkodnak lábszáraiba. A nyugalmából fölvert ezüstcsillám vízikigyó menedékének nézi patyolatruhája redőit s közéjük furakodik. A néző sereg között egy melegvérű állat is van, a férj, az úr, a ki a fűzfabokrok közé előlopózva, bámul alá a vízfenékbe.

Hosszú perczek multak el. A buvárnő odaalant úgy jár-kel a nem emberi lények számára teremtett világban, mint a ki egészen otthon van abban.

A férj, az úr, a bolond pedig idekinn tanácsot ül magával.

Mit fog tenni, ha a nő előkerül a tófenékről?

Az első perczben azt főzi ki, hogy a mint a nő kijön, büszkén eléje lép, s sértett kevélységgel veti majd szemére: «Loreley! Ön engem megcsalt! Ön tud úszni! Ön tud a víz fenekén élve maradni. Én önt megismertem.»

A mint a másik percz mulik, bántott önérzete kegyetlen gúnyra ösztözni.

Kaczagva fogadja majd a vízből kilépőt: «Hahaha! mamsell Muskatlinek! Hát hogy tetszett a hideg fürdő?»

Ki fogja őt csúfolni és el fogja beszélni az egész világnak, hogy milyen bolonddá tették egymást ők ketten.

A mint aztán a harmadik percz is elkövetkezik s az a rendkívüli nő még akkor sem találja szükségesnek, hogy fölvesse magát a víz szinére, újra lélekzetet venni az Isten levegőjéből; még a harmadik perczet is ki tudja húzni a víz alatt, pedig nem kényszeríti rá senki, akkor a düh fölforralja Kornél egész agyvelejét! nem válogatja, mit fog neki majd mondani? De levág egy szivós fűzfavesszőt onnan a rekettyésből. Beszéljen az vele. A mint ki fog lépni a partra, azon vizesen, testhez csapzott köntösében, úgy fog igazán jól esni neki, keresztben, hosszában; ezzel a fűzfasuhogóval, végig a hosszú úton, aztán ki a kerítésen kívül, a míg a fűzfavessző el nem nyüvik rajta!

A harmadik percz vége felé megtalálta a vízitündér a mit keresett. A fölvillanó öröm az arczán jelezte, hogy reá akadt. Lehajolt érte, fölhuzta az ujjára.

Aztán lefelé forditotta a fáklyát s beledugta az iszapba, eloltotta azt. Percz mulva ismét fönn a víz szinén lebegett tündéri alakja, félkebléig kiemelkedve a tó tükréből. A hold egészen szembe világította arczát, olyan volt, mint egy igazi sellő.

Kikapott a partra. Ott megállt, arczát hátravetve, s szétbomlott hosszú haját fölemelt kezével összefogva és kifacsarva s aztán ismét koronába csavarta a fején.

Még egyszer olyan szép volt!

Mint egyszer... akkor... valaha...

És ennél a látványnál az jutott eszébe Kornélnak, hogy — nem szemrehányást tenni, nem kikaczagni, nem vérig korbácsolni; hanem hogy odarohanjon hozzája és lábai elé boruljon és átölelje a térdeit: «imádlak! Istennőm vagy! Teremts meg, vagy semmisíts meg! Tied vagyok! Azt mondtad, vagy uram légy! vagy bolondom légy! Voltam már urad, leszek még bolondod, csak hogy a tied maradhassak!»

Hanem a mint a haját fölcsavarta a fejére a szép nereida, az első mozdulatja az volt, hogy a megtalált gyűrűt, a mit az ujjára fölhúzott, a tele hold világa felé fordítva, megtekintse.

Ehh! Hogy változott egyszerre át az Anadyomene arcz Megaera fővé! Meglátta, hogy az nem az a gyűrű; nincs rajta czímer!

Lábával dühösen dobbantott és két öklével szétcsapott maga előtt.

A boszuálló wallkür ábrándképe lehet csak ilyen ádáz, mikor fehér paripáját a holtak mezején korbácsolva száguldtatja végig.

— A bolond! ordíta, két öklével ütve a halántékait. A bolond!

S oly szívdermesztő volt a tekintete, hogy a vadászgóréban leskelődőnek egyszerre porba esett minden gondolatja, szemrehányás, gúnyszó, korbácsütés, meghódolás! minden élő eszme, csak a néma elzsibbadás vett minden tagjain erőt. És ha pánczélvért fedte volna is tagjait, és kard, paizs lett is volna két kezében, mozdulni nem volt képes e meztelen nő előtt, a ki ily bősz tekintetet vet maga körül.

— A bolond! ordíta az még egyszer kitörő, felcsattanó hangon. S azzal neki kezdett a futásnak. Félmeztelen, még a burnuszát is ott feledve, rohant vissza, oly szilajon, mint valamikor ősdruszája, a férfiölő Atalanta, a kastély felé.

Jól jártál vele, bolond, hogy ott nem fekszel most az ágyadban, mert ha ez ott kap most, ez téged megfojt, összezúz, szerteszéttép!

És már most fuss innen, a hogy a lábaid birnak!

HÁTHA KÉT HALOTT ÖSSZEKERÜL?

Mikor Opatovszky Kornél báró, késő éjjel, Rokomozernek az egylovas gyékényes szekerén, elhagyta őseinek birtokát, olyan egyedül maradt a világban, mint a ki a hajótörésből úszott ki egy ismeretlen partra. Nem volt senkije, semmije.

Rokomozer, a ki sejtette, hogy mi történhetett a kastélyban, elmondogatott neki egyet-mást, a mit megtudott a báró elszökött fia felől, hogy az most Illavaynál van, s hogy ott milyen jól bánnak vele. Azt gondolta a szatócs, hogy ezzel majd kedvet csinál a bárónak, hogy ő is odamenjen a nagybátyjához, a mi a legokosabb elhatározás lett volna az ő részéről; hanem ezzel épen az ellenkező hatást idézte elő. A báró csak hallgatta csendesen, hogy milyen jó nevelést adnak Illavayék az ő felfogott magzatjának, akár csak a saját gyermekük volna. A fiú egész nap a könyveket bújja, tanul, ir, rajzol, dolgozik, tollal, czirkalommal, liniával, mappákat is készít — egyszer csak közbe kiáltott aztán:

— Úgy kell a gazembernek!

Mert Kornél báró meggyőződése szerint, alig lehetne egy gonosztevőre nézve, a ki a bölcsőtől elkezdve tizennégy hosszú esztendőn keresztül folytonosan naponkinti apagyilkosságot követett el, az egész kriminalkodexben súlyosabb büntetést kitalálni annál, hogy el legyen itélve naphosszant könyveket bújni, tanulni, irni, rajzolni, mappákat csinálni! Dehogy menne olyan helyre, a hol ilyen kínzó szerszámokkal gyötrik az embert. Inkább egy egész kétemeletes bolondok házába, tele őrültekkel, mint «egy» okos emberrel egy házban.

Aztán valami főtt a fejében. Egy saját eszme. Abba úgy bele volt szerelmesedve, mint a majom a fiába. Őrizte, féltette, nehogy kiszaladjon a száján. Sejtette jól, hogy ha ő ezt csak egy féligmeddig helyeseszű embernek elmondaná, az bizonyosan lebeszélné róla, hát még ha Illavaynak előadná. Pedig ezelőtt az ember előtt nem maradhatna vele titokban. Ennek az embervallató szemei kicsalnák azt a rejtekhelyeiből. Egyre azt a tervet komponálta, illustrálta, variálta, részletezte, szakaszozta, meg rekapitulálta.

Ezt már nem hagyja kiverni a fejéből.

Az «egylovas szekér zötyögve barázdol kacskaringós útjában a kátyúkkal elállt úton végig a bolondságokat kikeltő tele hold fényénél.

A pozsonyi bezárt ház halottja szokott reggeli sétáját végezte a kertben.

Ez a kert nem tudja azt, hogy mi a tavasz? Az ő virágai nem bújnak ki a napsugártól a föld alól, az ő fái nem hajtanak új levelet, nagyon jók a régiek is, tartják a szinüket.

Csak azok a kis vörösfekete, tarka bogarak, a mik kora tavaszszal előjönnek a föld alól, merészkednek jelenteni, hogy kezdődik egy új évforduló a világban. Jaj nekik, ha a sétáló halott útjába kerülnek!

Odabenn a szobáiban ugyanaz a világ van, a mi lenni szokott, emberhangtalan méla csend, a gépmadár szomorú negyedórai csicsergése, hideg ételek az egyik asztalon, felbontatlan levelek a másikon.

A halottnak van foglalatossága, a mivel napját betölti. Olvasmány, munka. De minő olvasmány. Csupa mathematikai könyveket tanulmányoz. Még férfinak is rideg mulatság, hát még nőnek? Keresni azt az ismeretlent, a kinek neve X és kutatni az érdekes görög π rejtélyeit.

Magasabb egyenletek, logarithmusok, infinitesimal calculusok, csillagász számítás, gyökkeresés, mértani ábrák! Megölői a fantásiának és a poézisnak. Ez az ő mindennapi tanulmánya. Prælegálhatna belőle, akár egy professor. A számtan, a mértan a gondolatok jegeczvilága. Ezek közt érzi magát otthon.

Nála még az évszakok sem tesznek külömbséget. Nyáron nincs melegebb a szobáiban, mint télen s a kandallóban mindig ég a tüz; egy kombinált széntartó önmozgó gépezetével félóránkint ráönti a szenet az izzó parázsra, ha senki nem néz is utána.

Csak minden hónapban egyszer szokták egy pár órára kioltani a tüzet a kandallókban; ilyenkor a füstfaragó járja sorba a kürtőket, a kormot letisztítani.

Ennek a kaparása, söprése az egyetlen profánus hang, a mi a szobákba lehatol.

Az érdekes halott ugyan ezt a hangot sem hallja vagy nem ügyel rá, mert egész lelkét elfoglalja az «érintőkből és a conjugált háromszögből meghatározott kúpszelet nemének eldöntése» Möbius nyomán s mikor az ember előtt ez az olvasmány áll:

$$(4)\ldots(240)=0, (340)=0.$$
$$(24,c)..(240)=0, (134)(230)+(234)(136)=0.$$
$$(34,b)..(340)=0, (124)(230)+(234)(120)=0.$$
$$(b,c)...(124)(230)+(234)(120)=0, (134)(130)+(234)(130)$$

S ennek a megészlelésétől függ annak a kérdésnek az eldöntése, hogy az illető kúpszelet hyperbola-e, vagy ellipsis? hát akkor könnyen megtörténhetik rajta az az eset, hogy csak azon veszi észre magát, mikor megszólal valaki a háta mögött s jó reggelt kiván.

Ezen aztán először elbámul, ki beszél ide lenn a halottak országában? Azután felindul, hogy mer élő teremtés ide bejönni? Végtére megretten; a hivatlan látogató, az a bizonyos fekete alak, a kivel Mikulás napján a gyermekeket szokták ijesztgetni: a kéményseprő.

Ajka nyitva marad a zsibbasztó rémülettől.

— Ne kiáltson ön, madame, suttogja tompa hangon a fekete szurtos alak s tiltó mozdulatra emeli fel kezét.

Hiszen úgy sem kiált az, a halottak nagyon csendesen szoktak beszélni.

— Mit akar ön? kérdi a hölgy, hidegvért szinlelve. Mért tört be hozzám? Pénzt akar kapni? Nem szükség erőszakoskodnia. Itt vannak a Wertheim-szekrény kulcsai. Abban áll a készpénzem. Nyissa föl; a mit bankjegyekben, aranyban, ezüstben talál ott, elviheti. A takarékpénztári könyveket ne bántsa, mert azokkal bajba keveri magát. Tessék a kulcscsomag.

A grófnő elég nyugodt hangon tudott beszélni. Gondolt ő arra, mikor ezt a házat örök temetőjeül berendezte, hogy ő rá itt egyszer valami tolvaj is rátörhet, s minthogy cselédet nem tür a közelében, senki sem fogja megvédeni. E végett azt az oltalmi stratagémát találta ki, hogy készíttetett Bécsben egy tökéletes vasfalakból alkotott fülkét, a minek a hátulját a Wertheim-szekrény képezte. Mikor aztán ennek a szekrénynek a belső tresor ajtaját felnyitotta valaki, akkor egy furfangos gépezet egyszerre lebocsátott egy csapóajtót a fülke elé, s a bennlevő a vaskalitkában meg volt fogva, s onnan csak egy vasrácson keresztül beszélhetett ki, a mi elég sűrű volt arra, hogy ha fegyver van nála, ki ne lőhessen rajta. Ide szándékozott beküldeni Pálma grófnő a kellemetlen látogatót.

Hanem a kéményseprő nem vette el tőle a kulcsokat. A helyett megragadta a grófnő kezét s azt dörmögé a fülébe:

— Én vagyok Opatovszky Kornél!

Ez arczot, e szemeket látta már egyszer Pálma grófnő. Akkor, mikor a vőlegénye azt mondta neki, akarja ön, hogy leugrassak lovastól együtt innen a meredek bástyafokról? Most még ezen fölül be is volt kormozva ez arcz; a hogy kéményseprőknél szokott az lenni, a kiknek kiváltságuk van fényes nappal álarczczal sétálni az utczán.

A helyzet semmit sem javult az által, hogy Pálma kiszabadítá a kezét a férfi markából, mert arra az letérdelt lábai elé s most aztán átölelte a térdeit s úgy tekintett fel hozzá, s az még rettenetesebb tekintet volt.

— Én önt imádom! Ezt jöttem önnek megmondani.

Pálma megijedt valamitől. De nem attól, a mi más nőt az ájulással kerülgetett volna; hogy most itt egyedül van egy minden emberi lénytől távoleső szobában, bezárva, egy betörő férfi kezei közt, a kire nézve a legszelidebb mentség az, hogy őrült. Nem. Ő nem ettől ijedt meg Hiszen Opatovszky Kornél nem oroszlán s ő nem tartozik a bárányok fajához. Neki is van két ökle, tíz körme, s ha amannak van őrültsége, neki meg van hidegvére. Ha viaskodásra kerül a sor, Rozgonyi Cziczelle unokája megfelel magáért! Hanem azon rémült meg, hogy ha ez az eszeveszett látogatás valami olyan zajjal fog végződni, a mi a külvilágba kihat, akkor az ő egész mostanáig fentartott túlvilági uradalma egyszerre szétomlik. Nem lehet játszani többé a halott szerepét. Embereket kell maga elé bocsátania. Kérdésekre felelnie, megvallani, hogy él és mi a neve, és a jövendőre nézve lemondani a magányról, társalgót, cselédet tűrni ott maga körül, holott eddig egy ölebet sem akart a szobájában tartani. Neki is meg volt a maga boldogsága, azt féltette, attól ijedt meg, hogy ezt elveszik tőle, hogy sirjából kiránczigálják a napvilágra. Ezt a sírboltot féltette!

Az volt az első eszméje, hogy ezt az őrült embert szép szóval rávegye, hogy ugyanazon az úton hagyja el a szobáját, a melyen észrevétlenül idejött. Szépen kell vele beszélni.

— Álljon fel, uram! szólt az előtte térdeplőhöz csendesen. S magyarázza meg különös látogatásának okát.

Erre a nyugodt hangra egyszerre talpra ugrott Kornél s az arcza sajátszerű vigyorgásra torzult.

— Ugy-e bár különös látogatás nemde, grófnő? Ön maga az oka. Az ajtón keresztül nem bocsát magához élő embert; én megvesztegettem a kéményseprőt, hogy adja át egy órára a pánczélját, s e lovagkosztümben sikerült az ön szine elé kerülnöm. Nem hiszem, hogy ezt előttem próbálta volna valaki.

— S mi oka volt önnek arra uram, hogy magát egy ilyen lángészcsinyra elszánja?

— Ön lángészcsinynak nevezi ezt grófnő? Ön tehát nem haragszik érte? Ön nem dobat ki? Nem karmolja ki a szememet?

E kérdés után Kornél hevesen csókolt kezet a grófnőnek, fekete foltot hagyva a fehér bársonyon a kormos orra hegyével és Pálma nem törülte le onnan a korom - csóknyomot.

— Üljön le ön. Ide a karszékbe.

— Haha! Ez a kormos irhabőr sem ült még damaszt karszékben soha. Szólt nevetve Kornél, a mint a kinált helyre. levetette magát. Pálma grófnő egész nyugodtan foglalt vele helyet szemközt a pamlagon.

— Tehát lépjünk mindjárt in medias res, grófnő! ugyebár? A körül forog a kérdés, hogy vajjon az én apám egyetlen fia, báró Opatovszky Kornél csakugyan őrült bolond ember-e, vagy pedig egy okos és helyeseszű egyéniség?

— S ezt itt ezen a helyen akarja ön megtudni?

— Itt! Ezen a helyen. És ebben a jelmezben. De nemcsak magam akarom ezt megtudni, de az egész világgal tudatni, még pedig oly ekklatáns módon, hogy a felől senkinek semmiféle kételye fenn ne maradhasson, a mire minden ember vagy azt mondja, hogy «ez az Opatovszky csakugyan egy kötözni való bolond, tébolydába való!» vagy pedig azt, hogy «no, lám, ez az Opatovszky megtalálta valahára a jobbik eszét!» Ilyesmit akarok tenni.

— S mennyiben szolgálhatok én médiumul ennek a kényes kérdésnek az eldöntésére?

— Ön határoz ebben, egyesegyedül, grófnő. Senki más, mint Temetvényi Pálma grófnő. Ön emlékezni fog rá, hogy volt egy idő, a mikor Temetvényi Pálma grófnő az én jegyesem volt?

— Ismertem azt a hölgyet. Úgy tudom, hogy régen meghalt és el is temették.

— Oh én tudom azt, hiszen én voltam a gyilkosa! Oh mennyi lelkimardosást kellett nekem ezért kiállanom! Ha ön az én keblembe láthatna! Ez a fehér arcz üldözött éjjeli álmaimban, mint kisértet!

— Nagyon hizelgő rám nézve ez az öntudatlan vendégszereplése képmásomnak.

Opatovszky csak most vette észre, hogy megfordított bókot talált mondani a grófnőnek. Azért is abbahagyta azt a fáradtságot, hogy elérzékenyülése tanujelével, szemeiből alápergő könyeivel még jobban elmázolja az arczán a kormot s fordított a beszéd hangulatán, hizelkedésre fogta.

— Oh nem! Nem így mondtam. Ön nagyon szép most is, grófnő, Isten ugyse; egészen elbájoló. Sokkal szebb, mint ezelőtt tizennégy évvel volt, pedig akkor is nagyon szép volt.

Pálma kezdett hátrább húzódni a nyugtalanító ömledezés elől. A rávillogó szemekben bizonyos neme az éhségnek volt kifejezve, a mi olyanformát mond, hogy «szeretnék beléd harapni».

Kornél vette észre Pálma tekintetéből, hogy elsiette magát. Ezt később kellett volna elmondani. Visszatért az előbbi mélabús hangulatba.

— Eléggé meglakoltam én ezért az esztelen ballépésemért, grófnő, higyje el. A purgatórium valóságos Mahomed paradicsoma ahhoz képest, a mit én kiálltam tizennégy esztendő alatt. Azért volt az, hogy beszaladgáltam az egész világot, mert otthon nem volt maradásom. De hisz ön ezt mind nagyon jól tudja.

— Én? szólt közbe elbámulva Pálma grófnő.

— Van nekünk egy közös jó barátunk, egy nemeslelkű nagy ember. No, ugyebár, nem szükség a nevét kimondanom ön előtt grófnő?

Pálma összehúzta a szemöldeit s néma fejbólintással inte, hogy ért belőle valamit.

— Ez a nemeslelkű férfi mindenkor értesíté önt a felől, hogy minő viszontagságokon megy keresztül az az ember, a ki önt, a gyémántot felcserélte — egy békasóért.

— Báró úr! Én nekem nem okoz vele kellemes érzést, ha ily kifejezéseket használ — a felesége iránt.

— Feleségem? Semmi feleségem! Hát azt hiszi ön, hogy az a bizonyos némber Donna Atalanta Di Pelargonios marquisnő? Az ám! Egy cseh muzsikusnak a leánya, mamsell Muskatlinek Hanna vagy Panna, vagy Libussa, vagy nem tudom én, hogy mi a keresztneve. Engem ludda tettek, rászedtek. Komédia volt az egész. Azelőtt Loreley név alatt produkálta magát a czirkuszban s három perczig eltudott sétálni lélekzetvétel nélkül egy üveg-kádban a publikum előtt. S ezt én mind csak most tudtam meg, tizennégy esztendő múlva. Egyetlen igaz barátom Koczur fedezte fel előttem (az is gazember volt, hogy akkor meg nem mondta, mikor még nem kerültem a hálójukba!) De én magam a saját szemeimmel is meggyőződtem felőle. Majd mindjárt el is mondom én az egész történetet a grófnőnek. De hogy is kezdjek hozzá? Úgy? Igen. A feleségem, azaz hogy nem a feleségem, hanem egy kalandornő, mamsell Muskatlinek engemet először is tökéletesen kirabolt; azután pedig megajándékozott.

— Hogyan? Kirabolta és megajándékozta.

— No igen, kirabolt minden vagyonomból, és a mellett megajándékozott; nem mondom, hogy két tökéletes szarvasagancscsal, mert tudom, hogy ezzel a grófnő szemérmetes kedélyét megsérteném, de igen is megajándékozott két istentől elrugaszkodott, vásott porontytyal, a kiknek az egyike fiú, a másika leány; de a kik azért vetekednek egymással mindenféle emberfölötti gonosztettekkel.

— Ön túlszigorú gyermekei iránt. Talán inkább az eltévesztett nevelés okozta a vásottságot.

Kornél báró egyetértően hunyorgatott. Jó nyomon volt már.

— Igen, igen. Ez volt a főok. Elhanyagolt nevelés. Hisz a grófnő nagyon jól van értesülve e felől. Tudom én!

— Én vagyok jól értesülve? kérdé Pálma elbámulva.

— Szt! Ez titok. A mi közös titkunk. Ön egy angyal. Még az angyaloknál is jobb teremtés. Ön félrevonulva az egész világtól, még akkor sem szünt meg áldást terjeszteni azok fölé, a kik önt oly keserüen megbántották.

— Nem értem önt.

— Ön nagylelkű. Ön el akarja titkolni jótetteit. Hisz ez is az ön jellemvonása. Ön nagyobb szellem a zsidók Jehovájánál. Ön nem azt mondta: megbüntetem az apák álnokságait a fiakban, ön az apa bűneiért jótéteményekkel halmozta el annak gyermekeit. Ha valaha imádtam volna a Jehovát, most detronisálnám, s önt ültetném a helyébe.

Pálma egyik ellentétes kedélyállapotból a másikba esett. Ez az ember hol megrémíté, hol nevetésre ingerelte, közbe-közbe megharagitva és sajnálatra költve.

— Miattam meg ne fossza ön az oltárt az istenektől, mert én valóban nem tudok semmit e nekem tulajdonított nagylelküségről.

— Grófnő! komolyan szóljunk. Most már nagyon komolyan kérem. E kérdés körül forog meg minden. Az én életemről van szó. Többről az életemnél. Elevenen eltemettetésemről. Tudja ön, hogy mit akart velem tenni az az asszony? Nem asszony; csak mamsell! Be akart csukatni a bolondok házába. Elhiszi ön, hogy kitelik tőle ilyesmi?

— Elhiszem!

— De az okát nem találja ki grófnő. Semmi regényes indok. Csupa vastag önérdek. Azt akarta, hogy magam ismerjem el magamról, hogy bolond vagyok, irjam meg az elismervényt, pecsételjem le a gyűrümmel, a mi nélkül az aláirásom nem hiteles, hogy ő aztán ezzel fölvehesse azt az összeget, a mit az apám hitbizományban letett, arra az esetre, ha én egyszer a bolondok házába kivánok saját magam jószántából fölvétetni. Hát lehet valakinek ilyen képtelenséget kigondolni? Hiszen ha már valaki elismeri magáról, hogy bolond, akkor eo ipso nem bolond, ha pedig valósággal bolond, akkor nincs az az emberi hatalom, a mi őt rábirhassa, hogy ezt elismerje, leirja, aláirja, megpecsételje s maga oda menjen a Lunatik-Asyl kapujára bezörgetni: «eresszenek be, kérem szépen, én bolond vagyok, be akarom magamat csukatni». Hol itt a logika, hol itt a psychologia?

Pálma valóban nem tudta ezeknek egyikét sem föltalálni.

— És megis, csak egy hajszálon mult, hogy az a furfangos némber be nem font ezzel a cselszövénynyel. Az irást már elkészitettem. De nem adtam a kezébe. Itt van a zsebemben. El tudja ön olvasni az én irásomat, grófnő? Ugyan kérem, olvassa el. Nem olyan szépen van irva, a hogy egykor önhöz irtam a leveleket, hajh! azok boldog idők voltak. De igen szépen kérem, olvassa el.

Kornél előhuzta a sokrét összehajtott iratot a kéményseprő bőrpánczél kebeléből. Pálma grófnőnek meg kellett annak tartalmával ismerkednie. Azután visszaadta azt Kornélnak.

— Ugy-e, hogy nagyon különös? De a mit ön soha ki nem fog találni, ez az, hogy hogyan lehetett egy férfi

15*

olyan gyönge, hogy egy ilyen iratot saját kezével lemásoljon? Pedig ez az egész rejtélynek a kulcsa. Hallotta bizonyosan a grófnő az illavai fegyenczek szándékolt kitörését.

— Semmit sem hallottam róla.

— Hogyan? Azt sem hallotta, hogy ez alkalommal Zsiborákot agyonlőtték és monsieur Cousin elvágta a saját nyakát?

— Nem tudok semmiről, a mi a világban történik.

— De már ezt az egyet csak lehetetlen, hogy meg ne irta volna önnek Illavay.

Pálma fölugrott a helyéről s indulatosan kiálta föl:

— Kérem, ezt a nevet ne mondja ki többet előttem.

— Hiszen nem azért mondtam, hogy önnek kellemetlenséget okozzak vele. Csupán csak azért, hogy ő volt az, a ki a haramiákat a nép segítségével leverte.

— Ne beszéljen ön nekem róla! rivallt föl Pálma s oly zila tekintetet vetett Kornél báróra, hogy annak elhalt az ajkán a szó. Nem érte föl ököllel, hogy ha valamivel föl lehet zavarni egy halottat a nyugalmából, ez az a szó, hogy az, a kit elvesztett, most is ugyanaz a mesebeli hős, a ki egykor volt, hogy a jelenet, melyben őt, mint egy földfeletti tündérlovagot tanulta ismerni, minden csodatételeivel ismétlődhetik. Ez olyan gondolat, a mitől ököllel kell ütni a koporsófödelet belülről!

— De édes Istenem! Én csak azért voltam kénytelen ezt elmondani, mivelhogy akkor történt az, hogy a nép, a mely a rablók leverésére sietett, holmi rejtélyes fegyvereket kapott, a mikről utóbb kisült, hogy azokat Olaszországból hozták ide be a hegyek közé. És azután rám fogják, hogy én hozattam be azokat a fegyvereket. Pedig becsületemre mondom, egészen ártatlan vagyok benne!

Ez megint olyan furcsa mondás volt, hogy Pálma grófnő egész fölindulása egyszerre kitörő ideges kaczagásba ment át.

— De nem nevetni való ez, grófnő. Komoly dolog ez

nagyon. Mert az embernek a nyaka körül jár a hurok. Hadd mondjam el tovább, grófnő; kérem, üljön le a helyére. Volt nekem egy jó barátom, Koczur. Tetszett őt ismerni.

— Nem jegyeztem föl az emlékemben.

— Nagyon jól tette a grófnő. Felejtse is el. Nagy gazember volt, szegény jó fiú. Nekem testi-lelki jó barátom volt. Játszó-társam, kutyám, lovam, gyermekkorom óta. Hanem azért, ha valahol megkaphatom még egyszer a világban, úgy lelövöm, mint a tököt. Sok bajból kihúzott a derék ember, ezuttal is neki köszönhetem, hogy kiszabadított a legnagyobb csávából, hanem azért mégis lelövöm, mint a varjut, a hol megkapom. Mert hogyha száz esztendeig élne s ez alatt folyvást ragályos betegeket ápolna és mezítlábos emberek számára csizmát varrna, s holta után ezer esztendeig mindig postaszolgálatot teljesítene az ég és föld között, még akkor sem ellensulyozná azt az egy rettenetes bűnét, hogy ő volt az, a ki engemet öntől, Istennők legjobbika, csalfa módon elválasztott, s ezzel az endori boszorkánynyal összeboronált! Ezért meg fogom őt ölni! Esküszöm a poklok minden ördögére, hogy meg fogom őt ölni!

A kormos arcz egészen megelevenült ez új indulatkitöréstől. Pálma grófnőnek elmult a nevető kedve, a mint a vérbeforgó szemekre tekintett.

Opatovszky Kornél egészen megfeledkezett róla, hogy micsoda furcsa vitéznek van ezuttal álczázva.

— Grófnő! Pálma grófnő! mondá érzékeny páthoszszal. Hát nézzen az arczomra és mondja meg, úgy nézek-e én ki, mint a kiről azt lehet feltenni, hogy az osztrák birodalmat föl akarja forgatni? Komolyan beszélek. Sok mindenféle nagy bolondságot elkövettem életemben; de erre az egyre nem gondoltam soha.

Pálma grófnő fejbólintással mutatta, hogy egészen elhiszi ezt neki.

— No lássa! És ezért mégis mintha minden ellenem

esküdött volna! Épen azokban a fatális napokban hozta meg Koczur azt a bizonyos ötezer forintot, a minek a provenientiáját a grófnő legjobban fogja tudni.

— Én? szólt a grófnő elbámulva, s a fejét rázta tagadólag.

— No! Grófnő! Most már vége a titkolózásnak! Én ismerem az ön nemes motívumait; de ezuttal most már életről és halálról van szó. Vagy azt akarja a grófnő tán, hogy engem a vesztőhelyre vigyenek? Vagy legjobb esetben tíz esztendeig toljam a talyigát Olmüczben? Ezt akarja-e?

A grófnő megijedt.

— Dehogy akarom.

— No, ha nem akarja, hát akkor ismerje el, hogy tudja jól a provenientiáját annak az ötezer forintnak.

A grófnő kénytelen volt ráhagyni, hogy tudja.

— S megengedi nekem, hogy ezt az egész világgal tudassam?

Ráhagyta, hogy megengedi.

— Hogy megtudja a ministerium, megtudja a császár, megtudja még az auditor is!

A grófnő el nem tudta gondolni, hogy miféle zöld csoda lehet az, a minek megtudására a fent elősorolt hatalmasságok olyan igen kiváncsiak; de csak belenyugodott a különös kivánságba.

Erre aztán gyöngéd mosolygásra fintorult el a látogató kormos ábrázata.

— Akkor nyujtsa nekem legelébb is a kezét grófnő, hadd csókoljam meg azt. Nyujtsa kérem a kezét! mert azért jöttem ide express, hogy önnek ezért kezet csókoljak.

Rá kellett szánnia magát a vállalatra.

Kornél egészen ráfektette az arczát a nyujtott kézre.

— Így ni! Oh ez a gyöngéd kezecske volt az én őrangyalom mindig. Ez szabadít ki engem most is sírom fenekéből, börtönöm mélyéből. Ez a kéz még engem boldoggá is fog tenni!

Pálma grófnő ugyan örült, mikor visszakaphatta megint a kezét.

— És lássa a grófnő, ezek a semmirekellők mégis azt hiresztelték, hogy én azt az összeget Garibalditól kaptam a fölkelés organisálására. S mikor a puttsnak vége volt, az embereket összefogdosták, akkor nekem estek, megrohantak, elhitették velem, hogy én is compromittálva vagyok s addig rémítgettek, míg ráhagytam magam beszélni, hogy leirjam azt az okiratot, a miben saját magamat bolondnak deklarálom.

— Ezt már hallottam egyszer.

— De csak olvassa el még egy kicsit a grófnő azt az irást. Nem rettenetes ez? Az volt a szerencsém, hogy a gyűrűt nem tudtam lehuzni az ujjamról, hogy megpecsételjem vele az irást; a nélkül pedig az én néváláirásom nem érvényes. S ez volt rám nézve a mennyei gondviselés. Hiszi a grófnő, hogy van mennyei gondviselés?

A grófnő olyan csodálatos tekintetet vetett rá, a miből még a bolond is megértett annyit, hogy igen rossz helyen alkalmazta ezt a kérdést, egy élve eltemetett embertől kérdezi ezt — a sirásó!

— No ha végig meg fogja hallgatni ezt az én esetemet — sőt mondhatnám: «a mi esetünket», mert mindnyájan bele vagyunk abba foglalva, akkor meg fog róla győződni a grófnő, hogy igaz az, a mit a «Fehérek»-ben mond az a nem tudom, hogy hivják? Sir Patriknak, hogy «van, sir Patrik», s azzal főbelövi. De, hogy legjobban megértse a grófnő a dolgot, ime olvassa el Koczurnak ezt a levelét, a mit kutyafuttában irt hozzám. Olvassa el, kérem.

Pálma émelyítő undort érzett e levél olvasása után. Annyi visszás érzelmet, annyi gyűlöletes emléket keltett az szivében.

— Így tépték ők össze két szerető szivnek boldogságát! kiálta föl elkeseredéssel a kéményseprő. De van gondviselés az égben! Van, Pálma grófnő. A gyalázatos csalás napfényre került.' Én felderítettem azt, hahaha! A Loreley!

S itt elkezdte össze-vissza hadarni a megtörténteket, hogy szedte ő rá Atalantát a vízbeejtett gyűrűvel, hogy kereste az azt éjjeli fáklyafénynél a tó hinárjai között, három perczig kitartva a víz alatt, hogy árulta el ez által, hogy az egész vízbefulási scénája kicsinált komédia volt! Pálma csak a szavakat hallotta, de értelműkre nem hallgatott. Oly rút, oly zavart, oly utálatos volt előtte az egész történet, hogy nem birta azt lelkébe befogadni. Rá sem birt nézni a beszélőre, fejét félrefordította tőle s megtagadta minden érzékének, hogy vele foglalkozzék.

Így aztán csak azon vette egyszer észre magát, hogy a kéményseprő a lábainál térdel és kezét megragadja.

— Mit akar ön?

— Azt akarom önnek megmondani, hogy most már szabad vagyok. Isteni és emberi tövények szerint szabad. A kivel az oltár előtt megesküdtem, az nem az volt, a kinek magát kiadta. E csalás megsemmisíti a házasságot. Nekem nincs nőm többé, nem is volt. Kezemet annak adhatom, a kinek akarom. Az egész egy átkozott álom volt, semmi más. Én az vagyok, a ki tizenöt év előtt voltam, az ön vőlegénye és ön az én menyasszonyom.

Pálma grófnő megdermedt e tekintet előtt. Most kezdte megérteni, hogy ez komoly bolondság.

Opatovszky Kornél fölemelkedett térdéről s méltóságteljes állásba vágta magát.

— Báró Apátváry Opatovszky Kornél' eljött, jóvátenni hibáját s egy új jobb élettel helyrehozni az elmultat, a gonoszt. Én voltam az, a ki miatt az angyalok legjobbika önkényt kereste föl élve a sírboltot; én leszek az, ki a sírbolt ajtaját feltöröm, hogy őt az életnek újra visszaadjam.

Vette észre a grófnő arczvonásain, hogy annak nem csekély idegenkedése van a.kéményen keresztül emelkedni az elhagyott szép világra, szabadítója vezetése mellett. Azt hivé, hogy jó lesz neki gyöngéd bókokkal meglágyítani a szivét.

— Az igaz, Pálma grófnő, hogy azóta egy kis idő elmult, de becsületemre mondom, hogy Pálma grófnő most is olyan szép, mint akkor volt, oly szeretetreméltó, s esküszöm a magam részéről, hogy én is képes vagyok egy nőt boldogitani.

Pálma grófnő rémülten tapasztalá, hogy kisértete egyre bátrabb kezd lenni, már kezével a vállát érinti s szemei egészen keresztbe állnak.

Fölgerjedt a haragja s eltaszította őt magától:

— Hallgasson ön és hagyjon el!

De ez nem volt olyan egyszerű •apage Satanas»-sal elűzhető gonosz lélek.

— Mondtam, grófnő, hogy én ma itten vagy valami nagyon okosat, vagy valami nagyon bolondot fogok elkövetni; szólt Kornél báró, s most már odaült Pálma grófnő mellé a pamlagra. Azt, hogy én idejöttem és még milyen úton jöttem ide, ön maga idézte elő.

— Hogyan? uram!

— No már megint nem akarja tudni. Hát ki volt az, a ki innen az egész világtól elzárt házból az én sorsomat figyelemmel kisérte? és a midőn észrevette, hogy sorsom rossz fordulatot vett, ki volt az, a ki megszabadító kezét kinyujtotta utánam, hogy fölemeljen? Ki volt az, a ki azokat a gyönge ötezer forintokat Illavaynak külte, hogy azokat Koczur által részben az én becsületbeli adósságaim törlesztésére saját magamnak, részben elzüllött gyermekeim neveltetésére azoknak a másikaknak kézbesítse? Nem ön volt-e az grófnő?

Pálma előtt most kezdett már világosodni! Azt hitte, hogy most már egészen érti ez orozva udvarlás indokait. És most aztán már utálta ezt az embert. Először félt tőle, azután szánta, most már megvetette. Úgy volt vele, mint a hogy idegen kutyával szokott lenni az ember; eleinte attól fél, hogy megharapja, azután meg attól, hogy megcsókolja, azon is aggódik, hogy hátha meg van veszve? míg utoljára rájön, hogy ez a kutya éhes!

A míg azt hitte róla, hogy futó bolond, volt némi tekintettel iránta; most megtudta, hogy ez okos ember s ezzel ki lett szolgáltatva egész kegyetlen boszujának.

Mert a halottak boszuállók, kivált ha nők.

Abban a rémületben, hogy egy őrjöngő ember erőszakos szenvedélyének martalékául van ejtve, még volt valami hizelgő rá nézve: ez a veszélyérzet még hevesebb dobogásra intette szivét; de az a tudat, hogy egy tönkrejutott préda botlik bele végső gyámoltalanságában abba a mentő gondolatba, hogy régi menyasszonyát azért a kis megtakarított pénzért felkeresse, ez csupa jegeczczé változtatta kedélyét, a mi ott karczol, a hol hozzáérnek. Most már nem lesz hozzá irgalommal.

Opatovszky megdöbbenésnek vette ezt az elmerevült tekintetet Pálma arczán, növelni szándékozott a hatást.

— Grófnő! Ön elárulta a szivét. Elárulta, hogy az érez. Velem tudatva lett ez az érzés. Engem felköltöttek eddigi álmomból. Azt az asszonyt, a kiről azt hittem, hogy feleségem, elkergettem magamtól. De még üldözni is fogom törvény szerint, mint csalót. Engemet önnek az elárult jósága egészen új emberré alkotott. Ne kivánja ön, hogy visszaalakitsam magamat az elhagyott emberré. Én magammal játszani nem engedek! Én ide betörtem úgy, a hogy tudtam. Itt vagyok. S innen el nem megyek a nélkül, hogy czélt érjek. Ön összehivhatja az embereit, azoknak ugyan elébb bezárt ajtókat kell keresztül törni, s bemutathat nekik, mint vagy eljegyzett vőlegényét, vagy mint becsülete elrablóját. Választhat tetszése szerint.

S azzal szerét ejtette, hogy Pálma hajából kihuzza a fésüt, s leomló hosszú szőke hajfonadékai egyikét kezébe kerítse.

Pálma tudott uralkodni kedélyén.

— Ön tehát mindent tud, suttogá csendesen; nem kellett volna ezt elárulniok azoknak, a kikre bízva volt. Azt hittem, hogy jól el tudtam azt titkolni. Tudják sokan, hogy nekem egész kis könyvtáram van takarékpénztári könyvecskékből. Hanem azt nem tudja senki, hogy ezekre a könyvekre az ön gyermekeinek a neve van felírva.

— Oh az szükségtelen. Az egészen fölösleges, grófnő. Minek a gyermekek nevei oda? Én azokat ki akarom tagadni. Anyjostól el akarom űzni. Nekem nincs rájo semmi szükségem. Minek volna azokra pazarolni az ön jótéteményeit; protestált Kornél báró egész méltó felgerjedésével egy, rossz gyermekei miatt elbúsult atyai szivnek. Dolgozzanak! Majd, duskálkodni! Dolgozzanak!

— Hiszen még addig sokat dolgozhatnak, szólt fél mosolygó arczczal Pálma grófnő, mert csak halálom után jutnának hozzá; az én családomban pedig a férjhez nem ment nők iszonyú sokáig szoktak élni. Ezt a felfedezést azonban csak azért tettem önnek, hogy meggyőzzem róla, mennyire volt gondja a szegény élő-halottnak az iránt, a ki őt eltemette.

— Ön nemes szivű, grófnő! Tudtam én azt! Én tudom, mit vesztettem akkor, mikor önt elvesztettem. Ha akkor rossz ördögöm ki nem veri planetámat a sphærájából, most hatalmas ember volnék, talán nagykövet valamely küludvarnál, egyesült birtokaink felérnének egy német herczegséggel.

— Most már ne beszéljünk erről, uram; hanem értekezzünk a magunk dolgáról komolyan. Önnek a házassága meg lesz semmisítve, ez bizonyos. Akkor ön visszatérhet oda, a honnan önt, mint mondá, egy rossz álom eltérítette. Hogy én megbocsátottam önnek, arról már ön többet tud, mint én akartam. De hát az atyám? Hogy fog ön azzal kibékülni?

— Ah! Az öreg úr is meg fog hajolni a bevégzett tények előtt.

— Önnek a vagyoni helyzete nagyon zilált?

— Bizony e tekintetben Temetvényi grófnak sincs mivel kérkedni, neki is épen a szája széléig ér.

— Ne értse félre, a mit mondok. Két főúr, a ki már annyira meg van alázva, hogy a hitelezőjének még az előszobájában levegye a kalapját, még akkor is lehet egymással szemben olyan büszke, hogy fölcsapja a kalapot a fejére, ha hozzá hasonló másik látogatására jön. Én csak magamról beszélek. Rám nézve volna az végtelenül megalázó, ha azt mondaná a világ: «ime a régi jegyese visszatért hozzá akkor, a mikor már vagyonilag tönkrejutott, elvette őt a pénzeért». Ezt nem szabad a világnak sem önről, sem én rólam mondani. Önnek előbb rendeznie kell vagyoni állapotait; kiszabadulni terhelő kötelezettségeiből; tisztázni legalább egy részét uradalmainak, hogy mikor egy rangjához méltó új asszonyt visz a házhoz, az a ház minden benne levővel együtt az ön igazi sajátja legyen, nem igényper alatt levő executio-tárgy.

Opatovszky feltolta a fejéről a kéményseprő sisakot, hogy megvakarhassa a füle tövét. Ez sehogy se akar belemenni a fejébe.

— Hogyan? kérem. Nyöszörgé nyefegő hangon.

— Igen egyszerű módon, felelt Pálma nyugalommal. Én a menyasszonyi hozományomat nem az esküvő után, hanem az esküvő előtt bocsátom önnek rendelkezésére. Nem tudom, mennyire mehetnek önnek a tartozásai, de azt hiszem, hogy az én tőkepénzeim bőven fogják azokat fedezni.

Kornél báró hevülni kezdett ettől a szótól.

— Ön átvesz tőlem most annyit, a mennyit szükségesnek talál, hogy birtokát rendezze. Ha egyszer aztán ezzel helyben van, akkor egész fölénynyel jelenhetik meg Temetvényi gróf előtt, mint rendezett birtokú gavallér, ajánlatát megújítani s az egész világ tudni fogja, hogy ön vett el engem; nem én vettem el önt. Nos, uram, el fogja ön ereszteni hajtekercsemet?

— Ha ön a kezét adja érte cserébe.

— Előbb feleljen ön. Elfogadja-e az én ajánlatomat?
— Micsoda ajánlatát?

— Azt, hogy ön most rögtön átveszi tőlem a menyasszonyi hozományomat; visszamegy vele azon az úton, a melyen idejött, s azután, ha ismét eljön, négylovas hintón fog az udvaromra bejáratni?

A «négylovas hintó» tette meg! De régen nem volt már Kornél bárónak ebből egyebe, mint a megmaradt hosszú ostor, a négylóhoz való, a mivel olykor a parkon végig sétálva, nagyokat szokott pattogtatni s mondogatta hozzá: «gyi te Szellő, hallóh Alborac!»

Nagyon kiváncsiságerjesztő az az ajánlat, hogy vessen az ember egy pillantást abba a mesemondta könyvtárba, a hol csupa ezeres, tízezeres, százezres betéti könyvek vannak egymás mellé állítva sorba s tanulmányozza rajtuk az összeadás tudományát, azzal a kellemes érzéssel, hogy mindez a menyasszonyának hozománya. A költők sokat beszélnek arról a tündéri gyönyörről, a mit a menyasszonytól anticipando még a menyegző előtt nyujtott kegyosztás okoz a férfiszivnek; hát ha még egyszer ilyen reális alapokon nyugvó bizalomnyilvánulásról van szó.

Vajjon mennyi lehet ottan? Az emberek milliókról beszélnek.

Pálma grófnő elővette zsebéből a Wertheimpénztár kulcsait s odanyujtá azokat Kornélnak.

Ezért aztán megszabadult a hajtekercse, ismét föltűzhette azt a fésüjére.

— Egészen önre bízom magamat.

Opatovszkyban egy perczre föllázadt az egy csepp nemes vér, mely tiltakozott ellene, hogy egy gavallér elfogadja az általa megkért hölgynek a pénztárkulcsát, a menyegző előtt.

E tétovázását látva, Pálma grófnő annyira tudta vinni az önuralmat, hogy egészen odahajolt hozzá s csábító mosolylyal nézett a szemébe s a kulcscsomagot forró kézszorítással nyomta a markába.

Ha a négy ló, meg a milliók nem huzták eléggé oda, úgy ez a mosoly, ez a kézszorítás egészen odasegité, a veszedelmes egérfogóba.

— Hiszen e percztől fogva minden a tied! suttogá a grófnő.

(Veni, vidi, vici! mondá magában a golyhó, s megcsókolva az édesen erőszakoló kezet, oda hagyta magát vezettetni a fülkéhez, a hol a pénztár volt elhelyezve.)

Pálma megmagyarázta neki, hogy elébb a felső zárt kell fölnyitni, azután az alsót, utoljára a fogas kulcscsal a középsőt. Kornél báró köszönte szépen az utasítást, tud ő a Wertheim-zárral bánni; hisz neki is volt tűz- és betörésmentes szekrénye, a míg fölöslegessé nem tette magát.

Mikor aztán az alsó zárban elfordította a kulcsot, akkor egy csattanást hallott a háta mögött s egyszerre nagy lett körülötte a sötétség. Szétnézett és Pálma grófnőt nem látta sehol; egy arasznyi magasságú rács pálczáin keresztül szürődött be hozzá egy kis világosság. Úgy meg volt fogva a csapdában, mint egy ostoba egér.

Eleinte el nem tudta gondolni, hogy mi történt vele? Csak az jutott eszébe, hogy ez ugyan furcsa kis menyasszonyi kelengye, a hol a skatulyának a teteje rácsapódik a kiváncsi vőlegényre! Azt hitte, hogy ez valami tréfa. Hanem aztán, mikor ahhoz a szűk rácsozathoz lépett, a melyen keresztül a szobába lehetett látni, az az egy tekintet fölvilágositotta a helyzetéről. Pálma grófnőt látta maga előtt. Olyannak látta, a milyennek még soha sem. Ilyen lehet a halott, a ki sirjából föltámad, hogy háborgatóját megölje, egy istennő, ki embertől eredő gyalázatáért boszut állni leszáll az Olympról! Arczának márványfehére lángolt, felnyilt ajkai között villogott az összeszorított fogsor, egész arcza torzkép volt; de gyönyörű, az asszonyindulat dæmonerővé magasulva sugárzott tekintetéből, vegyítve a fenyegető kifejezésben minden, a mi a nőt emberfölöttivé teszi abban a pillanatban, a mikor diadalmaskodik; Mária, mikor a kigyó fejére tapos; Juno, mikor Ixion ölébe dobja a felhőt, ilyen volt.

De Kornélnak nem ezek a magas alakok jutottak eszébe; nem igen volt jártas sem a keresztyén, sem a pogány mythologiában; neki csak az «ezeregyéjszaka» volt a bibliája, az a tündérasszony jutott neki eszébe, a ki királyi férjét félig kővé változtatja, aztán meg az a bolond dzsin, a melyik rá hagyja magát beszélni, hogy bujjék vissza még egyszer abba a korsóba, a melyikből kiszabadult. Most ő lett ez a dzsin. S az ott ama tündér.

Ekkor valami villant az eszébe. Az észhomálynak szoktak villámai lenni. Ha ez a vasajtó arra csattant le, hogy a pénzszekrényben elfordították a kulcsot, akkor csak megint föl kell nyilni, ha azt a kulcsot visszafordítják. Odarohant, hanem aztán szomoruan tapasztalá, hogy azt a kulcsot se jobbra, se balra nem lehet fordítani többé, meg van az is fogva.

Ekkor aztán igazán megijedt.

Megint visszament a világosságadó rácshoz, kitekintett rajta. Onnan végig lehetett látni az egész szobán.

A kegyetlen istennő már akkor egy asztalnál ült s épen nem istennői munkával foglalkozott, levelet irt. (Mint tudjuk, Minerva, az irás istenasszonya, csak a szövés művészetére volt büszke, — lásd Arachne — de maga nem levelezett.) Tehát Pálma grófnő irt, még pedig nagy nyugalommal.

— Grófnő, instálom! szólt Kornél báró, megkoczogtatva a vasajtót, mint valami illedelemtudó látogató.

Az iró hölgy föl sem tekintett.

— Szeretnék innen kimenni.

Ezzel úgy látszik nem mondott valami meglepőt a megszólítottnak.

— Nagyon sötét van idebenn, nem látom, a miért a grófnő ideküldött. Grófnő, ez illetlenség! egy becsületes embert, egy főrangú urat így rászedni, becsukni, mint valami tolvajt. Grófnő, igen szépen kérem, bocsásson ki innen, becsületem szentségére fogadom, hogy még csak egy szóval sem fogom önt bántani. Hiszen behihatja ön a cselédeit s azokkal dobathat ki innen. De ne dobasson ki, igazán mondom, meg fogom újítani tanuk előtt azon ajánlatomat, hogy önt nőül veszem. Becsületes szándékkal jöttem ide. Grófnő! Mást mondok. Ha nem akarja, hogy a cselédjei megtudják, hogy én itt voltam, mondja meg, hogyan kell megint kinyitni ezt az ördöngös ajtót? Ön ezalatt kifuthat a mellékszobába s bezárhatja az ajtót; én elmegyek, a merre idejöttem, a kürtőn keresztül. Grófnő, hát nincs önnek szive?

Mintha a falaknak beszélt volna.

A kegyetlen tündérnő bevégezte a levélirást csendesen; le is pecsételte a levelet s ráirta a czímet; azután a zsebébe tette azt.

Akkor aztán fölkelt s lanyha léptekkel odament a csapó ajtóhoz.

— Ön szólt hozzám? kérdezé a bennszorulttól.

— Igen is, grófnő. Kérem, legyen vége a tréfának. Bocsásson ön ki innen a ketreczből.

— Ki lesz ön bocsájtva, mihelyt megigéri ön, hogy megtartja azt a szavát, a mit egy nőnek adott.

— Oh, megtártom! Igérem! Esküszöm rá! Lovagi becsületszavamra fogadom! Beváltom minden igéretetemet, a mit önnek tettem, grófnő.

— Nekem nem tett ön semmi igéretet; mert azt én elfelejtettem. Nem arról van szó, hanem arról, a mit a feleségének igért ön.

— Micsoda?

— Hogy be fog önként menni a Lunatic-Asylba.

— Hogyan? Ön is gyilkosomnak akar kiadni?

— Nem úgy van. Az ön feleségének igaza van. Ha ön ismeretlen eredetű pénzösszeget fogadott el egy olyan embertől, a kinek ön eddig csak alamizsnát szokott osztogatni, az csak árulási részvét miatt történhetett. Ha volt önnek erről tudomása, akkor ön áruló; börtönben a helye. Én soha nem küldtem önnek semmi összeget. Ön választhat a börtön és tébolyda között. Én annak adom önt át, a melyiknek akarja.

— Grófnő. Ön igazán kegyetlen. Ha ön engemet annak az asszonynak a kezébe ad, az engem meg fog ölni. Hiszen ismeri őt a grófnő. Herkulesekkel birkózik és bikákat öl le.

— Legyen nyugodt. Nem annak a nőnek a kezébe adom. Annak az embernek Írtam, a kit egyedül nem tudok még elfelejteni az élő világból.

— Illavay nagybátyámnak?

— Igen. Megírtam neki, hogy jöjjön sietve. Mihelyt itt lesz, ő vele fog ön értekezhetni a további teendőkről. Ő becsületes ember s önnek jóakarója. Úgy fogja elintézni az ügyet, hogy az ön atyja által e czélra hagyományozott összeg biztos kezekbe jusson, s arra a czélra legyen fölhasználva, hogy önnek úri kényelmet, teljes ellátást adjanak a kedélykórok menedékében, a hol ön igen jól fogja magát találni, s megszabadul minden gondjától. Ha más kezekbe jutna ez az összeg, nem vagyok felőle egészen bizonyos, hogy az ön javára lenne-e egészen fordítva? Látja ön, mennyire javát akarom.

— Csókolom kezeit. A grófnő nagyon kegyes. Tehát ön is azt kívánja, hogy megígérjem, hogy aláírom azt a bolondjogi elismerést? Az az, hogy alá van már írva; de a gyűrűvel is lepecsételjem? Kívánja ígéretemet, grófnő?

— Az ön ígéretei értéktelenek. Én az okmányt akarom előbb a kezemben birni, kellően ellátva, addig el nem küldöm ezt a levelet Illavaynak.

— Hát mit tesz, ha én nem pecsételem azt meg?

— Itt hagyom önt, s kimegyek a többi szobáimba, s holnap megint visszajövök, a kérdést ismételni.

— Ez szívtelenség! Ez erőszakos kényszerítés.

— Én nem hozattam önt ide.

— No jól van, hát lepecsételem ezt az irást a gyűrűmmel; de hát idebenn nincs mivel.

— Majd mindjárt lesz.

Pálma az iróasztalához ment, s visszatért viasztekercscsel, egy szál aranyos spanyolviaszszal, meg egy ezüst gyufatartó tokkal.

— Ezeket mind be lehet venni a rácson keresztül.

Kornélnak első dolga volt a viaszgyertyácskát meggyujtani, s aztán körülnézni vele a sötétben.

— No jól van. De hát ha én most azt az irást odaadom a grófnőnek, meddig fog ez a fogság tartani?

— A míg az ön nagybátyja megérkezik.

— De hisz az soká fog tartani.

— Azt hiszem, nem. Ő nem messze lakik innen. A levelemet még ma megkapja, s holnap ilyenkor itt lehet.

— De hátha nincs épen otthon.

— Akkor itt lesz holnap után.

— És mit eszem és mit iszom én itt addig?

— Azt én nem tudom.

— Ön engem itt éhen akar megölni!

— Ne féljen ön. Az ember nem hal meg olyan könnyen éhen. Én próbáltam egyszer tizenhat napig nem enni, nem inni semmit, s mégis itt vagyok.

— De én nem próbáltam még tizenhat óráig sem. Én dühös leszek, mint a vadállat, ha megéhezem.

— Arról én nem tehetek. Ez nem az én dolgom.

— Grófnő! Azt mondom, hogy ne akarjon engemet dühbe hozni! Ha én méregbe jövök, török, zuzok. mindent, a mit magam körül találok. Felkapom a székeket s keresztültöröm velük a falat! Olyan dörömbölést csapok, hogy az egész ház meghallja. Kapom ezt a gyertyát, s a helyett, hogy irásomat pecsételném le mellette, felgyujtom vele a butorokat idebenn, s ide égek az ön takarékpénztári könyveivel együtt.

— Tanácslom önnek, hogy csendesen tartsa magát. Ebből az oduból erőszakkal ki nem szabadulhat ön. A falak mind vasból vannak. A butorok támlánya bronz, szövete azbeszth, azokat meggyujtani nem lehet. Dörömbölést csaphat ön, a milyen nagyot akar, s azt a czélját elérheti, hogy az egész ház összeszaladjon s önt itt találja. Hanem abban az esetben azt a rossz fordulatot fogja adni sorsának, hogy önt, mint dühös őrjöngőt fogják megkötözve az őrültek házába szállítani, s az úri kényelem helyett fogadja önt ott az elzárt ketrecz, a miben a szerencsétlen örjöngőket tartják.

— De én már is éhes vagyok!

— Akkor engedje ön a gyomrát és az eszét egymással tanácsot ülni. Talán a gyomra okosabb lesz. Minél hamarább elhatározza önnek a bölcsesége, hogy azt az iratot, helyesen ellátva, ezen a rácson keresztül kiadja, annál hamarább útnak indul az én levelem. Öntől függ, hogy siessen, vagy halasztassa kiszabadulását ebből a nehéz helyzetből.

— Tehát csakugyan azt akarja grófnő, hogy az őrültek házába menjek? Örökre itt hagyjam a világot? Élve eltemettessem magamat?

E szóknál elkezdett sírni.

Csak az kellett még, hogy az utálat teljes legyen iránta, hogy sírva fakadjon egy férfi.

— Ah uram, a kik sírnak, azok még élnek. Én attól a naptól fogva, hogy élve eltemettek, egy könyet sem ejtettem soha. Határozzon! Menjek vagy maradjak?

Odabenn elhallgattak.

Pár percz múlva a megpecsételt okirat előbújt a rács pálczái között s odahullott Pálma lábaihoz.

Pálma fölvette azt, megnézte s visszadobta a földre.

Azután kiment a termébe. Egy mozaik asztalon hevertek az érkezett levelei; azokat megnézegette, félredobálta, egyen kívül, azt az egyet átolvasva, keblébe dugta. Azután a saját maga által irt levelet letette az asztalra, a villamcsengetyű gombját megnyomta, és maga lement a kertjébe, sorbajárni a művirágokat, hány nyílt ki közülük tegnap óta — tizennégy év óta?

Beszélni nem szokott senkivel, emberrel nem szokott

találkozni soha. Csak másnap nyitott be ismét az iró-szobába. A csapda üres volt; a vasajtó felhuzódott. Az asztalon pedig hevert egy gyászjelentés.

> «Báró Apátfalvy Opatovszky Kornél jelenti minden rokonának és ismerőseinek, hogy a mai napon, hosszas szenvedés után, örök nyugalomra tért a döblingi kedélybeteg ápoldában. Béke hamvaira!

A HOLD SZARVÁNAK UTOLSÓ FÉNYPONTJA.

Meghalni és eltemetkezni, édes, nyugodalmas gondolat! De eltemettetni s azután is számlálni a napokat, a mik még hátra vannak!

Azok között, a kiket ez a szomorú végzet ért, senki sem olyan szánandó hallott, mint Temetvényi Ferdinánd gróf. A mi körülveszi, az mind kriptafal; a márványnyal kirakott, a gobelinnel bevont, a művészremekkel telifestett termek: kriptafal mind. — A ki belép hozzá valami hirt hozni, az mind halálmadár. — A levél, a mit felbont, gyászjelentés. — Mikor felrakja az érdemrendeit a mellére: az a sok kereszt egy egész temetőt képvisel; mindegyik alá ő maga van eltemetve. Sokszorosan van eltemetve: mint főur, mint gazdag ember, mint világfi, mint apa. Ez, ez fáj legjobban. De még el akarja tagadni magától. Még keres valami menedéket az utolsó alakjában, vándorolva egyik alakból a másikba, mint az indus lelke. A nagyhatalmú államférfi még megvan! Az, a kitől rettegett az egész felvidék. Három vármegyében kis császár.

Most áll hatalma tetőpontján. Egy messzeágazó összeesküvés az ő hatalomköre alatt lett felfedezve, elnyomva.

Igaz, hogy az egy simplex embernek az érdeme, a kinek a nevét ő nem szereti kimondani, hanem az nem jön elő a maga érdemeiért bizonyozni: talán nem is tudja, hogy azok érdemek. Szereti, ha nem háborgatják. Az egész dicsőség a kormányzó főur javára marad.

S most még ezzel a kezébe jutott sulyos hatalomeszközzel olyat zúzhat halálos ellensége fejére, a mivel azt egyszerre szétmorzsolhatja. Meglesz az semmisítve, mint anyag és szellem. Az egész összeesküvést ennek a fejére lehet olvasni.

Az porrá lesz, ő pedig megszilárdul. Érdemei ismét felvontatják a lejtőn. Arra pedig igen nagy szükség van, mert nagyon mélyen ment már aláfelé. Büszkesége, boszuvágya, meggondolatlan merész kísérletei vagyonát tönkretették. Hitelezői csak azért nem indítanak a vára ellen ostromot, gonoszabbat, mint a faltörő kosokkal: mert még kezében a hatalom. De azt már sejti, hogy egészen el van készülve. Még ugyan ámítgatja magát azzal, hogy magányos, álmatlan óráiban összeállít csalfa vagyoni mérlegeket, felbecsülve fekvő birtokait eszményi árakra, kiszámítva: mennyit adhatnának gazdag műszeretők műremekei gyüjteményéért? Felvesz behajthatatlan tartozásokat aktivái közé, s aztán kiszámítja belőle, hogy még mindig jól áll. Mikor azonban egy-egy szorongató teher valami elhatározásra ösztönzi, úgy, hogy rászánja magát sub camera charitatis egy-egy ismerős főurnak bizalmasan megirni, hogy kész volna uradalmai közül valamelyiket, kezelési nehézségek miatt, szabad kézből eladni, azoktól olyan leverő ajánlatokat kap, hogy szégyenli végigolvasni. A mit pedig a műkincseért igérnek, az ilyen levelek csak összetépni valók. Kincs az, mikor veszik; — szemét, mikor eladják. Azt is tapasztalta, hogy kevés az országban a rendezett úr: inkább szabadulni akar mindenki a birtokától, mint szerezni hozzá; — külföldi tőkepénz pedig iszonyodik az itteni viszonyoktól. Az olyan földet, a mely folyvást inog-mozog, — senki sem választja megtelepedési helyül. Ilyenkor a nagybirtokos, a ki adós, rosszabb a koldusnál. No, de most már jobb idők következnek! (Minden sülyedő hajó gazdája ezzel szokta biztatni magát.) Az ország állapotai megszilárdulnak s akkor ismét helyreáll a magánosok hitele is.

. E hiú káprázatokat hogy szétfútta egyszerre az a bolond szél. Az a bolond szél, a mi egy bolond szájból jön. Opatovszky Kornél tréfásan gyászos esete a pozsonyi elátkozott kastélyban egyszerre két hatalmas nagy család ősvárait döntötte halomba.

Mikor ezt az esetet Ferdinánd gróf megértette ügyvéde leveléből, ájultan rogyott össze.

Jobb is lett volna neki, ha nem hozatja magát életre többé.

Ez a tudósítás ugyanaz a hang volt, a mi a kriptaajtónak a becsapódása.

Most már veszve van minden!

Az az egy ember, a kinek az árán a haza és trónmentő nagy érdemeit meg lehetett volna szerezni, elfogva, nem mint vakmerő lázító, hanem mint egy hóbortos bolond, nem az apa által, hanem a leánya által, — nem Garibaldi veres ingében, hanem a kéményseprő csuhájában, s az elfogás hire, egész története, körülményei nem egy eldicsekedni való hőstett, hanem egy nevetni való történet, a miből himet fognak varrni az udvari pletykakörökben és változatokat mesélni a krajczáros lapokban; nevet már azon nagy hahotával az egész világ.

Mikor eszméletéhez térve, végiggondolt ezen Temetvényi Ferdinánd, azt mondá magában: «elhagyom ezt az országot!»

Hiszen olyan könnyű az embernek megutálni a hazáját.

Csak ezt a nagy darab sárt le tudná rázni a lábáról, a mi hozzá van ragadva!

Ezt a hat négyszög-mérföldre terjedő sárt, a közé keveredett kövekkel, az ősi kastélyokkal egyben.

Adná akárkinek, a ki megadná az árát, lengyel, cseh, angol, német grófnak, herczegnek. Egy nagy darabot a hazából. A mit meggyülölt!

(Hogy futnak a várromokkal koronázott hegyek egymás alól!)

A mely napon ezt a rettenetes hirt vette, egy hétig senki sem hajtatott be a kastély udvarára. Tudták már, hogy szánni kell.

Ő maga ki sem mert menni a falai közül.

Mintegy oktáváján a gyászesetnek, levelet kap a szomszéd uradalmi kastélyból, a minek czímiratán már fölismeri a levéliró kezét.

Ki kopogtat be legelébb is az eltemetett halottnál? Ugyan ki más, mint a vakandok?

Diadém kézvonásaira ismert.

Félredobta a levelet fölbontatlanul.

Hát annyira jutott már, hogy az az ember ő hozzá levelet mer írni?

Fölnyergeltette a lovát s kiporoszkált az erdőbe. Összevissza barangolta a méltóságos nagy vadaskertet.

«Hát ez már mind nem lesz az enyim?»

Az erdei tekervényes út vitte, a merre nem is akart menni, az ősi várromokhoz. Egyszer csak azt vette észre, hogy odafenn van a Temetvényi várromoknál.

A hol a kövek mind beszélnek — annak, a ki azt megérti.

Öt század történetét emlegetik fel azok.

Most ennek a történetnek vége.

A tisztes romok teli vannak már firkálva a látogatók neveivel. A kaputornácz boltozatának zárkövére nagy fekete betűkkel van felirva ez a név: WURST. Közönyös név: akárkié lehet. Valami vándor-társaság legmerészebb tagja lehetett az, a ki a nevét megörökítette ott. — És Temetvényi Ferdinánd gróf érzi azt, hogy az ő neve ezeken a köveken még csak nem is wurst.

A husziták, a zsebrákok, a kuruczok, a labanczok, a hajdemákok nem pusztítottak kegyetlenebbül itten, mint az ő tétlen kezei.

Az a még fennálló küszöbpillér is mond neki valamit.

Azon az emlékezetes kézfogón, mielőtt útjára ment volna, azt mondá neki ez a csodálatos ember, tenyerével erre a bazaltra csapva:

— Ha ön ezt az embert, ezt a Diadémot, magához közel ereszti, húsz esztendő múlva ez a kő sem lesz az öné és az ivadékaié többé.

Még be sem telt a húsz esztendő s már eljött, a mit mondott.

Hát próféta lakik ebben az emberben?

Minden veszedelem, mely lavinakép sodorta magával egymásután büszkesége egész egyetemét, ennél az embernél kezdődött.

S most végződik nála.

Tudta ő jól, hogy mi van abban a levélben, a mit eldobott, s nem akart fölbontani.

Külföldi tőkepénzesek keresnek heverő millióik számára elhelyezésre való tért. Azokkal van összeköttetése Diadémnak. Azt ő sokszálú összeköttetéseinél fogva régóta tudta.

Dominiumokat akarnak vásárolni, megszorult, jól eladósodott magyar főuraktól.

Diadém régóta igyekszik a gondjaira bizott apátvári uradalmat rájuk sózni, de a tőkepénzesek furfangos emberek. Rájöttek, hogy az apátvári uradalom a temetvényi nélkül nem más, mint egy elátkozott darab föld, a mibe minden új birtokos bele fog veszteni s örül, ha mezitláb kiszaladhat belőle, hanem a két uradalom egyesitve, az már számbavehető volna.

A halálmadár zörget az ablakon. Érzi, hogy halálos beteg van odabenn.

Bizony temetkezés ennek a vége, uram!

A temetkezés szomorú dolog; még akkor is, mikor az ember itthagyja ezt az egész szép világot s maga elmegy a föld alá; hát még az a temetkezés, mikor az ember eltemeti az egész szép világot, — s maga meg itt marad.

Az a fekete küszöb azt mondta neki, hogy a végzetnek teljesülni kell. Nézzünk szét még egyszer innen a magaslatból, ezen az egész szép világon: — azután menjünk haza, temessük el azt!

Mikor Ferdinánd gróf visszatévedt a dolgozószobájába — maga sem tudta hogyan? azt a földre dobott levelet ott találta ismét az asztalán. Talán csak a rendszerető komornyik tette oda, látva, hogy felbontatlan levél.

Ő a sors intésének vette azt.

Eszébe jutottak, a míg a borítékot felszakítá, azok a

mindenféle mesék megmérgezett levelekről, a mikkel nagy potentátokat halálra küldöztek. Ebben is méreg volt: rosszabb annál, a mivel Ferrara herczeg gyilkolta meg az ellenségeit.

Diadém egyenesen a lényegen kezdte. — Van egy hatalmas conzortium, mely 50—100—200 millió forinttal rendelkezik. Szándéka Magyarországon nagy uradalmakat vásárolni; olyan uradalmakat, a mik terjedelmeiknél fogva mostani birtokosaiknak keveset jövedelmeznek. Fényes feltételek igértetnek. Lehet azok között válogatni. A temetvényi uradalom egyike azoknak, a miknek megszerzéséért a conzortium még rendkívüli áldozatokra is kész. Azonkívül, hogy a mostani birtokos minden passiváit, a hol csak léteznek, átvállalja, az ingó vagyont becsár szerint kifizeti, még biztosítja számára életfogytiglan ugyanazt a virtuális jövedelmet, a mit jelenleg a birtokából tiszta haszonkép húz.

Nagy szó!

A jelenlegi jövedelem egészen rámegy az adósságtörlesztésre és a kamatokra (s az az adósság olyan, mint a polyp, mentül jobban törlesztik, annál jobban nő.) Akkor pedig az egész jövedelem megvolna, lehetne élni gond nélkül — egész holtig. — Azontúl pedig — nem következik semmi.

Hatékony volt az a méreg!

A gróf behivatta a titkárját s elkezdett neki levelet diktálni. Hármat elrontott, míg a negyedikkel csakugyan meg volt elégedve. Kegyes volt találkozót adni Diadém úrnak és még az éjjelre, miután holnap korán hivatalos körútra kell mennie.

Nem volt ugyan semmiféle körutra menetele, csak azért rendelte éjszakára a bankárt, hogy akkor sötét van, nem látják, ha idejön. Émelygett attól a gondolattól, hogy ennek az embernek a csizmái még egyszer az ő kastélya parquettejein csikorogjanak.

Hanem abban ugyan alaposan megcsalódott mikor azt hitte, hogy ha ő Diadém urat éjszakára hivja meg a várába, hát akkor abból majd titkos találkozó lesz. Volt rá gondja a bankárnak, hogy felvonulása egészen feltűnő legyen. Négylovas előfogattal jött, minden ló nyakán csengővel, a hintó mellett lovas pandurok nyargaltak, előtte pedig fáklyavivő tizenkét paraszt ügetett, a kiket mind a szolgabírótól rekvirált, előmutatva neki a gróf meghívó levelét. Még akkor Temetvényi Ferdinánd olyan nagy hatalom volt, hogy mindent megtettek, a mit csak óhajtásképen elárult.

Ilyenformán egész fáklyásmenet volt Diadém úr éjszakai látogatása Temetvényi Ferdinánd kastélyában; csak a zene hiányzott hozzá, hogy teljes diadalmenet legyen.

Diadém úr, a gróffal találkozva, sietett annak a fintorgó ábrázatján mutatkozó kérdezősködéseket megelőzni.

— Rosszak az utak arra mifelénk, kegyelmes uram, az ember minden nyomon nyakát szegheti. Aztán meg az a sok csavargó zsivány itt az erdőkben. Hisz kegyelmes uram legjobban fogja azt tudni.

A kegyelmes uramnak mind a két tárgy olyan kellemetlen volt, hogy inkább nem beszélt róluk semmit.

— Térjünk egyenesen a tárgyra, uram, az én időm rövid. — Hanem mielőtt hozzáfognánk, egyezzünk meg egy dologban. Ön olyan jól ismer engemet, mint én önt. Mindkettőnkre nézve tökéletesen időveszteges és haszontalan szópazarlás volna minden olyan frázis, a mivel azt akarnók egyikünk a másikkal elhitetni, hogy valami önkényt jövő jóakarat kerített bennünket össze, a mi viszonzásra vár. Tudjuk mindaketten, hogy bennünket egy sokszorosan összebonyolódott balsors gubancza tart egymáshoz kötve s mindkettőnknek érdekében áll ezt a gubanczot szétfejteni, ha az nem megy, szétvagdalni. Azért tehát fogadjuk fel egymásnak, hogy az alatt az idő alatt, a mit most együtt töltünk, félreteszszük a diplomatát és a financiert, s nem mondunk egymásnak egyebet, mint igazat, akármilyen keserű fog is az lenni.

— Ráállok, exczellencziás uram.

— Akkor hagyjuk el legelőbb is a titulaturákat, mert az sem igaz. Én nem vagyok annak belső titkos tanácsosa, a kinek ön épen nem commerzienrathja. Hazugság minden czím. Beszéljünk úgy, mint két ember, a ki párbajt vív minden tanuk nélkül s a föltételek fölött egyezkedik.

— Nem bánom, uram.

— Tehát tessék helyet foglalni. — Kiván ön theázni, vagy vacsorált már?

— Útközben a szeredásból és a pinczetokból elláttam magamat: nem kivánok itt se enni, se inni.

— Tart tőle, hogy itt meg is mérgezhetnék?

— Oh kérem...

— Csak ki az igazat!

— No, hát úgy van.

— Lássa ön, hogy megy ez már! Azonban, ha tetszik önnek, rágyujthat a saját szivarjára.

Temetvényi maga ment előre a jó példával, s szivarját szájába dugva, hanyatt veté magát az ottománra; a mit Diadém úr azzal viszonzott, hogy ő meg a hintaszékbe dobta le magát, s ha a gróf a támlányra rakta föl a lábait, ő meg a két keze közé fogta a térdét s úgy himbálta magát, — azután fútták egymás szeme közé a füstöt.

— Ön egy levelet írt hozzám, kezdé a gróf, a mit én eleinte fel sem akartam bontani, később azonban mást gondoltam s ennek a következtében kérettem önt ide, hogy magyarázzuk ki egymás előtt magunkat.

— Én kezdjem?

— Nem. Én lövök előbb. — Én vagyok a kihivó. Nekünk, uram, mind a kettőnknek igen szépen sikerült az életünk czélja, a mit magunk elé kitüztünk, bárha külömböző utakon. Egy vagyonára és nevére méltatlan fiatal embernek a tönkrejuttatása. Én boszuból tettem ezt, ön spekulatióból.

— Exczellencz!

— Nos? Valami nem igazat mondtam? Jó! Ha félrelőttem, most önön a sor: lőjjön vissza.

— Úgy tudom, hogy a spekulatio mind a kettőnk részéről megvolt.

— Talált a golyó! Köszönöm. Úgy van. Csakhogy én nem akartam a dolog genesisét ilyen messziről kezdeni. Ön arra figyelmeztet, hogy hiszen én is azt akartam, amit ön, ebből a két nagy uradalomból, a mi valaha Bercsényi fejedelmi birtoka volt, egyet csinálni, én a leányom áldozata árán, házasság útján: egy bolondságáról híressé leendő új család számára; ön pedig egy kalandornő keze által, a ki önnek is szeretője volt, egy pénztársulat számára, a mely szédelgéseiről fog egykor híressé lenni. A boszú csak akkor lépett föl nálam tényezőül, mikor a spekulatio el lett hibázva. Igazat mondtam?

— Igen.

— Most önön a sor.

— A kész tervet valóban én rontottam el.

— No lám, milyen szépen megértjük egymást. Én azóta mindent elkövettem, hogy önökre nézve a létezést lehetetlenné tegyem itt ezen a földön. Volt hozzá hatalmam.

— Mi pedig mindent elkövettünk, hogy azt a ránk nézve oly veszedelmes hatalmat aláássuk.

— Sikerült-e?

— Azt majd megmondom a beszélgetésünk végén.

— Az én munkám sikerült. Az apátvári uradalom tönkrejutva. Gazdája a bolondok házába zárva, s az utolsó hitbizományi tőke annak a menhely igazgatóságának kiszolgáltatva; úgy, hogy ön és az a kalandornő még ehhez sem juthattak hozzá.

— Ez nem az ön műve volt, uram.

— Hát kié?

— Egy harmadik emberé, a kiben sokszor elbotlottunk mi a ketten.

— Az is igaz. Most azután csak két elvitázhatatlan tény emelkedik egymással szemközt, az elsőbbség szomorú jogáért versengve: az, hogy mindakét uradalom, a temetvényi is, meg az apátvári is, a tönkrejutás szélén áll. Mi semmi összetörni valót nem hagyunk fenn egymásnak.

— Úgy van. Ezt aláírom.

— Most aztán így gondolkozik ön. Ez a vén Temetvényi nem sokáig viheti; de én is a feneket értem már, ideje, hogy együtt felmerüljünk a víz szinére. Csináljunk együtt egy üzletet.

— Egészen úgy van.

— Egyesítsük a két ruinált uradalmat egy darabban, az egy kis német herczegséggel felér, keressünk egy vevőtársaságot hozzá, s aztán csináljunk egy olyan kötést, a mi mind a kettőnkre nézve kedvező lesz.

Körülbelől így áll.

— Szabad öntől legelőbb is egyet kérdenem? Micsoda joga van önnek a maga részéről az apátvári uradalommal tetszése szerint rendelkezni? Még az, hogy ön az őrült birtokos gondnoka, erre nem hatalmazza fel. Annak még van egy fia is.

— Azt az apja kitagadta mindenből.

— Az ősi birtokból.

— A Reichsgesetzblatt szerint tehette.

— Azonban még egy leánya is van.

— Az pedig nekem eljegyzett mátkám.

A grófnak a szájából kiesett a szivar bámulatában.

— Micsoda? Az a gyermek? Hány esztendős?

— Valami tizennégy. Mire ez a dolog rendbejő, lesz tizenöt, addig az angol szüzeknél marad nevelőben.

— S az anyja akaratából megy önhöz?

— Természetesen.

— S tud a gyermek erről valamit?

— Imád az engem.

— Herr Commerzienrath!

— Igazán mondom. Bálványa vagyok. Menjünk tovább. Az apátvári uradalom eladását rendbehozni az én gondom. Beszéljünk csak a temetvényi uradalomról.

— Ön engem itt e levélben azzal biztat, hogy lesz egy

tőkepénzes társulat, a mely elvállalja minden adóságomat s azonfelül számomra azt a tiszta jövedelmet, a mit jelenleg hajt az uradalom, életfogytiglan biztosítja. Már most mondja meg ön az igazat: engemet akar-e ön meg csalni, vagy azt a társaságot?

— Uram!

— Nehéz kérdést adtam fel úgy-e? Talán jobb lett volna így tennem fel: «mind a kettőt?» Tessék rá igazat mondani.

— Mondom azt. Egyiket sem.

— Van önnek tudomása arról, hogy mennyire mennek az én adósságaim?

— Van-e önnek?

— Most meg ön adott fel nekem olyan kérdést, a mire nehéz igazat mondani. Ezt én magam sem tudom.

— No, hát én tudom. Itt a lajstrom.

Ferdinánd gróf elbámult azon, a mit maga előtt látott. Összes adósságainak pontos, részletes kimutatását. Ez nagy munka lehetett arra nézve, a ki ezt mindenünnen egybegyűjtve összeállította. Hogy mélyen benn úszik, azt eddig is sejtette, de hogy ennyire, a szája széléig érjen a hullám, arról nem volt fogalma. Végigfutott a részleteken, nincs-e valami tévedés a dologban? Mind igazi adatok voltak azok. Sokról megfeledkezett ő ezek közül, nagyobb kölcsönökről, a mikkel olyan előkelő uraknak tartozott, a kik barátságból nyugodtan maradnak, bankároknak, a kik befolyását igénybe veszik s ezért a kamatokat is évről-évre függni hagyják a fán; azután voltak ott mindenféle kifizetetlen tartozások megyei közmunkák fejében, a miket a vállalkozók nem mertek sürgetni, rettegve a hatalmas kormányközeg neheztelésétől; ezek most mind élő alakot öltöttek, s előtte álltak, mint egy rettenetes koponya-pyramid; de nem levágott fejekből, hanem olyanokból, a mik harapnak és esznek.

Szédült bele, mikor a végösszeget meglátta.

— Ez nagyon sok... suttogá. Megállta az igazmondást.

— Az, hogy a tartozás sok, még nem volna baj, folytatá Diadém. A nagyobb veszedelem az, hogy a passiváknak fedezetül szolgáló activák értéke évről-évre hanyatlik. Az intensiv gazdaságra évről-évre kevesebb költség fordíttatik, annálfogva folyvást apad a bevétel is. Ellenben az improductiv kiadások egyre szaporodnak: az adó növekedik s abban az arányban száll arithmetikai progressióban az uradalmak értéke alább. Tapasztalhatta ön, kiknél kéz alatt tudakozódott, folyvást kisebb árakat kináltak. Ha pedig kényszerített eladásra kerül egy nagy úri birtok, az épen egyértelmű a tökéletes ruinával. Ebben az országban heverő tőkepénz nincs. A kótyavetyén pedig készpénzzel kell fizetni: ötödrész árban ütik el a kalapácscsal a legszebb birtokot.

— Ön tehát idegen tőkét remél erre a vásárra megnyerhetni.

— A tőke készen van; a szerződést bármikor meg lehet kötni.

— Az ön levelében jelzett föltételek alatt?

— Igen.

— S hogyan hiszi ön azt, hogy egy tőkepénzes, a ki én utánam ebbe az uradalomba beűl, azonfelül, hogy a vételárt azonnal átadja a hitelezőimnek, még nekem is egész netto-jövedelmét holtomiglan fizesse s mindamellett a tőkepénzének a kamatjait is megkapja?

— Erre ugyan azt felelhetném, hogy az az ő dolga. Azonban hát itt most azért vagyunk, hogy minden igazat megmondjunk, a mi iránt hozzánk kérdést intéznek. Tehát legelőször is, amit önnek évenkint fizetni ajánlkoznak, az csak átmeneti kiadás.

— Értem. Azt hiszik, hogy öreg ember vagyok már, nem sokáig élek. Azonban hát halálesetre spekulálni nem jó. Én már sok fiatal egyéniséget láttam magam előtt a gyászszekéren kivitetni. És sok fiatal vállalatot is.

— Ez is számitásba van véve. S ha a fiatal emberek és a fiatal vállalatok nem vigyáznak az egészségükre, hát meghalnak, ez az ő dolguk. Az én konzorcziumom azonban se nem fiatal, se nem beteg. Régóta folytat hasonló vállalatokat Oroszországban, Lengyelországban s jól érzi magát mellette. Legelőször is a konzorcziumnak nincsenek nemes szenvedélyei, a mik nagy vadaskertek fentartásában, parkokban, palotákban, versenyparipákban lelik kedvtelésüket: a kiadások rovata egyszerre tetemesen megapad az új gazda kezében.

— Álljunk meg egy szóra, szólt közbe Ferdinánd gróf. A nagy vadaskertek egyúttal rengeteg erdők, mi lesz azokból őrizés, továbbművelés nélkül? A palotákban vagy lakni kell valakinek, vagy omladékká lesznek; mit gondol ön?

— Nem féltem én az embereimet. Az erdők értékesitve lesznek, mint épület-anyag, a nagy tömör épületeket meg igen könnyű lesz átalakítani gőzfürészmalmokká, szeszfőző gyárakká. Lehet azoknak praktikus hasznát venni.

Ferdinánd gróf nagyot fohászkodott. A temetvényi várfalakból fürészmalom! A kápolnában szeszfőző-kazán az oltár helyén!

— Azután a vevő konzorczium nem fog egy egész légió ingyenélőt tartani drága fizetéssel, a ki mind ezüstről eszik s hintóban parádéz; az egész költséges gazdatiszti apparátus avult intézmény, lomtárba kerül.

Ferdinánd gróf nagyon elgondolkozott.

Egy egész serege az ő kenyerén élő hivatalnokoknak a szélnek eresztve! Némelyik együtt vénült meg vele, a legtöbbet ő neveltette, ő volt a keresztapja, bérmáló apja, násznagya: valamennyinek örök hivatala volt az ő uradalmában, lakásuk valóságos otthonná berendezve. Nem ismerték a nélkülözést soha, nem a sanyarúságot, megszokták, hogy urak legyenek. Most mindezeket kitenni az országútra: keressetek más bolondot! Menjetek koldulni vagy kapálni! Egy tollvonással száz meg száz embertől venni el a kenyeret, hajlékot, jövendőt!

— No, jól van . . . Hát ezeknek is, mint a gazdájuknak,

alá is út, fel is út! De mégis csak szükség van az ily kiterjedt uradalom kezeléséhez gazdatiszti személyzetre s az más rendszer mellett még többé pénzbe kerülhet s hogy az experimentálás a nagy gazdaságokban milyen veszedelemmel jár, azt ön a saját kárából tapasztalhatta. Ez volt egyik oka az apátvári uradalom romlásának.

— Elismerem, hogy így van. Az én konzorcziumom azonban nem szándékozik egyátalában semmiféle gazdálkodási vállalatokba vágni a fejszéjét: neki meg van a saját rendszere, a mit például Lengyelországban elég szép sikerrel alkalmazott.

— Miféle rendszer ez ?

— Az egész uradalmat, az erdők kivételével, a mikkel más czélt érnek el, apróbb-nagyobb parczellákra felosztják, a miket azután sok évi törlesztésre megvesznek az olyan kisebb gazdák, a kik maguk látnak a gazdaságuk után, s így mérsékelt részletfizetés mellett önálló birtokhoz jutnak, míg a konzorczium a vételárt ez úton legalább is megkétszerezi.

A főúr arcza lángolt a dühtől. Felugrott a pamlagról s az asztalra ütött a tenyerével.

— S azt hiszi ön, hogy én erre ráállok? Hogy én ebbe mind hidegvérrel beleegyezem ? Hogy én az ősi várlakomból fürészmalmot hagyok csináltatni, s a temetvényi czimer helyébe gyár-czégért üttetek fel? Hogy nekem a királyok szobrain akasszák fel szárítani az esett dögbőröket? Hogy én engedem az én hűséges tiszteimet, cselédeimet gyermekeikkel, feleségeikkel együtt az utczára kiüzetni? s hogy én megbarátkozom valaha azzal a gondolattal, hogy azt a két Bercsényi-uradalmat, a minek egyesítése volt egész életem álma, egy bankárcsoport feloszsza ezer darabra, s árulja morzsánkint a világ minden rongyhadának ! Hogy az ősi hatalmas családok helyett szerteszélylyel kurta nemesek, jött-ment sehonnai idegenek, dohos parasztok, még talán zsidók is! zsidók! batyus zsidók! települjenek le ezen a két uradalom földén! Nem! uram!

Omoljon inkább össze mind a két uradalom, s temessen el mind a kettőnket romjai alá, így legyen egyesítve, egyesítve egy közös ruinává, de nem szétdarabolva ezer parczellára, hogy abban tót, német, paraszt, zsidó, bocskoros nemes üsse fel a vaczkát! Nem akarok többet hallani! Bánom, hogy eddig hallgattam, a mit ön beszélt.

A gróf indulatosan járt alá s fel a puha virágos pokróczon. Diadém úr pedig új szivarra gyújtott a moderateur-lámpánál s megint visszaült a hintaszékbe s fújta a füstöt a plafond felé.

Mikor a gróf kidühöngte magát, akkor igen higgadt kedélylyel azt mondá neki:

— A gróf úr rövidíti az életét az ilyen felgerjedéssel.

— Arra számitok, hogy rövid lesz! viszonzá hevesen Temetvényi. Hogy addig tart el, a meddig a büszkeségem. De a míg élek, az fogok maradni, a ki voltam és vagyok. Ha kinyujtóztatnak, akkor aztán nem kérdem, az út szélére dobják-e ki a koporsómat, hogy őseim kriptájában az új vevő törkölyös kádjainak helye legyen? De a míg lélekzetet tudok venni, a míg öt érzékemmel birok, addig magamat e szent falak közül se kicsábíttatni, se kiriasztatni nem engedem!

Diadém hidegvérrel tette rá a mutatóujját arra a szomorú lajstromra ott az asztalon.

— S mi fog történni ezekkel itt?

— Várni fognak! Addig fognak várni, a míg a halál azt nem fogja nekik mondani: «szabad!» A hullámat megrohanhatják, az élő testemet nem! mig én e megyében, ez országrészben teljhatalmú úr vagyok, addig ezen a küszöbön csak esedezve léphet be valaki, s a ki nekem kellemetlen, annak azt mondom: «jöjj máskor!» A kezem vas, a mit megfogtam, azt el nem eresztem! Ez Temetvényi Ferdinánd grófnak, a kerületi kormányzónak az utolsó szava önhöz, Herr Commerzienrath!

E kevély mondásra Diadém úr a zsebébe nyúlt, kihúzott

17*

onnan egy darabka nyomtatványt s azt sokrétűleg összehajtogatott állapotából szétbontogatta.

— Tehát «Exczellencz!»

(A kik valaha nyomdai helyiségekben, szerkesztőségi irodákban megfordultak, már a külső formájáról ráismernének első tekintetre arra a hosszúkás papirszeletre, a melynek domborveretű üres háta már elárulja a kefelevonatot, a szélein mindenféle ákombákomok jelentik a correctori cserkészet vadászati eredményét; az ilyen papirt reggelenkint rendesen a házi szolga veszi seprüje alá, mint hasznavehetetlen hulladékot; rendkívüli esetekben azonban az ilyen gyürődött, festékmázolt papirszeleteket gondosan összegyüjtik, a kézirattal együtt egy göngyölegbe hengergetik, összekötik, borítékba teszik, a két végén lepecsételik, s ráirják veres betükkel a napot, a melyen született és meghalt, s az ilyen klenodiumokkal a padlás tetejéig töltenek meg egy szobát. Ezek a hivatalos lapok correcturái. Valahány irnok, corrector, betüszedő, gépész ezen a kulimászos papiroson rajta hagyta a hüvelykujja önlenyomatát, az mind szent esküvel és kriminális büntetésektől való rettegéssel van kötelezve, semmit abból, mit a papiron meglátott, még élő szóval is tovább nem adni; a mi pedig egy ilyen papirlapnak az elsikkasztását illeti, az már épen a hazaárulás kategóriájába esik. Ezeket előrebocsátva, elképzelhető, mibe kerülhetett Diadém úrnak a bécsi hivatalos lap holnap reggel megjelenendő számából az első oldal correcturáját tizennyolcz órával hamarább megszerezni?)

Valóban az volt ez a gyürt papir. A bécsi hivatalos lap holnapi számának első lapja correcturában.

— Tehát excellencziás uram, kegyeskedjék csak egy pillantást vetni ebbe az ártatlan lapba! mondá Diadém úr, iróniás alázattal nyujtva át az iratot Ferdinánd grófnak.

Könnyű volt megtalálni benne azt, a mi ránézve olvasni való volt, mert alá volt húzva veres irónnal.

«Temetvényi Ferdinánd gróf a mai napon hivatalos állásától felmentetik.»

Semmi egyéb, még csak az sem, hogy «saját kérelmére», annyi sem, hogy «hajlott kora és egészségi állapota iránti tekintetből», még csak az az enyhítő vigasztalás sincs ott, hogy «érdemeinek és szolgálatainak elismerése mellett».

A gróf, mint az agyonlőtt ember, rogyott le a kerevetre.

Hogy ezt vele még csak előre nem is tudatták! Hogy senki sem akadt, a ki figyelmeztesse, hogy előzze meg a lemondásával ily modorban való elbocsáttatását. Lehetséges ez? Vajjon ott áll még a papiron? Mikor másodszor is belenézett a nyomtatványba, csakugyan nem látta azt a sort maga előtt — könyeitől nem láthatta. — A szemek is megtartották, hogy kibeszéljék az igazat.

Nagy dolog az, mikor egy férfi könyezik egy másik férfi előtt — egy gyülölt ellenség előtt — egy nagy ember egy kicsiny ember előtt.

— Mivel érdemeltem ezt? hörgé összeszorított öklével szívéhez nyomva azt a haláladó papirlapot.

— Mondjunk egymásnak igazat, uram, ezen a keserves éjszakán, szólt Diadém, a felülkerült ellenség diadalérzetével. Ez nagyon jól meg volt érdemelve. Önt annyira elvakítá a bosszúállás szenvedélye, hogy nem látta meg tőle, a mi közvetlen közelében történik. Önt a gyülölet mániája hamis csapásra vezette, s míg ön ott a maga vadját üldözé, itt engedte ásni a lába alatt a tűzaknákat. Ön egy őrültet kergetett keresztül-kasul a világon, a körül összpontosítá egész gyülöletét; megtette azt egy veszedelmes összeesküvés vezérének, s mikor a rémséges lázadás kitört és leveretett, a kitörés az ön hibája volt, a leverés pedig másnak az érdeme: öné maradt a szégyen, hogy egy bolondtól engedte magát bolonddá tétetni. Most aztán mindenki tudja, hogy a kit ön főszemélynek tartott e complottban, az egy elmeháborodott, a ki a veszélyes czélra szánt pénzről azt hitte, hogy az ön leányától kapja régi szeretete fejében, s a ki ezt egy nevetséges merénylettel a világ köztudomásává tette. Az pedig, a ki lelke volt annak az összeesküvésnek, mindennap idejárt az ön kastélyába s együtt pikétezett önnel, s mikor a terv nem sikerült, akkor megölte magát. Ez olyan blamage önre nézve, uram, a milyen csak valaha magas állású férfit érhetett. A következményei nagyon' jól meg vannak érdemelve. Ön kivánta, hogy ebben az órában igazat mondjunk egymásnak, én még csak bocsánatot sem tartozom ezért kérni, hogy azt teszem.

Temetvényi Ferdinánd felől ugyan beszélhetett Diadém a mit akart, nem hallott ő abból semmit.

— Elcsaptak engem, mint egy kártevő cselédet! dörmögé halkan maga elé.

— Gróf úr! Finita la comedia. Mind a ketten feneket értünk. Most már csak az a kérdés, hogy akarjuk-e egymást összeszorítva tartani a víz alatt, míg mind a ketten megfuladunk, vagy engedjük egyikünknek, a ki úszni tud, hogy kimeneküljön a partra s a másikat is kivonszolja magával?

— Mi van még hátra? kérdé Temetvényi Ferdinánd elmélázva.

— Megélni holtig.

— Élni? és nem szeretni többé semmit! És senkit! Elveszteni mindent, és gyülölni mindent, a mit elvesztettünk.

— Én legalább azt tenném.

— Ön! ön, a ki megbukva nem lesz kisebb, mint volt! Ön, a kinek a becsültetés nem éltető levegő! Ez a harcz nagyon egyenlőtlen volt!

— Kiegyenlítheti a békekötés.

A gróf fogta a végzetes papirhasábot s elszakgatta azt apró darabokra, úgy hajitotta a kandallóba.

— Uram! Az a papiros, a mit szét tetszett tépni, az én tulajdonom volt, mondá Diadém úr keserű tréfával.

— Megfizetek érte. Mondá Ferdinánd gróf. Holnap mindjárt vagy akármelyik napon, elhozhatja ön hozzám a jószágvásárló konzorczium megbizottját. Engedelmes eladót fognak találni bennem.

— Ez ügy tehát közöttünk be van fejezve.

— Tökéletesen. A két uradalom egy complexumban eladható lesz, a kastélyokból csinálhatnak gyárakat, üvegházat, fürészmalmot. A gazdatiszteket elűzhetik a világba. Lovakat a csiszárnak, butorokat a zsibárusnak, ékszereket az antiquáriusnak kótyavetyére bocsáthatnak. Erdőt, parkot kivághatnak. Rákóczy, Bercsényi, Illésházy emlékezetes iharfáiból deszkát, léczet fürészelhetnek. A sok ócska márványemlékkőből meszet égethetnek. Betelepíthetik az egész vidéket Sem, Cham és Jáfet minden ivadékaival! Én eltagadom, hogy voltam, s feledni fogom, hogy vagyok. Az ön gondja ezt az üzletet elintézni.

— S ezzel mára be van fejezve az értekezésünk. Kivánja a gróf, hogy most azonnal visszatérjek, a honnan jöttem?

— Világért sem. Ön itthon van. Tegye magát kényelembe. Itt e mellékszobában a vetett ágy. Lefekhetik és alhatik, a'míg fáradságát kipiheni. Mikor hivni akar valakit, a csengetyűvel jelt adhat. Rendelkezésére fog állni a háznál mindenki. Jó éjt.

Azzal felvette az egyik gyertyatartót az asztalról s kifelé indult a szobájából.

— És ön, gróf úr? kérdé Diadém.

Temetvényi Ferdinánd hideg megvetéssel tekinte rá, s válaszul csak annyit mondott neki: «Jó éjt».

Otthagyta Diadémot a dolgozó-szobájában és eltávozott.

A bankár nem várt több felszólítást; a hogy utasítva volt, a mellékszobában felkereste a vetett ágyat, levetkőzött és lefeküdt.

Az Temetvényi Ferdinándnak a saját ágya volt. Az az ágy, a mire olyan kényes volt a főúr, hogy akárhová utazott, annak a vánkosait és a szarvasbőr takaróját mindenüve magával vitte, nehogy olyan készségre kelljen lepihennie, a melyen valaki más feküdt valaha.

Jó volt az most Diadém urnak. Késő reggelig is aludt rajta.

Mikor fölébredve, csöngetett a komornyiknak, s az már a kész reggelivel lépett be hozzá, azt kérdé a feszesre kivasalt, simára borotvált uri cselédtől:

— Hát a gróf úr fölkelt-e már?

— Nem szolgálhatok vele.

— Hát nem ön szolgál fel ő exczellencziájánál?

— Ő exczellencziája nem aludt a kastélyban; az éjjel átköltözött a vendégfogadóba, ott nyittatott magának «egy» szobát, s visszaküldte a hajduját is: a korcsmáros pinczérje és szobaleánya teljesítik körülötte a szolgálatot.

. . . . . . Temetvényi Ferdinánd nem fog többé őseinek kisérteteivel egy födél alatt aludni.

EXODUS.

Temetvényi Ferdinánd aztán ki nem jött többé abból a vendéglői szobából, a melyikbe beszállásolta magát, ott várta be a dolgok lefolyását. Diadém úr ellenben ott maradt a várkastélyban s onnan intézte az ügykezelést. Minden reggel és este eljött híven értesiteni a grófot a fejlemények felől. Az egész ügy a legkedvezőbb folyamatban van, a consortium igen coulans, a föltételek a legkedvezőbbek, a gróf meg lehet velük elégedve. Az ő jövendője fényesen biztosítva van.

Ferdinánd gróf nagyszerű volt az önzésében. Szerette ugyan azt sértett büszkeségnek, világgyülöletnek nevezni. Szeretett gyönyörködni abban a gondolatban, hogy a midőn ő semmivé lesz, vele együtt száz meg száz család lát egyszerre keserves, sanyarú napokat. Olyan lesz a bukása, mint mikor a félezredéves szálfa kidől a gyökeréből, s estében végig zuzza az egész pagonyt.

Onnan a vendéglő ablakából sorban végig lehetett látni

a tiszti lakokon, a mikben az ő uradalmi hivatalnokai laktak. A gróf a lezárt redőnyök mögül keserű kedvteléssel kémlelt végig az átellenben lévő házakon, mi történik azokon belül? Megtudták-e már azoknak a lakói, hogy az uradalom el van adva, hogy ők földönfutókká lettek? Semmi külső jel sem mutatta a változást. A tiszti lakok kapuin csak úgy jártak ki és be a hintók, mint azelőtt; a felpiperézett hölgyek sétáltak a fasorok alatt, s a nyitott ablakon át kihangzott a zongoraszó és énekhang. Különösen csodálkozott a gróf azon, hogy a veszélyt érző urak maguk nem kisértik meg, hogy őt felkeressék. Az ugyan hasztalan igyekezet volna, mert ő nála zárt ajtót találnának — és még inkább zárt szivet; de mégis tudná, hogy kivánnak tőle valamit, a mit el lehet utasitani.

Addig még tudta őket szánni, a míg az a nehéz csapás nem érte kevély lelkét; de a mióta őt magát oly kegyelet nélkül elvetették, elégtétel volt megalázott dölyfének, hogy mások is ki lesznek taszítva a hideg, közönyös világba. Szenvedjenek ők is! Az apró emberek! — Mi a kicsiny emberek insége? Vízbe esett hangya. Egy fűszál kimenti. De a nagy ember insége partra dobott czethal. Ki adhatja annak vissza a tengert?

Mikor kezdik hát már rá azt a sirást? chorusban, ensemble! Mikor kezdik el a kivándorlást? Processióban, átkozódva en debandade!

Egy szép reggel azután látta a vendéglői szögletszoba ablakából, hogy a házakat feldiszítik koszorukkal, fenyőfüzérekkel s a várba felvivő úton diadalkaput emelnek, a minek homlokzatán messzevirító bazsarózsákból rakják ki ezt a szót: «Willkommen!»

Diadem úr meghozta a felvilágosítást a főurnak.

— Ma érkeznek meg a consortium teljhatalmú megbizottai a szerződést aláirni az adásvevést végrehajtani s egyuttal a birtokot átvenni.

— S az én gazdatisztjeim ennek örülnek olyan nagyon?

— No igen.

— Talán gondoskodott a sorsukról a conzortium ?

— Annál okosabbat tudott tenni. Mint említém, a társulat az uradalmat parcellázni fogja. A gazdatisztek mindannyian igen kedvező föltételek mellett vállalkoznak egyes jószágdarabok megvételére, s ekkép ők kezelő tisztekből birtokos urakká válnak, zsellérekből házi urak lesznek s azontúl csak saját szorgalmuktól és ügyességüktől függ, hogy tisztességesen megéljenek.

Ez már elviselhetetlen volt a grófra nézve. Tehát még csak siratni sem fogják, mikor elmulik erről a földről. Elfeledik, mikor semmivé lesz. Semmivel sem emlegetik meg, még csak azzal sem, hogy megátkozzák. Elmehet, meghalhat; senkit sem tesz vele szerencsétlenné. Úgy omlik össze, mint a reves fa; pudva, targaly, szu-őrledékhalommá, a mit rögtön befut a szederinda. Nem fáj az, a mi neki fáj, senkinek ezen a világon. Sem egy szék, sem egy sziv nem marad üresen, mikor ő eltávozik belőle. A «Willkommen!» bazsarózsái a milyen őszinte örömmel kiáltják az érkező új gazdáknak «hozott Isten», épen úgy mondják az eltávozónak: «menj Isten hírével!»

— Hol parancsolja a gróf, hogy a meghatalmazottak találkozzanak ?

— Akárhol, csak a várkastélyban nem.

— Már pedig itt a vendéglőben nem lehet ez ünnepélyes ténynek végbemenni.

— Tudom. Annak ott kell megtörténni a helyszinén, hogy az eladó birtokos a vásárlónak a symbolistikus hantot a kezébe adhassa. Azért igen jó hely lesz erre a várkertben levő nagy palakő-asztal, a vén borókafa alatt; ott elvégezhetünk mindent.

— S hogyan rendelkezett a gróf a várkastélyban levő értékes ingóságok iránt ?

— El kell mindent árverezni.

— A nagy családi képekre nézve ?

— Lesznek zsibárusok, a kik megveszik, a rámák kedveért.

— Hát a családi oklevéltár?

— Sajtost kell hivatni: fontszámra elviheti.

— Semmi emléket sem akar magával vinni a gróf?

— Semmit, semmit! A mi senkinek sem kell, dobják a szemétre!

— Jól van. A mint a küldöttek megérkeznek, ide fogok sietni.

— Rendelkezésükre állok.

Azt pedig, mikor azok megérkeztek, megtudhatta a gróf a nagy mozsárdurrogásból, a mi örvendetes jövetelüket hirésztelé, meg a nagy muzsikaszóból, a nép vivátozásából s a bandérium robogásából. Volt ott parádé annyi, akár egy főispáni installatiónál.

Kiváncsian nézte végig a redőnyös ablakból az egész czeremóniát.

Ugyanazok az emberek, a kik annyi ünnepélyes alkalommal az ő hintaja fölhágójánál kalaplevéve görnyedeztek s reszkettették a levegőt magasztaló phrasisokkal, hajlongtak most az idegen alakok előtt és harsogtatták talán ugyanazon phrasisokat.

S hogy töri magát a tovagördülő hintók után ez a nép! Apraja, nagyja. Jó ennek minden, a mi új.

A várkastélyban valószinüleg a volt jószágigazgató fogadja az új gazdák képviselőit. Míg azok az utiköntösből átöltöznek, jó idő telik bele.

Csak már elmulnék ez a nap!

Türelmetlenül várta, hogy Diadém úr érte jöjjön.

Végre elégördült annak a hintaja. A bankár egész díszben volt öltözve, fehér nyakravalóval, fekete frakkban. A gróf nem cserélte fel a vadász-zekéjét; abban jelent meg a nehéz szertartáson.

Vártak már a virginiai borókafa pagonyában.

Ez volt kedvencz tanyája utolsó ősének. Abba a nagy palakő-asztalba valamennyi szép asszonynak a neve be van karczolva, a kivel a főúr valaha ez asztalnál mariaget játszott. Nagy szerencséje volt ennél a játéknál: nem a kártyában, hanem az asszonyokban.

Az utolsó játszmát játszszák most rajta.

Drága játszma!

Milliókat és milliókat számlálnak le, csupa franczia louisd'orokban a természetes palaköre. Ugyanazokhoz az eladó birtokos csak az ujjai hegyét érinti, annak a jeléül, hogy átvette. A háta mögött ott állnak az általános hitelező bank megbizottai, s beseprik az aranytekercseket a «tömeg» számára.

Aztán, volt: nincs...

Az asztal üresen marad.

A szerződést aláirják, az eladó és vevők, két példányban. Azután aláirják a meghivott tanuk és szomszédok.

Ferdinánd gróf az arczaikra sem néz azoknak, a kik a tollat egymás kezéből szedik ki, hogy neveiket oda kacskaringozzák. Bizonyosan ismerősökre találna közöttük.

Mikor a szerződésre mind alá vannak irva a nevek, be is kellene azokat porozni. Diadém úr felvesz az útról egy csipetet abból a finom fehér kovarczhomokból, a mit messze vidékről hoztak ide az utakra s azzal porózza be a nedves irást.

Akkor aztán Temetvényi Ferdinánd lehajol a földre s felvéve egy kis fekete hantocskát, kezébe adja azt a vevőtársaság meghatalmazottjának.

Consummatum est...

A felhők árnyéka fut végig a napsütötte mezőkön.

Ez a felhőárny a Temetvényi név.

A gróf nem lát maga előtt egyebet, mint azt a nagy palakő táblát, meg a keze alá adott okiratokat.

Egy nagy gránát almafa hajlik oda a természetes iróasztal fölé. (Üveg födél alatt teleltetett növény.) Egy piros virág oda hull róla épen a keze alá. Valami más kéz elveszi azt onnan, s ő látja, hogy valami idegen ember azt a gomblyukába tűzi. Ez már annak az idegen embernek a tulajdona. A nevét nem tudja, kinek hívják ? Hallja félfüllel, hogy a háta mögött arról beszélnek, hogyan lehetne ezt a gránát almafát innen Bécsbe felvitetni, mert itt nem tartanak a számára kertészt, üvegházat.

Azután még egy pótszerződés is van; de azt már hoszszú idővesztegetés volna átnézni. Az ingóbingók sorsáról intézkednek abban. Mindenről gondoskodva lett tisztességesen. Vannak műértő vásárlók, a kik nagyban összevesznek mindent, tizedrész árban. A kiköltöző ráhagyja: nem törődik vele. Még arra sem scrupulosus, hogy vajon az a valaki, a ki a remek faragványú Szűz-Mária-szobrot megveszi, mely előtt valamikor Pálma grófnő oly kétségbeesetten térdelt imádkozva, nem semita ivadék-e ? Csak egyszer dobban nagyot a szive, mikor egy eléje tolt irás alatt ezt a nevet pillantja meg: «Illavay». Erre mégis széttekint maga körül.

Ott látja azt az alakot a nagy borókafához támaszkodva.

Ez az egy még fáj neki. Szeretne keserű lenni.

— Ah, eljött a jóslata végében gyönyörködni! szól hozzá (magyarul: a többi urak azt nem értik). Úgy volt nemde ? Hogy ön ráütött a tenyerével arra a kőre s azt mondta: «húsz év múlva ez a kő sem lesz az önöké többé !» S még csak a tizenötödik járja! Hozta Isten.

Illavay még csak a vállát sem vette el a faderékról, a melyhez támaszkodott, csak úgy dörmögött vissza.

— Ha olvasná a gróf úr az iratot, a mit a kezében tart, megtudná, hogy miért jöttem ide.

A gróf végigfutott az iraton: irónikus mosoly fintorítá el arczát.

— Aha! Ön megveszi a Temetvényi család ősi képeit, rámástól, nehogy a bécsi zsibvásárra kerüljenek. Ez derék nagylelküség öntől. Hanem hát édes barátom, ezek a képek sokkal magasabbak, semhogy az ön lakházának szobáiban elférjenek. Inkább vágasson el belőlük, minthogy stukkaturt töressen miattuk.

— Nem magamnak vásárlom össze e képeket, gróf úr, hanem megbízásból egy urhölgy számára, a ki el akarja azokat tenni egy olyan csendes helyre, a hol nem fogja őket többé háborgatni senki.

— Ahá! A pozsonyi bezárt kapujú ház fogadja be őket! A hová csak a kéményen át mehetnek be a látogatók. Annak a falai lesznek feldiszítve velük. Az élő kisértet együtt akar lenni a festett kisértetekkel. Jó társaságban lesznek együtt. No lássa, ez nekem is eszembe juthatott volna. Úgy látszik, hogy a halottaknak jobb emlékező tehetségük van, mint az élőknek. Szivesen oda adnám neki valamennyit ajándékba; de a bukott embernek nem szabad többé elajándékozni semmit. Nézzük csak: micsoda árt igérnek önök e klenodiumokért? Ah, hisz ez egész műértőleg van felbecsülve! Valóban szép kis összeg! Talán még felül is mulja azt, a mibe hajdan a megrendelőknek került. Aláirom, hogy ne irnám? Ilyen jó vásárlóm nem akadt a földi lények között, mint ez a földöntúli. Hanem egyet ajánlok önnek, s ha lehet, fogadja el. Ne fizessék ki önök nekem ezt az összeget, most, hanem tartsák ott maguknál és aztán majd mikor évek mulva, (mert mi sokáig fogunk élni: mi élő halottak) nekem nem lesz már semmim a földön, mikor ez az uri társaság, a mely itt most ezt a birtokot megvásárolja, maga is tönkre fog menni, s ezek a vigan pezsgőző urak mind egytül-egyig vagy főbe-lövik magukat, vagy Amerikába szöknek, vagy a börtönbe kerülnek, s az én életjáradékomat nem lesz a ki fizesse; hát akkor, nehogy koldulni legyek kénytelen, majd apródonkint adogassák ki a számomra a pozsonyi bezárt ház ablakán az őseim képeinek az árát. Helyesli ön? Elfogadja? Igen! No látja, hát úgy-e, hogy milyen elővigyázó, okos ember lett belőlem?

Illavay szomoruan fordította félre a fejét s nem felelt

neki semmit. A franczia urak azt hitték, hogy alkudoznak egymással.

— Még egyet, édes barátom, szólt a gróf Illavayhoz. Valahol, az egyik bezárt folyosó hátterében fog ön találni egy rámában levő férfi-arczképet, a minek az arczát bajos dolog már megismerni. Valaki, úgy látszik, Flóber-féle szalonpisztolylyal czélba lövöldözött erre a képre, olyan az már, mint a rosta. Ki ne dobassa ön ezt a szemétre. Ön és még valaki emlékezni fognak arra, hogy miféle alak volt ez valaha, s ki fogják találni, hogy az, a ki ezt így keresztül-kasul lyuggatta, milyen poklot viselt a szivében.

De még ezt is olyan csendesen, oly változatlan arczczal mondta, hogy az idegenek nem sejthették, miről van szó. Egy ereklyéről.

Ezzel aztán sietett elintézni az ügyet a consortium küldötteivel.

Minden annak rendi szerint be lett fejezve.

A hitelezők nagyja is ki lett elégítve.

A mi még javára maradt a grófnak, az cheque-ekben átadatott neki. Tekintélyes összeg volt. A hogy veszszük. Kicsiny embernek kapitális, nagy embernek koldusfillér. Eltette a tárczájába.

Most aztán el innen! A milyen gyorsan csak a postalovak nyargalhatnak! Könnyű lesz az utazása, semmit se visz innen magával.

Hanem egy kis véletlen megakadályozta a gyors menekülést. Egy nagy zivatar jött, felhőszakadással, mely ott rekesztette a vendéglői szobában. Ott kellett végigvirrasztania az utolsó éjszakát. Sötét volt s a zápor zuhogott egész hajnalig. Gondolni sem lehetett az elutazásra.

Csak a reggel szabadította fel e kínos fogságból.

A mint a postakocsi megérkezett, sietett menekülni innen.

Az éjjeli zápor mind pocsokká tette a diadalkapuk koszoruit, a falakra fűzött guirlandokat, a nevek le voltak mosva, a zászlók szinei szennyesen összeolvadva; a tegnapi dicsőségből nem maradt csak rongy és piszok.

A lovak lábai csülökig gázoltak a habarékban, a min felül úszott a diadalmenet elé hintett virág.

Temetvényi gróf ki sem nézett a fedett hintóból.

Jól tudta, hogy ha korán reggel elindul Gargóvárról, késő délig sebes vágtatva folyvást a Temetvényi uradalom országutján halad végig. Az útféli vendéglő, a hol délre meg kell szállni, az a határ.

Ő még itt sem száll le a kocsiból, csak onnan tekint egy pillanatra vissza.

Az ősi temetvényi várrom még jól látszik a távolban, mint egy óriási kőkorona egy alvó király koponyáján.

Nincs már semmi közük egymáshoz.

Eszébe jut, hogy van még valami, a mi megmaradt belőle. Kiveszi zsebéből azt a szerződést. Igen, azon vannak az aláirt nevek beporózva azzal a kvarczhomokkal ottan. Ez a néhány szem homok még az övé. A dicsőséges kis-királyságból: az ősök hatalmából, dicsőségéből. Egy csipet homok. Lesepri azt is onnan, s elfujja a szélbe. Ennyit se vigyen belőle magával!

S aztán ki ebből az országból, a míg egy hegyet látni belőle!

Más számüzött visz magával egy édes fájdalmat, a mitől kinzatni boldogság: a haza szeretetét, — ez viszi magával a keserű gyönyört, a melyben kéjelegni pokol: a haza iránti gyülöletét.

Mi van még hátra? Ki nem halt még meg azok közül, a kiknek nem elég egyszer meghalni?

Egy egész korszakot láttunk meghalni, a maga nagy embereivel. Államférfiui óriások, a kik három lépéssel átléptek egy országot. Most szépen el vannak temetve, nagyhangzású, semmi hatású hivatalok kriptáiba, a honnan ha föl is járnak néha, himzett egyenruhás kisértetekül, senki sem látja meg őket. Néha még csörömpölnek is. Senki sem fél tőlük.

Meghaltak a nagy hódításra alakult pénztársulatok, a mik az országok átalakítására akartak vállalkozni. A Temetvényi uradalom consortiuma szétfoszlott a levegőben. Inséges évek, rossz számitás, könnyelmüség a kis embereket is koldusbotra juttatta: elmentek lefeküdni. Utánuk dőltek a nagyok. A Temetvényi-Opatovszky uradalom azóta harmadik kezére került: és azon sem fog megmaradni sokáig.

Azok a hegyek és várromok még egyre futnak egymás alól: nem akarnak együtt maradni.

Meghalt a két nagy család megrontó dæmona is: Diadém. A hirlapok közlék a nagy «krach» után, hogy a gmundeni tóba ölte magát. Ott találták a kalapját és tárczáját a tóparton: ő maga bucsut vett a világtól. Ez is csak egyszer halt még meg. Ott él még valahol Amerikában s tanítja a yankeeket szolid üzletekre.

A szép asszony Atalanta szép leányával a legczifrább két halott. Mikor egy életet elkoptatnak, azt eltemetik, hozzá kezdenek a másikhoz, más név alatt. A hol rájuk ismer valaki, ott mindjárt meghalnak s mennek máshová ujra föltámadni. Ki tudja: hányszor lesznek eltemetve.

Ellenkező halálnemet választott Koczur barátunk. Ő csak a hazáért hal meg, minden három évben egyszer. A választások alatt kortesvezér: ez az életmódja. Az egyik turnusban meghal mint kormánypárti, föltámad mint ellenzéki, a másikban megint a másik hemisphæriumon mulik ki a hazáért, s az ellenlábasok között támad föl. Ez viszi legtöbbre.

Halva jár-kel a fényes napvilágon a felföld kis királya, az egykor oly hatalmas Temetvényi gróf. Nagy baj, hogy tovább tartott az élet, mint az életjáradék. A nagy consortium megbukásával az ő szerződését is elvitte az árviz. Most az ősei arczképeinek az árából él, a kik a pozsonyi csendes házból küldözik neki végadományaikat. A halottak a halottnak.

Ott van bezárkózva egyedül a legszomorubb halott, a

ki soha embert, élő állatot, szabad eget, zöld növényt nem lát maga körül, a ki hirlapot, levelet el nem olvas.

Csak azt számlálgatja, hogy mennyire megszaporodott már a pénze? Mire gyüjti azt? Minek az neki? Az élő halottnak álmai vannak, a miket következetesen sző, fon odább. Azt mondja az álma, hogy egy másik élő halottnak van egy fia, a kit pártul fogott az az ember, a ki az egyedüli élő rá nézve ezen a világon. Amaz ember ennek a fiunak fogja hagyni örökségbe a lelkét, jellemét, tudományát — és a szegénységét. — Annak az embernek van egy leánya is. Talán szép, talán nem az: de bizonyosan jó.

A két gyermek szeretni fogja egymást. Sok szenvedés lesz annak a vége. Minden csapás utoléri őket. Mert a sors üldöző keze azokat keresi fel, a kik nagyon szeretnek és nagyon jók. Hadd szenvedjenek! Az a tisztitó tűz. Abban tanulják meg egymást még jobban szeretni. A boldogság támasztja fel az emberek szivében a kevélység, a hűtelenség ördögeit. A nyomor neveli a hű nőket, a jó családapákat. Hadd küzdjenek, hadd nyomorogjanak, a míg fiatalok. Az ifjuságnak adatott a szeretet, s az mindent kipótol. Majd ha aztán meg lesznek edzve vihartól, szenvedéstől: akkor had tudják meg egy gyászjelentésből, hogy élt valahol a föld kőfalai között egy ismeretlen lény, a ki csak azon gondolkozott, hogy napról-napra az ő számukra szaporítson kincseket. Akkor aztán éljék világukat!..... Hanem odáig még nagy idő van! Mert a halottak sokáig élnek.

Még annyi gondja sincs a döblingi palota halottjának. Az atyai legátum jótékony intézkedése folytán neki külön kriptája van. mindennap megkapja mindazt, a mi egy halottnak egészségére válik. Itt nem üldözi senki, s lehet kedve szerint bolond, senkisem szólja meg érte: a bolondok háza ez. Étvágya kitünő. Könyveket is olvas, a miben sajátszerű methodust követ: a mint egy lapot elolvasott azt kiszakítja a könyvből, mire végigolvasta, csak a táblája maradt.

A hold szarvának az utolsó fényszikrája is letűnt a láthatár alá. Halottak országa ez már! Halottaké, kik nem a föltámadásra várnak, hanem arra, hogy még egyszer valamikor igazán meghalhassanak.

TARTALOM.

I. KÖTET.

ELSŐ RÉSZ: A TEGNAP.

	Lap
Abban a tótok országában	3
Illavay Ferencz uram tükre	9
Gorombolyi őrnagy	15
A hóbortos	18
A szép kisértet	29
Az utolsó Temetvényi gróf	36
Zsiborák	45
A hadvezető	55
A véghetetlen gazdag ember	65
Pálma	68
Kedélyes téli esték	75
A miért nincs köszönet	86
Orol Kriványszky	100
A «Stella»	127
Egy a «beszélő majmok» közül	135
Miben nagyok a nők	144
A szép Laila balladája	150
«Orködjék fölötte...!»	172
Vadászat a gyémántok után	197
«Bolond a világ... Rosszak az emberek...!»	209
A pirosruhás hölgy	225
Az éj	244
Hű szolgálatok jutalma	265
Hát még otthon	271
A kedélyes vőlegény	277
Salto mortale	286
Atalanta	309
Vagy «uram», vagy «bolondom»	333

	Lap
Ki lesz nagyobb?	348
Még egyszer az az unalmas Illavay	371
«Illavén»	386
A gyászkeretü lap	394

II. KÖTET.

MÁSODIK RÉSZ: A MA.

Kívül a világon	3
A kis báró és a kis baronesz	7
A báró papa	45
Az üldözött őz	86
Egy párbeszéd, a minek az elejét nem hallottuk	110
Rablázadás	122
A drága barátom	156
Hány perczig állja ki a víz alatt	169
Hátha két halott összekerül	218
A hold szarvának utolsó fénypontja	245
Exodus	264